大夏书系·语文之道

给语文教师的阅读建议

基础书目与导读

赵希斌 / 编著

华东师范大学出版社

全国百佳图书出版单位

图书在版编目（CIP）数据

给语文教师的阅读建议：基础书目与导读 / 赵希斌编著 . —上海：华东师范大学出版社，2018
ISBN 978-7-5675-8434-1

Ⅰ . ①给⋯　Ⅱ . ①赵⋯　Ⅲ . ①阅读课—中小学—教学参考资料　Ⅳ . ① G633.333

中国版本图书馆 CIP 数据核字（2018）第 237716 号

大夏书系 · 语文之道

给语文教师的阅读建议：基础书目与导读

编　　著	赵希斌
策划编辑	任红瑚
审读编辑	张思扬
封面设计	百丰艺术

出版发行	华东师范大学出版社
社　　址	上海市中山北路 3663 号　邮编　200062
网　　址	www.ecnupress.com.cn
电　　话	021-60821666　行政传真　021-62572105
客服电话	021-62865537
邮购电话	021-62869887　地址　上海市中山北路 3663 号华东师范大学校内先锋路口
网　　店	http：//hdsdcbs.tmall.com

印 刷 者	北京密兴印刷有限公司
开　　本	700×1000　16 开
插　　页	1
印　　张	16
字　　数	236 千字
版　　次	2018 年 11 月第一版
印　　次	2018 年 11 月第一次
印　　数	6 100
书　　号	ISBN 978-7-5675-8434-1/G · 11565
定　　价	55.00 元

出 版 人	王　焰

（如发现本版图书有印订质量问题，请寄回本社市场部调换或电话 021-62865537 联系）

目录

美学与审美

哲学与历史

原　典

引 言

一

　　陆游说："汝果欲学诗，功夫在诗外。"语文教学中高质量的文本解读同样需要在文本外下功夫——教师基于深厚的阅读基础，把握丰厚的与文本相关的信息——才能切近文本的渊源与背景，真正理解、欣赏文本的内涵与美感。以叶嘉莹对杜甫诗《曲江》中"穿花蛱蝶深深见，点水蜻蜓款款飞"的分析为例，我们来看教师深厚的阅读基础对高质量文本分析的价值[①]：

　　我说杜甫的"穿花蛱蝶深深见，点水蜻蜓款款飞"是好诗，是因为他在这"深深"、"款款"两字中，表现了对蛱蝶、蜻蜓的一种真正欣赏和喜爱的感情。中国最早的诗集——《诗经》是最喜欢用叠字的，"关关雎鸠"、"桃之夭夭"、"昔我往矣，杨柳依依。今我来思，雨雪霏霏"。它用的叠字是多美好的两个字，不但把外物的"杨柳依依"写下来了，把鸟叫的"关关"之声写下来了，而且把内心看到这个形象，听到这个声音之后，那生动活泼的感受写下来了。杜甫通过"深深"、"款款"表达对自然之物的喜爱，是为了抒发更深沉的情感——对春光短暂的悲慨。杜甫接下来就说，"传语风光共流转，暂时相赏莫相违"，有没有人替我传一句话给蛱蝶、蜻蜓，替我传话给外界的和风丽日，让那美好的春光陪伴我，让我们一起留恋、徘徊、欣赏，希望那穿花的蛱蝶、点水的蜻蜓不要那么快、那么匆促地离开我——这就是杜甫的感情。

[①] 叶嘉莹:《迦陵文集（七）》，河北教育出版社1997年版，第6-7页。

但是对于杜甫这个伟大的诗人，不能从一句诗欣赏他，真正伟大的诗人，是用他整个生命、整个生活来写诗的。如果要真正懂得杜甫的《曲江》，要了解杜甫写这两首诗时究竟是怎样一种心情。杜甫在天宝之乱的前夕，不就写了"致君尧舜上，再使风俗淳"、"朱门酒肉臭，路有冻死骨"的诗句吗？杜甫那"致君尧舜上"的一片怀抱，那"穷年忧黎元"的一份感情，是多么深厚。天宝之乱，杜甫从沦陷区逃到后方政府的所在地。长安收复，朝廷回到旧京，杜甫做了左拾遗。他针对当时政治中的弊病，上了许多奏疏，他在诗中写道："避人焚谏草，骑马欲鸡栖"，"明朝有封事，数问夜如何"。他爱惜自己的国家朝廷，他要谏劝，但他却"避人焚谏草"，因为皇帝是不喜欢听人劝告的，所以杜甫上了几次奏疏后，他也面临了同他许多好友一样被贬黜的命运。正是在这种情形下，杜甫写了《曲江》两首诗。所以在《曲江》诗中他又曾说："朝回日日典春衣，每向江头尽醉归。"上朝对杜甫来说是何等重要的事，他晚上彻夜难眠都是为了上朝，"明朝有封事，数问夜如何"，他为什么要"朝回日日典春衣"，要想典衣换酒，"每向江头尽醉归"呢？所以你真要了解"穿花蛱蝶深深见，点水蜻蜓款款飞"这两句诗的好处，不单是要了解他对蛱蝶、蜻蜓的欣赏爱恋，不单是他所感受到的春光的短暂，而还要体会到他对自己生命的短暂的无奈，以"我"这样的有生之年，这样的感情，能为国家做些什么，所以他说："酒债寻常行处有，人生七十古来稀。"他所哀悼的仅是人们常说的对人生无常的悲哀吗？不只如此，这其中还有对他那份"致君尧舜上"的理想何时能够实现的一种深切的悲哀。"情动于中而形于言"，是内心有一种真的感动，这种感发的生命是人们常会有的，然而它却有深浅、厚薄、大小、正邪等种种不同。

这样的诗词解读让人不禁击节叹赏。叶嘉莹首先分析了这两句诗中叠字的运用，让我们了解这种表达方式的渊源和效果；然后将这两句诗和后面"传语"两句关联起来，让我们感受其中蕴含的对时光流逝的慨叹。进而，叶嘉莹挖掘了这种慨叹背后更深的情意，将《曲江》置于"安史之乱"的历史背景中，以《曲江》中的"朝回日日典春衣，每向江头尽醉归"为切入点，结合杜甫其他的诗作，呈现了《曲江》最深刻、最动人的情意——杜甫所表现的不仅是对人生无常的感慨，还有对自己那份"致君尧舜上"的理想何时能够实现的一种悲哀。

叶嘉莹对《曲江》中这两句诗的解读"高""透""细"，充分而深刻地展现了文本的美。这样的文本解读如果应用于语文教学，学生的收获一定非常丰厚。叶嘉莹指出，美感经验的产生与获得，因每个人的性格、情趣、修养、经验之不同而有差异——"仁者得其仁，智者得其智，深者见其深，浅者见其浅"[①]。文本解读的"深浅、厚薄、大小、正邪"与教师的学养直接相关，而决定教师学养最关键的因素就是其专业阅读的广度和深度。

绝大部分一线教师有为了提高专业水平而阅读的动力，但苦于不知读什么书以及如何读书。我们希望通过给教师开列专业阅读的书单且撰写导读，为教师读哪些书提供建议，并为教师如何将阅读与语文教学关联起来提供参考。

二

文学史、文学理论与文学批评、美学与审美、哲学与历史、原典是专业阅读的五个类目。下面简要说明选择这五类书籍的理由：

文学史：文学是生长发育的生命体，文学内容及形式的创生和发展都有特定的渊源、条件、动力。文学史能让我们找到文学作品的"根"，看到其因何而盛又为何而衰，从而更好地体会作品的价值与核心生命力。

文学理论与文学批评：文学是感性的，但它需要理性认识；文本解读的语言可以是感性的，却不能缺少理性分析。文学理论是对文学创作、文学欣赏的本质及规律的理性总结，它可以指导具体的文学批评，同时文学批评经过沉淀与升华又丰富了文学理论。

美学与审美：艺术如果是"器"，美和审美就是"用"。文学因表达美、给人以美感而成为艺术——一个文学文本有多美，它的艺术价值就有多高。美学和审美知识的学习，让我们理解文学表达了怎样的美、为什么要表达这样的美，以及它是如何表达美的。

---

① 叶嘉莹：《迦陵文集（四）》，河北教育出版社1997年版，第13页。

哲学与历史：俗语说"文史哲不分家"。哲学追问世界的本源和人生的意义，文学同样关注以上问题，并以形象的、感人的方式表达出来，同时，文学的写作与赏析离不开哲学思考。历史为文学和哲学提供了赖以生长的养分，文学的内容——人、事、景、境——源自历史，理解文学作品必须将其置于特定的历史背景中。

原典：原典开发了中国哲学和美学的处女地，在哲学和美学层面进行了原发性的探索，提出了后世文艺作品持续探索的有关世界、人生、情感的核心命题。同时，原典还用极为精妙的方式表情达意，设定了中国文艺审美的基本取向，为后世文学提供了诸多创作技法。

在确定了这五个类目后，如何从浩如烟海的资料中选择具体的书目？回到做这件事的初衷——选择适合教师阅读的书籍，帮助他们切实提高文本解读的质量，我们据此设定了选择书籍的三个标准：第一，系统性与基础性。被推荐的书籍应当为文本解读打下坚实的基础，帮助教师形成系统的知识框架。这些书籍往往是名家之作，其内容经过时间的检验，充实且有创见，艰涩褊狭的、有争议的以及探索性过强的著作则不予选录。第二，实践性。我们在撰写本书时会设想，教师如何将书籍中的内容用于文本解读——或提供资料，或提供思路，或补充知识——力求所选书籍对优化文本解读有切实的帮助。第三，可读性。好书难得，书好又易读更难得。我们在选择书籍时非常重视其可读性——文字不卖弄、不晦涩、深入浅出、晓畅明白——不希望因为书籍可读性不强而使教师放弃阅读。

考虑到教师工作非常繁忙，知识储备和阅读能力也有差异，我们为每一本推荐书籍撰写了导读。导读从每本书里选取了精彩或重要的内容并对其进行分析，提示如何将其用于文本解读。专业阅读不是一件容易的事情，甚至颇为艰苦，我们希望通过导读引发教师的阅读兴趣，帮助教师将阅读更有效地转化到文本解读中，提升阅读效能感并形成良性循环。

三

教师在读这本书时，我们有两个建议：

第一，关联与扩展阅读。

值得语文教师阅读的书籍浩如烟海，受篇幅所限，本书推荐的只是沧海一粟，许多优秀的著作不得不割爱。例如，本书未推荐刘勰的《文心雕龙》、陆机的《文赋》和王国维的《人间词话》等优秀的文论著作。但是，本书推荐的书籍尤其是文学理论著作，多次提及、引用、分析了这二部书，这提示我们应进一步找到这些著作进行研读——这就是关联与扩展阅读。

下面，我们通过一个具体的例子来说明如何进行关联与扩展阅读。

本书推荐了《论语》，也推荐了李泽厚的《中国古代思想史论》，后者详细剖析了孔子"仁"思想的结构，读者应有意识地对二者进行关联阅读。李泽厚在《中国古代思想史论》中说：

> 颜渊则似乎更重视追求个体人格的完善，"一箪食，一瓢饮，人不堪其忧，回也不改其乐"，终于发展出道家庄周学派（从郭沫若说，参阅《十批判书·庄子的批判》）。

对道家庄周学派之渊源的这种理解很有趣，也很有挑战性。我们也许对此说持怀疑态度乃至反对，可进一步参看李泽厚此说的引文——郭沫若的《十批判书·庄子的批判》。李泽厚提到"从郭沫若说"，说明这一观点存在争论，在阅读郭沫若的资料时就应当留心他人不同的观点，从而对这个问题形成更全面、更深入的认识。关于此内容，李泽厚还提到：

> 然而道家在整个中国古代社会中，始终是作为儒家的对立的补充物才有其强大的生命力的。荀子突出发挥"治国平天下"的外在方面，使"仁"从属于"礼"（理），直到法家韩非把它片面发展到极致，从而走到反面，而又在汉代为这个仁学母结构所吸收消化掉。子思孟子一派明显地夸张心理原则，把"仁""义""礼""智"作为先天的仁德"本性"和施政理论，既重视血缘关系，又强调人道主义和个体人格，成为孔门仁学的正统。

这段话包含对道家和儒家关系的评价、荀子和孟子对孔子学说的继承与发展、韩非学说与仁学的分合，这提示我们应探索性地阅读更多的资料，如《荀子》《孟子》《韩非子》等等。而本书推荐的《中国哲学史》，涉及对上述多家哲学流派的分析，可进行关联阅读。此外，本书还推荐了陈望衡的《中国古典美学史》，其中辟专章介绍孔子的美学思想，指出"孔子的美学体系是个层叠式宝塔结构，这个结构的基础是孔子学说的核心——'仁'以及'仁'的形式——'礼'"。这本书有专论孟子美学思想的内容，指出"孟子在美学上的贡献主要是发展了孔子的以善为本的美学观，高扬人格美"。这提示我们可以基于美学视角将此书与《论语》和《中国古代思想史论》进行关联阅读。进而，我们看到《中国古典美学史》和《中国古代思想史论》都提及儒家对个体人格的影响，中国文学作品多出自士人之手，而中国士人深受儒家思想浸染，探索中国"士"的传统和情怀可以阅读本书推荐的余英时的《士与中国文化》。还有，既然关联阅读涉及《庄子》，自然就会面对一个问题：庄子和老子均属道家，他们思想的异同是什么？从美学的角度讲，二者对中国文艺审美有着怎样的影响？陈望衡在《中国古典美学史》中专门论述了庄子的美学思想，他说：

　　庄子与老子同属道家学派，并且可以明显看出庄子对老子思想的继承和发展，但老、庄思想的区分也是不可忽视的。老庄同把"道"作为宇宙本体、万物之源、自然法则，但老子似乎更多地注重"道"的客观性，庄子则更多地注重"道"的主观性。老庄均主出世、主退、主柔，但在老子只是一种谋略，实质乃是以退为进，以柔克刚，以出世的精神做入世的事业。而在庄子则不是一种谋略，而是一种"超越"，对人生的种种苦难、困惑的超越。庄子哲学近乎宗教，近乎禅。《庄子》对中国美学的影响甚大，它可以说是中国浪漫主义文艺传统的源头，同时又是尚情主义、艺术唯美主义的源头。《庄子》比之《老子》更注重体道的心理体验，这些体验又恰通向审美心理，所以可以说，《庄子》是中国审美心理学的重要源头之一。

　　这样的论述有助于解答上述问题，同时也提示我们可进一步参看《老子》一书。

　　基于上面的分析，我们勾勒了基于《论语》的关联性阅读的示意图，左边的书籍是本书推荐的，右边的书籍本书虽没有推荐，但值得我们主动进行扩展阅读。

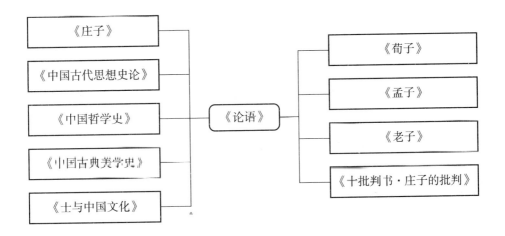

总之，我们希望本书成为教师更广泛、更深入阅读的助力器，教师通过关联和扩展阅读能主动发现和寻找更多的资料，形成"滚雪球"式的阅读状态。经历这样的阅读，我们的知识结构会变得越来越完整，知识储备也会越来越丰富。

第二，带着问题阅读，并通过阅读解决实际问题。

专业阅读是手段而不是目的，教师主动将阅读成果用于教学实践至关重要。例如，本书推荐了王向远的《宏观比较文学讲演录》，这本书介绍了日本审美的一个重要范畴——"物哀"，它可与小学课文——日本童话作家新美南吉的作品《去年的树》关联起来，以"物哀"为切入点解读这篇课文，从而焕发文本细腻而深沉的美。①再如，教师在阅读本书推荐的《中国小说史略》(鲁迅)、《中国古典小说史论》(夏志清)及《水浒传(金圣叹批评本)》后，在讲解取自《水浒传》的课文《林教头风雪山神庙》时，可有意识地将阅读成果用于教学实践——包括在中国小说发展史的背景中理解课文的内容与形式，参考夏志清和金圣叹多视角、高水平的作品批评。

我们强烈建议教师阅读本书时要有问题意识——带着与文本解读相关的问题阅读，并且通过阅读解决问题——这是将阅读成果应用于教学实践的关键。例如，教师要教一首词，可以提出问题："从哪些方面解读这首词呢？"

---

① 关于这篇文章的解读可参见赵希斌：《正本清源教语文——文本的内容分析策略》，华东师范大学出版社2014年版，第131-142页。

带着这个问题，教师可以参阅《唐宋词艺术发展史》，将所讲之词置于历史背景中，并且观照词这一文体发生发展的渊源；可参阅《中国文学史》，在整个文学发展的背景中理解词与其他文学形式的关联；可参阅《迦陵文集》中叶嘉莹对词的赏析，借鉴其解读词的视角与方法；还可以参阅《中国古典美学史》，从美学的角度理解词独特的审美意蕴……我们相信，这样的阅读一定有助于解决教师提高文本解读的水平，进而促进教师更亲近阅读。

　　总之，专业阅读没有止境，教师可将本书当作一个平台，将阅读—思考—实践紧密关联起来，形成富有能动性的专业阅读，并将此内化为优化文本解读的思考和研究的能力。

文学史

文学史是文学的历史，显现了文学发展的历程。学习文学史的价值体现在以下三个方面：

第一，横纵关联。

上世纪 80 年代，郭预衡在《谈谈文学史教科书的编写问题》中说[①]：

在编写文学史的时候，就不应仅仅限于作品分析的范围，而是应该把一部作品放在全部文学史发展的长河中，看它究竟比前代的作品有了哪些新的成就、新的特点。例如关于《史记》中人物传记的描写，就不能不和前此的《左传》或《战国策》作些比较，从而具体地指出《史记》一书在描写人物方面究竟继承了什么，开创了什么。文学史评述作品，如能从"史"的发展角度落墨，我以为既可区别于一般的作品评论，又可以更好地指出文学发展的脉络，从而也就有可能给予读者在一般作品评论中所不能得到的关于史的发展的知识。

这段话强调从"史"的角度评述文学作品，将其置于文学发展历史背景中，以"横纵关联"的历史视角审视文学作品。沿着时间轴，我们不仅能看到文学的发展历程；更重要的，在这条轴上还有其他同样在不断发展变化的自然与人文因素，如政治、经济、法律、民俗、气候、地貌等等。这使得我们可以从两个视角来审视文学的发展，一是纵向视角——文学自身的发展演进；二是横向视角——文学与其他自然和人文因素的关联。前者能够让我们看清文学自身的发展脉络，后者能够让我们理解文学发展的环境与原因；两方面结合形成网格化背景，文学作品在这样的网格中被定位，有助于我们对其形成更深刻的理解。

第二，把握文体创生与发展的脉络。

文体的创生和发展是文学演进的关键。王国维在《宋元戏曲史·序》中说："凡一代有一代之文学：楚之骚，汉之赋，六代之骈语，唐之诗，宋之词，元之曲，皆所谓一代之文学。"某种意义上，文学史就是每一种文体创生与发展的历史。不同的文体在表情达意上有不同的功能与优势，文体的创

---

① 郭预衡：《中国散文史》，上海古籍出版社 2000 年版，序言第 2 页。

生与发展顺应了时代和社会的需求，这是其发生发展的内在动力，决定了该文体独特的价值与生命力。需要指出的是，每一种文体虽然都有生发、发展、鼎盛、衰落的过程，但这并不是说某种文体到了某个时间点就会完全消亡，文体中富有生命力的元素会持久地留存于其他形式的文学作品中。这提醒我们要从文体发展史的角度审视各种文体的创生与发展，并且关注多个文体之间的关联与传承关系。

第三，发现与审视关键作品。

郑振铎在《插图本中国文学史》中说[①]：

> 盖文学史所叙述的并不是每一部文学的作品，而是每一部最崇高的不朽的名著。但也不能没有例外。有许多文学作品，其本身虽无甚内容，也无甚价值，却是后来许多伟大作品的祖源，我们由流以溯源，便不能不讲到它们；且这类材料，不仅仅论述一个文体的生长与发展所必须叙及，又有许多已成为文学史上争论之焦点的东西或史料，或曾在文学史上发生过重大的影响，成为一支很有影响的派别与宗门的，例如"西昆体"诗，"江西派"诗等等，却也不能不讲述——即使其内容是较空虚的。

有三种作品成为文学史中的关键：一是开创性作品，即在文学内容或形式上具有创新性的作品；二是高水平作品，它们有很高的审美价值，有很大的文化影响，值得在文学史中大书特书；三是有特色的作品，指在文学内容或形式上与众不同的作品。分别对应郑振铎所说的"伟大作品的祖源"、"不朽的名著"、"争论之焦点"或"发生过重大的影响"的作品。郑振铎同样提到"文体的生长与发展"是文学史必须关注的，而"由流以溯源""社会的背景"则显示了文学史横纵关联的结构。关键作品就是这个结构上的"节点"，对理解文学作品的意义和发展脉络很重要。

总之，每一个文学作品都不是孤立和偶然的存在，它的发生发展是有渊源、有条件、有意义的。文学史赋予文学作品以生命感，将文学作品置于横

---

① 郑振铎：《插图本中国文学史（一）》，《郑振铎全集（八）》，花山文艺出版社 1998 年版，绪论第 7 页。

文学史

纵关联的背景中，可以使我们用发展的、动态的视角更好地解读它。

在这一部分，我们推荐了两本文学通史：袁行霈主编的《中国文学史》是一部全面、系统的文学史；郭预衡主编的《中国古代文学史长编》则包含了非常丰富的史料，是一部很有特点的文学史。值得指出的是，除了依据时间线索的文学通史，我们还推荐了诗史、词史、散文史和小说史等不同文体的文学史。罗根泽曾指出分体文学史的重要性："一种文学的变迁的原因，和并时的其他文学的影响，终不及和前代的同类文学的影响大"；"要看各种文学生于何时，盛于何时，分化于何时，衰灭于何时，因何而生，因何而盛，因何而分化，因何而衰灭，则纯依时代叙述的文学史恐怕不甚方便"。他进而提出"文学史的责任"："不是死板板的排比，是要考究各种文学的流变及其所以有此流变的原因，察往知来，以确定此后各种文学的正当途轨。"[①] 每一种文体都是一个独立的生命，作家总要用某种特定的文体表情达意，不同的文体生发、繁盛于不同的历史时期，是多种因素作用于文学发展的结果，故以分体文学史的视角审视文学的发展更有针对性。我们在阅读文学史著作的时候，应该将通史与分体文学史结合起来，在把握文学总体走向的同时熟悉不同文体的发展脉络。

---

① 罗根泽：《乐府文学史》，东方出版社 2012 年版，自序第 2—3 页。

《中国文学史》导读

　　袁行霈主编的《中国文学史》共有九编，分别是先秦文学、秦汉文学、魏晋南北朝文学、隋唐五代文学、宋代文学、元代文学、明代文学、清代文学、近代文学。时间是任何事物发展演进的基本线索，文学的发展也不例外，整本书的内容按照时代的发展予以安排，体现了文学演进的纵向特征。同时，编者强调这本书突破了以时间维度为唯一线索的述史方式：

　　文学史属于史学的范畴，应当注意"史"的脉络，同时要突破按时代顺序简单排列作家作品的模式，通过说明现象、倾向、风格、流派、特点等呈现文学承传流变的过程，说明文学发展变化的前因后果。

　　以第五编"宋代文学"为例来看编者提到的"突破"。此编第二章介绍了晏殊、欧阳修、范仲淹、张先、王安石和柳永的词，但编者没有将他们的词孤立地进行评述，而是分成三节——"对五代词风的因革""开拓词境的尝试""柳永词的新变"。这部分内容即如编者所说，通过分析文学作品的主题、风格、流派等显示文学承传流变的过程，让读者形象感知文学作品的发展变化，从而"突破按时代顺序简单排列作家作品的模式"。这样的内容基于历史视角突出了文学作品的本质特征与核心生命力，凸显了文学发展演进的轨迹及其影响因素，显现了文学作品之间的内在关联，为我们更深入地理解文学作品奠定了基础。

　　《中国文学史》有一个总绪论，每编也各有一个绪论。总绪论说明了文学史的定位——文学本位与史学特征，阐明了文学史研究的若干核心问题，包括"文学演进的外部因素与内部因素""文学发展的不平衡""俗与雅""各种文体的渗透与交融""复古与革新""文与道"等。每编的绪论则较为具体地说明某一时期文学的主要特征及其文化与历史背景，阐明推动与制约文学发展的关键因素。各编绪论值得关注，因为编者在其中提出了该编文学发展的核心问题与关键线索。阅读每编各章节内容时，都应回顾绪论的内容，带着问题在关键线索的驱动下对每一编的内容进行整合式阅读。

《中国文学史》各编主要包括两方面的内容，一是某个时代重要或典型的文学现象，二是关键作家与作品评析；二者互相呼应、点面结合。每个时代的文学都有其基本特征，这需要在面上予以描述；而一个时代文学特征的概括又源自具体的文学作品。因此，《中国文学史》除了对总体文学现象进行描述时例引具体的作品，还会以专门的章节重点介绍某些作家的作品。这样的安排让读者既能了解一个时代文学的基本特征，又能够观照这个时代文学的典型代表。

"发展变化"和"前因后果"是《中国文学史》重点阐述的两个核心内容。编者在总绪论中提出了关于文学发展变化的九个方面，这是文学发展史的主线，是理解文学发展演进的关键线索。下表以第五编"宋代文学"为例，我们来看这九个方面的内涵：

文学的发展变化	以第五编"宋代文学"为例
创作主体	新型的文人生活态度、审美情趣的转变
作品思想内容	爱国主题的弘扬
文学体裁	宋词——唐诗之外又一美学范式
文学语言	苏轼以诗为词的手法
艺术表现	以平淡为美的美学追求
文学流派	江西诗派
文学思潮	"文以载道"说的盛行
文学传媒	手工业、商业的发展与城市的繁荣
接受对象	社会的广泛需求对词人创作热情的刺激

这九个方面显示了文学内在的"肌理"，是文学史研究的切入点和落脚点。如表格中所举的例子，我们在阅读这本书时，要将书中的内容与这九个方面关联起来，从而对文学的发展变化形成清晰的认识。

关于文学发展的"前因后果"，这本书注重在多学科背景中审视文学的发展演进。编者认为，"文学史是人类文化成果之一的文学的历史"，这意味着"文学史是文学的历史，文学史著作要在广阔的文化背景上描述文学本身演进的历程"。编者在总绪论中说：

> 文学的演进本来就和整个文化的演进息息相关，古代的文学家往往兼而为史学家、哲学家、书家、画家，他们的作品里往往渗透着深刻的文化内涵。因此，借助哲学、考古学、社会学、宗教学、艺术学、心理学等邻近学科的成果，会给文学史研究带来新的面貌。例如，先秦诗歌与原始巫术、歌舞密不可分；两汉文学与儒术独尊的地位有很大关系；研究魏晋南北朝文学不能不关注玄学、佛学；研究唐诗不能不关注唐朝的音乐和绘画；研究宋诗不能不关注理学和禅学；保存在山西的反映金元戏曲演出实况的戏台、戏俑、雕砖、壁画是研究金元文学的重要资料；明代中叶社会经济的变化所带来的新的社会环境和文化气氛，是研究那时文学的发展决不可忽视的。

文学既是文化的一部分，又深受其他文化成果的滋养与影响。《中国文学史》就多种文化因素对文学的影响有诸多精彩分析，我们在阅读《中国文学史》时对此应予以重视。

总之，《中国文学史》做到了纵横交织、上下贯通、点面结合。纵横：依时间线索显现文学的发展演进，同时关联、比照同时期不同文学作品；上下：将文学置于更广阔的文化背景中；点面：展现各时期文学总体样貌，同时关注其中的关键作品。这三个特点也提示了读者阅读本书的方法，即将书中的知识相互关联起来，在文学史的立体结构中明确其意义。例如，当我们面对一首宋代的诗，既要纵向上想一想它对唐诗的继承，还要在横向上关联宋代的文化背景、士人的审美趣味以及宋代其他文体的发展状况。此外，除了在面上把握宋代诗的整体特征，还要在点上关注其中有开创意义的、高水平的或有特色的作品。

图书信息

袁行霈主编：《中国文学史》（四卷），高等教育出版社 2005 年版

《中国古代文学史长编》导读

《中国古代文学史长编》(以下简称《长编》)很有特点，既是文学史，又是资料汇编。编者在序言中说：

> 编者从多年的教学实践中，感到讲授中国文学史，在基本教材之外，需要一部论述简要而资料丰富的辅助教材。……有了这样一部教材，就可以不必翻检群书而看到一些原始资料。……既有文学史的基本论述，又附以相关的资料。论述部分，力求简要，引而不发，以供教者发挥，供学者思考。资料部分，摘引原文，力求精当。遇有歧义，则兼收数说，以供选择。

以这本书第二节有关韩愈的内容为例，我们来看丰富的原始资料对于理解文学史有怎样的价值。这部分资料包括韩愈的：

- 生平
- 思想（以道统自居，弘扬儒道；道统不醇，兼容诸家；用世干时，拯溺济危；唯心思想）
- 文学理论（文以明道；不平则鸣；重视修养；含英咀华，出奇创新）
- 散文思想内容（明道之文；不平而鸣之文；杂文）
- 散文艺术成就（文体革新；风格立异）
- 诗歌（内容；风格特征）
- 诗文的历史地位和影响

这些资料可谓全面细致，其形式主要有两种，一种是韩愈自己的诗文，另一种是有关韩愈的记述或他人对韩愈及其作品的评价。以《长编》对韩愈文论的介绍为例，其内容以摘引韩愈文章中有关文论的内容为主。如其中"含英咀华，出奇创新"部分的内容引自韩愈的《进学解》《答刘正夫书》

《答李翊书》《送穷文》《贞曜先生墓志铭》《醉赠张秘书》等。韩愈诗文的历史地位和影响则以他人对韩愈作品的评价为主，如对韩文的评价共引用了十项资料，包括李翱的《韩公行状》、李肇的《唐国史补》、赵璘的《因话录》、李汉的《韩愈文集序》、姚铉的《唐文粹序》、苏轼的《潮州韩文公庙碑》、刘开的《与阮芸台宫保论文书》、刘熙载的《艺概·文概》、叶燮的《原诗》和《唐宋诗醇》。而与韩愈思想中的"弘扬师道，培养人才"有关的资料则引自《新唐书·韩愈传》、韩愈的《师说》和《行难》、柳宗元的《答韦中立论师道书》。这些资料从不同的角度帮助我们全面、深入地了解韩愈及其作品，而这正是文学史的价值所在。

再看《长编》中有关社会文化背景的资料。以第四编第一章第一节"宋代的世风、士风及文风"为例，其内容有 39 页之多，包含了非常丰富的社会背景资料。这部分内容谈及宋人人生态度的两大特征，其中一个是："对世态及人生看得较透，因而能对世态及人生的种种变化采取较前人更为旷达、冷静、恬淡的态度，特别是在官场失意时多能以乐观、爽朗、超脱的态度对待之。"为了佐证这一观点，编者搜集、呈现了如下资料（部分）：

士之处世，视富贵利禄当如优伶之为参军，方其据几正坐，噫呜诃篆，群优拱而听命，戏罢则亦已矣。见纷华盛丽，当如老人之抚节物，以上元、清明言之，方少年壮盛，昼夜出游，若恐不暇，灯收花暮，辄怅然移日不能忘；老人则不然，未尝置欣戚于胸中也。睹金珠珍玩，当如小儿之弄戏剧，方杂然前陈，疑若可悦，即委之以去，了无恋想。遭横逆机穽，当如醉人之受骂辱，耳无听闻，目无所见，酒醒之后，所以为我者自若也，何所加损哉？（《容斋随笔》卷十四）

（富）弼恭俭孝敬，好善疾恶，常言："君子与小人并处，其势必不胜。君子不胜，则奉身而退，乐道无闷。"（《宋史纪事本末》卷三十七）

范忠宣谪居永州，以书寄人曰："此间羊麺无异北方，每日闭门餐馎饦，不知身之在远也。"（《宋人轶事汇编》卷八）

尹师鲁自直龙图阁谪官，过梁下，与一佛者谈。师鲁自言以静退为乐，其人曰："此犹有所系，不若进退两忘。"师鲁顿若有所得，自为文以记其

说。（沈括《梦溪笔谈》卷十八）

赵汝愚题福州鼓山寺诗云："几年奔走厌尘埃，此日登临亦快哉。江月不随流水去，天风常送海涛来。"（《宋人轶事汇编》卷十七）

廖子晦为小官，遭长官以非理对移，殊不能堪。朱文公以书晓之云："吾人所学正要此处呈验，已展不缩，已进不退，只得硬脊梁与他厮捱，看如何。……"文公之意，盖谓心无愧怍，则无入而不自得，无心贪恋，则无往而不自安。此不于临事遇变之时，而在于平居讲学之际。讲之素精，见之素定，真知夫进退、得丧、死生、祸福之不足以累吾心，则虽鼎镬刀锯，视之如寝席之安矣，况于一陟黜予夺之间哉！（《鹤林玉露》卷四）

闻赵相过岭，悲忧出涕，仆不然，谪命下，青鞋布袜行矣，岂能作儿女态耶！（陆游《跋李庄简公家书》）

有僧住山，或谋攘之，僧乃挂草鞋一双于方丈前，题诗云："方丈前头挂草鞋，流行坎止任安排。老僧脚底从来阔，未必骸髅就此埋。"余谓士大夫去就亦当如此。杨诚斋立朝时，计料自京还家之里费，贮以一箧，钥而置之卧所，戒家人不许市一物，恐累归担，日日若促装者……（《鹤林玉露》卷七）

多么具体而鲜活的资料！让我们对宋代士人的人生态度形成了真切的感性认识。基于这些资料，再看欧阳修的"行见江山且吟咏，不因迁谪岂能来"（《黄溪夜泊》），苏轼的"九死南荒吾不恨，兹游奇绝冠平生"（《六月二十日夜渡海》），我们一定会对宋代文人的人生态度及其作品的韵味有更深刻的理解、更强烈的共鸣。进而，这些资料会引发我们思考：宋人如此思想和心态是否与佛、道有关？而关于佛、道对宋人的影响，《长编》有专门的内容予以评述，同样辅以丰富的原始资料供参考。

总的来看，《长编》中的资料含括了作者、经济与政治、思想背景，不同时期某种文学样式、具体作品述评等。这些原始资料不仅对于我们理解文学的发生发展有帮助，对于文学作品的分析也很有价值——无论是关键的背景信息还是经典的作品评论，都能带给我们感悟与触动。这些资料使我们对文学及文学背景的理解超越了抽象的概念，换言之，有关文学和文学史的抽象概念落地生根了；现象和概念、现象和现象、概念和概念之间产生了实质性的关联。具体到语文教学中，这本书中大量的原始资料可以成为教学中的案例，而在教学中引用恰当、丰富的案例是激发学生学习兴趣、促进学生理解文本、引发学生共鸣的重要手段，这无疑会优化文本解读的效果。

图书信息

郭预衡主编:《中国古代文学史长编》(五卷)，首都师范人学出版社1992 年版

《中国诗史》导读

侃侃而谈，娓娓道来！《中国诗史》是一本极富趣味的书，读这本书的感觉就像看一部生动的纪录片——它在讲述一个个完整而动人的故事。

《中国诗史》共有三卷，分别是古代诗史，包括诗歌起源、《诗经》、楚辞、古逸和乐府；中代诗史，包括三国诗、六朝诗、初盛唐诗、中晚唐诗；近代诗史，包括唐五代词、北宋词、南宋词、散曲小曲及歌谣。这部书所说的"诗"指诗歌，包括词和散曲，书中分析了各种诗歌发生发展的背景、形态、特点及其艺术魅力。

《中国诗史》的内容包括三部分：考据、诗歌溯源、作家与作品点评。上卷"古代诗史"部分考据较多，对一般读者来说比较困难，建议根据自己的基础和兴趣有选择地阅读。诗歌溯源是本书的精彩之处，例如，汉乐府佳作《满歌行》：

遥望辰极，天晓月移。忧来阗心，谁当我知！……暮秋冽风起，西蹈沧海，心不能安。揽衣起瞻夜，北斗阑干，星汉照我……

作者认为，这几句颇有《楚辞·九辩》"贫士失职而志不平"之意，写穷困的境遇，悲凉而慷慨。作者的评价能够引导我们将不同的诗歌作品关联起来，这有助于我们理解诗歌的历史意义。再如，汉末乐府《伤歌行》：

昭昭素明月，辉光烛我床；忧人不能寐，耿耿夜何长！微风吹闺闼，罗帷自飘扬；揽衣曳长带，屣履下高堂。东西安所之？徘徊以彷徨……

作者认为此诗是一首杰作，风格迫近阮籍的《咏怀》诗，这会引导我们去看看《咏怀》诗，在比较中更清晰地把握此类作品的风格。作者还指出与《伤歌行》同属"清商曲"的《饮马行》也是一首杰作：

青青河畔草，绵绵思远道。远道不可思，宿昔梦见之。梦见在我傍，忽觉在他乡。他乡各异县，展转不相见……

作者指出，《饮马行》的体裁演自《诗经》中的《文王》《既醉》等篇，直接影响到曲子中的"顶真"体或"连珠"格。这样的评价提醒我们注意古诗中的"顶真""连珠"修辞，并启发我们去看看《文王》和《既醉》，从而更深刻地体会《诗经》对后世诗歌创作的奠基性影响。此外，作者评价《饮马行》可代表五言诗"进步已高"，这能引起我们进一步探索的兴趣——具有显赫地位的中国五言诗的起源是否与此有关。作者认为，五言诗的起源正是乐府。乐府分三类，其中一类是贵族特制的乐府，如"郊庙歌""燕射歌""舞曲"等。还有一类是外国输入的乐府，如"鼓吹曲""横吹曲"等。这一组作品时代较后，杂有不少的五言诗句。作者举《上陵》为例："上陵何美美，下津风以寒。问客从何来，言从水中央。桂树为君船，青丝为君笮，木兰为君棹，黄金错其间……"与《上陵》类似的还有《有所思》《战城南》《君马黄》等。第三类是民间采来的乐府，如"相和歌""清商曲""杂曲"等。这一组作品时代最晚（大多是东汉的作品），五言的成分也最多，如上述"清商曲"中的《饮马行》，还有如"杂曲"中的《冉冉孤生竹》："……千里远结婚，悠悠隔山陂。思君令人老，轩车来何迟！伤彼蕙兰花，含英扬光辉。过时而不采，将随秋草萎……"作者指出，从这些作品可以看出五言诗在乐府范围内的演进。在乐府范围以外，西汉流行的歌辞，如戚夫人与李延年所唱的，都是杂言中夹些五言，到东汉才渐渐有作纯粹五言诗的诗人。

上述内容将客观史料与主观评价整合起来，作者超越对个别作品的分析，将作品横、纵关联起来，凸显诗歌作品的发展、继承、关联，表现出明显的史学思维。这样的诗歌溯源让我们看到，某种文学主题和文学形式在生发的初期很关键，如果有生命力，就会发展壮大，反之则逐渐销歇。这有助于我们从文学史的视角认识诗歌作品——某种诗歌为什么能够生发、壮大和流传要从源头寻找答案。

《中国诗史》另一个值得注意的地方是关于诗歌作品背景的介绍与分析。

以此书对阮籍作品的分析为例，作者首先介绍了阮籍的志气宏放、傲然独得、任性不羁：喜《老》《庄》，嗜酒善琴，关了门看书可以几月不出去，若出门游玩也可以忘了归家。作者特别提到《晋书》所载阮籍的三件轶事：

籍嫂尝归宁，籍相见与别，或讥之。籍曰："礼岂为我辈设？"

邻家少妇有美色，当垆沽酒。籍尝诣饮，醉，便卧其侧。籍既不自嫌，其夫察之，亦不疑也。

兵家有女有才色，未嫁而死。籍不识其父兄，径往哭之，尽哀而还。

阮籍日常行事如此出位，在官场上也有非常之举。兖州刺史王昶请求与阮籍相见，见面后阮籍终日不发一语。太尉蒋济要见他并授官，他上书谢绝引得蒋济大怒，阮籍在亲友劝说下勉强赴职，不久即称病归家。阮籍后来又做过尚书郎和参军，不久亦称病免职。作者指出，阮籍也并非不食人间烟火，他曾观楚汉战处，叹道："时无英雄，遂使竖子成名！"他不愿做官很有可能是因为魏衰象已见。司马氏二世（懿、师）两次命他做从事郎中，他都没有辞；在司马师迫郭太后废曹芳、改立高贵乡公曹髦为帝时，阮籍做散骑常侍，封关内侯；司马昭当权时，阮籍还笺劝其进号晋公，受九锡。在那样一个动荡的时代，阮籍的内心无疑是矛盾和痛苦的。司马昭为子炎求婚，他酒醉六十日以逃避。阮籍母丧，他下棋不止，饮酒二斗，及葬，又饮酒二斗，两次都吐血。母丧中，面对吊客他大都作白眼，并散发箕踞，直视不哭。阮籍也自察内心的矛盾与无奈，他对其子阮浑说："仲容（阮咸）已豫吾此流，汝不得复尔。"

在了解阮籍其人的基础上，作者分析了阮籍的诗。阮籍以八十二首《咏怀》诗著称。《咏怀》第一首："夜中不能寐，起坐弹鸣琴。薄帷鉴明月，清风吹我襟。孤鸿号外野，翔鸟鸣北林。徘徊将何见？忧思独伤心。"作者认为这是其余八十一首的引子。阮籍到底"忧思"些什么？作者提示，若能懂得"无常"是阮籍的中心思想，便不难了解《咏怀》诗的意义。这些"无常"包括：

友谊的无常：

如何金石交，一旦更离伤？（其二）

谗邪使交疏，浮云令昼冥。（其三十）

身家性命的无常：

一身不自保，何况恋妻子？（其三）

朝生衢路旁，夕瘗横术隅。（其五十九）

富贵的无常：

黄金百镒尽，资用常苦多。（其五）

布衣可终身，宠禄岂足赖？（其六）

名誉的无常：

千秋万岁后，荣名安所之？（其十五）

荣名非己宝，声色焉足娱？（其四十一）

作者进一步分析了阮籍作品中"无常"思想的根源：阮籍生于汉亡前十年，卒于魏亡前二年，他幼年目睹汉魏的交替，暮年又经历魏晋的交替，中间再加以吴蜀兴亡的穿插，这些很容易使他感到诸事无常。作者指出，阮籍自幼便喜读《老》《庄》，庄周说："其分也，成也；其成也，毁也。凡物无成与毁，复通为一。"（《齐物论》）又说："物之生也，若骤若驰，无动而不变，无时而不移。何为乎？何不为乎？夫固将自化。"（《秋水》）庄周认为这些变化是自然的，用不着"忧思"或"伤心"，而阮籍则似乎没有那么达观，似乎只接受到庄周思想的一半。

作者最后阐发了自己的感慨：《晋书》说阮籍"时率意独驾，不由径路，车迹所穷，辄痛哭而反"——他对于世态，认识得太深刻了，感觉得太灵敏了。士大夫们对各种无常是有同感的，阮籍之所以被推重，便是因为他能把士大夫们所感到的无常，更深刻更灵敏地写下来，使人们读了，不但觉得如出诸己，而且觉得更胜于己。所以，《咏怀》诗千百年来一直受到文人的青睐。

从上述内容可见，作者对阮籍诗的分析是立体的、细腻的，在基于丰富的资料进行理性分析的同时又投入真挚的情感，使我们对阮籍及其作品形成深刻的认识。这样的内容安排和文字风格使得《中国诗史》既是诗歌历史的分析，也是诗歌作品的品赏，我们相信读者会从中受益良多。

图书信息

陆侃如，冯沅君:《中国诗史》，百花文艺出版社 1999 年版

《唐宋词艺术发展史》导读

　　词的审美价值极高，宋词是与唐诗齐名的中国文学艺术的双璧之一。《唐宋词艺术发展史》（以下简称《发展史》）有助于我们通过了解词的发展历史，理解词撼人心魄的美。

　　《发展史》的作者自称"治学很杂"，三十年来先治近代曲论，很快转到了唐宋词与词学批评，再转至古代诗画比较，接着再转向古代文化与文艺宏观研究，且一度对图腾、民俗感兴趣。作者已出版《中国古代诗画艺术思想史》《有声画与无声诗》《中国绘画思想史》《古代文艺的文化观照》《宋代绘画研究》《宋词与人生》《词学廿论》《唐宋词美学》以及与人合著的《学者闻一多》《中国词学批评史》等著作。从作者的治学和著述可以看到其视野相当开阔，体现于《发展史》，作者将其对唐宋词的研究与多个学科领域联系起来，既有广度，又有深度。读《发展史》给人最明显的感受就是知识密度很大，作者将对唐宋词的分析置于一个立体而致密的知识结构中，由此而提出的诸多观点有新意且有说服力。

　　作者在自序中指出《发展史》富有创见的重要观点：

　　宫廷文化引发了文人词之起，进士文化促使了词之盛，边塞文化与民间多元文化使敦煌曲子词显著区别于文人词，西蜀与南唐因不同的宫廷文化背景而使词风相异，北宋士大夫文化与市井文化分别导致晏殊词与柳永词的雅、俗发展，苏轼的以诗为词是前者于词体变革的体现，故而是"士大夫之词"的完成，靖康的民族文化劫难引发了南渡词之变，坚持这一文化使南宋词"复雅"成为潮流，文化集成、南北综融是辛弃疾成为伟大词人的主要标识，江湖文化是风雅词派的生成基础，临安吟社文化则是宋风雅词的生存土壤。

这些观点是读《发展史》应把握的基本线索，显现了词发生、发展的基本面貌，读者对此应予以重点关注。

基于丰富的社会文化资料，《发展史》超越对具体作家和作品的述评，阐明了唐宋词的内在肌理，分析其发展变化及影响因素。例如，作者在第二章第二节"晚唐文人词与进士文化"中对进士文化进行了剖析，并试图说明它与晚唐文人词的关系。作者指出："中唐以刘、白为代表的词，多作于二人的晚年，故应以士大夫文化与吏隐思想相结合而观之。晚唐以温庭筠、韦庄为代表的词，却多为艳词，当以进士文化论之。"这样的论断体现了典型的史学思维，不仅说明了词从中唐到晚唐的变化轨迹以及中晚唐词的内在特征，而且说明了其社会文化背景。

下面我们通过《发展史》中作者有关晚唐与进士文化关系的剖析，说明对词的解读要观照其文化背景，以及如何运用史学思维分析文学作品。[①]

唐代科举制打破了"上品无寒门，下品无势族"的态势。进士科取士较其他科更难，一旦取士，社会地位很高。进士考试以诗赋取士，士人将研习重心从儒学经典转到了诗赋文章，造成"儒林"传统向"文苑"精神转化。这使得统治阶级的新成员——进士阶层，有可能形成一系列被视作"无行""轻薄"的特点。[②]进士的轻薄与无行固然与取士有关系，但也有更深层次的原因——高门子弟既经家庭严肃之礼教，又有政治上之常识，而寒窗苦读仅凭诗赋声律取士的平民子弟未有这样的教养背景，"于政事不谙练，于品德无根柢"（钱穆）。《新唐书》对比"君子"与文士，褒前贬后之意明显。进而，作者辟专节——"进士与歌妓"，指出诗人之恋妓是进士轻薄、无行的主要表现。孙棨《北里志序》有载，中晚唐举子、进士狎妓为官方所特许;《开元天宝遗事》也对进士与妓女的交往作了颇多记载，包括白居易、

[①] 关于进士文化，作者发表多篇论文，包括《进士文化与唐诗》《进士文化与诗可以群》《进士文化与诗可以观》《进士文化与诗可以兴》《进士文化与诗可以怨》等，显示作者在这方面有很深厚的研究基础。

[②] 这种特点有《旧唐书》中礼部侍郎杨绾对进士制的负面评价以及《唐摭言》所说的"寻芳逐胜，结友定交。竞车服之鲜华，骋杯盘之意气，沽激价誉，比周行藏"为证。

杜牧等均流连于风月场。这样的文化对晚唐词产生了重要影响，词变得香艳迷情可谓水到渠成，"能逐弦吹之音，为侧艳之词"的温庭筠则顺时而出，成为艳词作者的代表。

这个例子提醒我们，在面对一篇词作时，不要停留在标签式的抽象概念上，如将花间词与"香艳"简单关联，而要了解其背后的士人心态与文化背景，才能对词作有更深刻的认识。花间词思想性也许不高，但它发生发展的社会文化背景让我们意识到它是历史发展的必然产物，诸多初期作品虽然关乎风月私情，但在"诗言志"之外，中国文人找到了一个新的、富有生命力的抒情方式。随着时间的流逝，逐艳之词中的情意得以沉淀和升华，超越了闺阁青楼，投射到更广阔、更动人的人生场景中，人们从中可以感受到爱慕、温情、离愁、苦闷、飘零等等诸多复杂精微的情感——就像温庭筠的逐艳之词《醉歌》中的"劝君莫惜金樽酒，年少须臾如覆手"所表达的时光流逝之感——人们为此生发长久而深刻的感动。

《发展史》还有一个优势——呈现了大量的唐宋词作品并对其进行分析。高水平、有特色的唐宋词作家及其重要作品均有涉及，教师可从中查阅感兴趣的作家、作品。此外，这本书还引征了非常丰富的唐宋词批评的原始资料，从古代直到现当代，包括各个时期的词选、词论以及一般的文学批评。建议读者关注这些资料，从中体会词评的视角及审美要领，同时也可以了解历史上有哪些重要的词选和词论，为进一步的扩展阅读奠定基础。

《发展史》没有涉及金元明清词，读者可参考黄拔荆的《中国词史》（福建人民出版社 2003 年）。此书对词的介绍自隋唐词直至清词，其内容同样旁征博引，对重要词人和作品进行了较为详细的介绍，值得参考。

图书信息

邓乔彬:《唐宋词艺术发展史》, 河北人民出版社 2010 年版

《中国散文史》导读

　　《中国散文史》(以下简称《散文史》)有上、中、下三册,按照年代顺序,上册三编,介绍了先秦、秦汉、魏晋南北朝的散文;中册两编,介绍了隋唐五代、宋辽金元的散文;下册两编,介绍了明、清散文。《散文史》的作者在这本书的序言中开门见山地指出:

　　写这部中国散文史,曾有三点奢望:一是不从"文学概论"的定义而从汉语文章的实际出发,写出中国散文的传统。二是不从"作品评论"或"作品赏析"的角度,而从史的发展论述中国散文的特征。三是不要写成"文学史资料长编",但也避免脱离作品实例而发令人不知所云的长篇大论。

　　作者的这番话,与前述"撰写文学史要体现史学思维"的观点是一致的。《散文史》每一编的第一章是概论,介绍这一历史时期散文的总体状况。此内容显示了作者的功力,将散文的发展脉络梳理得非常清晰,实现了"从史的发展论述中国散文的特征"。例如,在第一编"先秦"部分的概论中,作者根据时间顺序对各种散文的形态、特点、本质等进行了分析,并且将其关联起来,说明了其传承关系及发展演变的路径。作者分析了从殷商到战国文章的发展变化及其艺术特色,指出这种变化的历史根源有三:巫卜记事、史家记事、私家著书。这让我们不仅能看到散文的发展脉络,还能看到这种发展背后的渊源和动力。作者进一步分析巫卜对四类散文——《易传》一类的哲理之文、《山海经》一类的传奇志异之文、老庄那样的谈玄论道之文、屈原宋玉等的赋体杂文的影响。如此将不同时期、不同类型的散文关联起来,显现出散文内在的肌理及发展脉络。再如,作者谈到屈原的《天问》,认为就其思想内容来说"不同于诗人的抒情,也不同于学者的议论,和《离骚》《九章》也不一样，这样的文章为当时所仅有，后世亦少见，直到后汉王充的《论衡》才发扬了这种大胆怀疑、敢破传统的精神"——这是在对不同的文章进行对比和关联分析，这样的对比和关联显示了作者的洞察力，揭示了文章的本质特征。

《散文史》每一编按照历史发展顺序分为若干章。如第五编"宋辽金元"中有"庆历新政前后""熙宁变法前后"两章，从而将散文发展置于特定的历史背景之中。每一章下设若干节，呈现重要作家的关键作品，如第十章"南宋中期"里的第二节是"言世论证之文"，介绍了陆游和辛弃疾的散文，第七节"各体杂文"中再次介绍了陆、辛之文。通过这样的安排将具体文本类型化，并将其置于特定的历史背景中，让读者切实感受散文的特点及其发展变化的渊源和背景。

《散文史》还有一个重要的特点——如作者在序言中所说——"比较注意列举作品，结合作品进行论断"。作者指出，"在散文史中如果不见散文，而只见一些关于散文的议论，则从这样的'史'中，读者是很难得到'史感'的"。基于这样的理念，作者在书中引征了大量的资料。以作者对苏轼的散文《文与可画筼筜谷偃竹记》的分析为例：

此文题目是给文同的一幅"偃竹"作记，但一开始却先介绍了文同的画论：

"竹之始生，一寸之萌耳，而节叶具焉。自蜩腹蛇蚹以至于剑拔十寻者，生而有之也。今画者乃节节而为之，叶叶而累之，岂复有竹乎？故画竹必先得成竹于胸中，执笔熟视，乃见其所欲画者。急起从之，振笔直遂，以追其所见，如兔起鹘落，少纵则逝矣。"

……苏轼引他的这几句话，即有名的"成竹在胸"的画论。……但苏轼为什么特意拈出这几句来著于一篇之首呢？苏轼是懂得艺术的，在他看来，文同这几句话，乃其画论精华，也是苏轼认为最可宝贵的艺术理论。平居之日，时诵于心，故临文之际，也就脱口而出。

……文同曾以所画筼筜谷偃竹一幅赠给苏轼，说："此竹数尺耳，而有万尺之势。"筼筜谷在洋州（陕西洋县），文同曾请苏轼作《洋州三十咏》，其诗有云："汉川修竹贱如蓬，斤斧何曾赦箨龙。料得清贫馋太守，渭滨千亩在胸中。"文同得诗之日，正"与其妻游谷中，烧笋晚食，发函得诗，失笑喷饭满案"。……事实上，苏轼写这篇文章（按：指《文与可画筼筜谷偃竹记》）的时候，乃是正当文同逝世半年之后，他是怀着十分沉痛的悼念之情回忆文同的言谈笑貌的。文章最后才说："元丰二年正月二十日，与可没于陈州。是岁七月七日，予在湖州曝书画，见此竹，废卷而哭失声。"

文同生前，见到苏轼的诗时，曾经"失笑喷饭满案"，文同死后，苏轼再见文同的画时，"废卷而哭失声"，一喜一悲，两相对照，平生交谊可见。

至此可以看出，这篇文章是悼念文同的，但全篇的思想意义，都远在一般的悼念文字之上，文章是给一幅绘画作记的，但全篇的艺术构思，也和一般的"画记"不同。……宋代有些文人，艺术修养超过前代，其行文论事，往往触类旁通。这篇文章写到如此的深度，就和苏轼的艺术修养有关。此文之外，诸如《墨君堂记》、《王君宝绘堂记》、《传神记》、《净因院画记》、《书蒲永昇画后》、《书吴道子画后》等等，都可与此文同看。

当然，这篇文章的主要特点，还不仅在于艺术理论的发挥，而在于文章写法的新颖。其中几乎没有旧的格套和程式。文章的起笔就打破了常规：作为纪念文字，而不介绍文同的爵里生平，作为画论，也不先讲画的内容来历。再写下去，也是随意所之，无所拘束，真像是"行云流水，初无定质"。这样的写法，是和苏轼平日论文的主张一致的。苏轼平日论文，曾经反对"程式文字，千人一律"（《答王庠书》）。主张行文"闲暇自得"（《答毛滂书》）。不赞成"作文"，说文章"非能为之为工，乃不能不为之为工"；说自己"未尝敢有作文之意"（《江行唱和集叙》）。主张'辞达'（《答俞括书》），说"辞至于达，至矣"（《答王庠书》）。《筼筜谷偃竹记》一文可以说是实践了他这一系列的主张的。

这篇文章的写法是新颖的，是打破常规的，但也不是说对于前人无所借鉴。苏轼自己说得明白，有的地方是在学习古人的一种文风。例如悼念亡友而写出当时的"戏笑之言"，就是有意学习曹操的。关于这一点，文章最后写道："昔曹孟德祭桥公文，有车过腹痛之语，而予亦载与可畴昔戏笑之言者，以见与可于予亲厚无间如此也。"

……这篇文章是写得非常自然、随便的。理趣极深，而辞甚浅易。这一点与欧阳修的造诣有些相似。刘恕曾有"欧九不读书"的话，王世贞评苏轼之文，也说："读子瞻文，见才矣，然似不读书者。"（《艺苑卮言》）事实上，苏轼论文，虽不讲"作"，却是讲"学"的，是讲"读书"的。他讲读书有所谓"八面受敌"法，即"每一书皆作数过尽之"（《又答王庠书》）。由此可知，苏轼之文，虽是自然、平易到令人认为"似不读书"的程度，其实是很下工夫的。读书而使人感觉"似不读书"，这正是苏轼文章工夫之所在。

作者对苏轼的《文与可画筼筜谷偃竹记》进行了抽丝剥茧般的分析，集结了很多背景材料，让读者对这篇散文的写作背景有了深入的认识，为文同与苏轼之间深厚的情谊而唏嘘。同时，作者还分析了这篇文章的写作手法和艺术风格，进而讨论了苏轼的艺术修养和创作主张，让我们对苏轼散文的艺术魅力形成更深刻的认识。《散文史》的作者还以苏轼其他散文为例，来说明苏轼散文的写作特点及艺术特色，并且将苏轼的所思所写与其境遇和当时的社会背景关联起来。

综上所述，《散文史》通过点面结合、具体与抽象互为支撑的方式构建了一个立体而致密的中国散文史的框架。《散文史》有两方面的价值：一是了解中国散文发展的总体脉络，二是欣赏重要的散文并学习散文赏析的方法。这本散文史中引用的大量作品都是教科书中没有的，教师可从中选择适合学生的优秀篇目，用作课外阅读的材料，这对学生提高古文阅读能力、提高审美品位、感受传统文化大有裨益。

图书信息

郭预衡:《中国散文史》（三册），上海古籍出版社 2000 年版

《中国小说史略》导读

在所有的文学样式中，小说可能最受学生欢迎。个体在幼儿时期就非常喜欢听故事，而这是小说的内核之一。故事是"过去发生的事"，我们从故事中可以看到感官所不及的世界，包括自然、社会，还有人心。虚构的故事才能称为小说，我们读小说时知道其中的人和事都不是真的，却为何会被深深地感动？这是因为虚构以现实为基础，好的虚构富有逻辑，是对诸多现实因素合理的变形与组合，这形成小说独特的价值和魅力——它呈现的世界比现实世界更真实、更本质，也更撼动人心。

了解中国小说史，鲁迅的《中国小说史略》（后称《史略》）是必读书目。鲁迅逝世时，蔡元培所献的挽联是："著述最谨严非徒中国小说史，遗言太沉痛莫作空头文学家"。不只是蔡元培对《史略》评价甚高，很多名人都对这本中国小说史赞誉有加，如：

在小说史料方面我自己也颇有一点贡献，但最大的成绩自然是鲁迅先生的《中国小说史略》。这是一部开山的创作，搜集甚勤，取材甚精，析别也甚谨严，可以替我们研究文学史的人节省无数的精力。（胡适）

我在上海研究中国小说完全像盲人骑瞎马，乱闯乱摸，他的《中国小说史略》的出版，减少了许多我在暗中摸索之苦。鲁迅的《中国小说史略》奠定了中国小说研究的基础。（郑振铎）

此书条理明晰，论断精当，虽编成在距今十多年以前，但至今还没有第二部比他更好的（或与他同样好的）中国小说史出现。他著此书时所见之材料不逮后来马隅卿（廉）及孙子书（楷第）两君所见者十分之一，且为一两年中随编随印之讲义，而能做得如此之好，实可佩服。（钱玄同）

王国维的《宋元戏曲史》和鲁迅的《中国小说史略》，毫无疑问，是中

国文艺史研究上的双璧，不仅是拓荒的工作，前无古人，而且是权威的成就，一直领导着百万的后学。（郭沫若）

《中国小说史略》的产生，不但结束了过去长期零散评论小说的情况（一直到"五四"前夜的《古今小说评林》），否定了云雾迷漫的"索隐"逆流（如《红楼梦索隐》《水浒传索隐》，以及牵强附会的民族论派），也给涉及小说的当时一些文学史杂乱堆砌材料的现象进行了扫除（如《中国大文学史》）。最基本也最突出的，是以整体的、"演进"的观念，披荆斩棘，辟草开荒，为中国历代小说，创造性地构成了一幅色彩鲜明的画图。（钱杏邨）

迄今（2000年）为止，小说家之撰写小说史，仍以鲁迅的成绩最为突出。一部《中国小说史略》，乃无数后学的研究指南。（陈平原）

《史略》建立的框架、梳理的线索、提供的资料、发表的评论自问世以来就广受学林推崇，至今仍被治小说史者奉为圭臬。

《史略》以时间为线索，从远古神话与传说起溯，依序论述各历史时期的小说，包括：汉代小说，六朝小说，唐宋传奇，宋代话本及拟话本，元明讲史小说，明代神魔、人情、拟宋市人小说，清代拟晋唐、讽刺、人情、狭邪、侠义、公案、谴责小说。《史略》的内容主要包括：（1）对小说作者和版本真伪、流变的考据；（2）收集并呈现历史上重要的小说；（3）对小说的评点；（4）对小说发展演进的分析。

《史略》往往通过短短一段文字，甚或只是三言两语，简明扼要地对中国小说发展路径进行清晰的梳理，剖析每一个时代有代表性的小说的特点、价值及来龙去脉。例如：

《世说新语》，世之所尚，因有撰集，或者掇拾旧闻，或者记述近事，虽不过丛残小语，而俱为人间言动，遂脱志怪之牢笼也。（第七篇）

小说亦如诗，至唐代而一变，虽尚不离于搜奇记逸，然叙述宛转，文辞华艳，与六朝之粗陈梗概者较，演进之迹甚明，而尤显者乃在是时则始有意为小说。……然而后来流派，乃亦不昌，但有演述，或者摹拟而已，惟元明人多本其事作杂剧或传奇，而影响遂及于曲。（第八篇）

宋一代文人之为志怪，既平实而乏文彩，其传奇，又多托往事而避近

文学史

闻，拟古且远不逮，更无独创之可言矣。然在市井间，则别有艺文兴起，即以俚语著书，叙述故事，谓之"平话"，即今所谓"白话小说"者是也。（第十二篇）

《史略》将小说的发展演进置于政治、经济、思想、习俗背景中，这对理解小说发展的原因和动力很重要。如第七篇，作者从"汉末士流，已重品目，声名成毁，决于片言"发展为魏晋"吐属则流于玄虚，举止则故为疏放"的社会风气，从当时佛老思想盛行，终于在文人中形成清谈的风尚，来说明魏晋志人小说赖以产生的社会风尚和思想背景。再如第八篇论唐传奇，鲁迅指出，当时考试重"行卷"，以至有举子将小说放入行卷，以显示其史才、诗笔、议论等多种才能，这样的社会风习是唐传奇繁荣的一个重要原因。还有第十二篇论宋话本的兴起，强调关注"民物康阜"的城市经济、"游乐之事甚多"的市民文艺等社会背景；第十六篇，强调明代中叶神魔小说的盛行与当时社会普遍尊崇道教的风气密切相关。

鲁迅对重点小说予以精到的评析。如对于前人认为《西游记》"或云劝学，或云谈禅，或云讲道"，鲁迅指出："然作者虽儒生，此书则实出于游戏，亦非语道，故全书仅偶见五行生克之常谈，尤未学佛，故末回至有荒唐无稽之经目，特缘混同之教，流行来久，故其著作，乃亦释迦与老君同流，真性与元神杂出，使三教之徒，皆得随宜附会而已。"再以鲁迅对《金瓶梅》的评价为例：

作者之于世情，盖诚极洞达，凡所形容，或条畅，或曲折，或刻露而尽相，或幽伏而含讥，或一时并写两面，使之相形，变幻之情，随在显见，同时说部，无以上之，故世以为非王世贞不能作。至谓此书之作，专以写市井间淫夫荡妇，则与本文殊不符，缘西门庆故称世家，为搢绅，不惟交通权贵，即士类亦与周旋，著此一家，即骂尽诸色，盖非独描摹下流言行，加以笔伐而已。（第十九篇）

由此可见，鲁迅的小说评析言短意深，包括了小说的背景、主题、内容、手法等，同时也对小说评论的争议进行分析并提出自己独到的观点。

鲁迅在《史略》中凭借扎实的资料和深刻的洞察力，旁征博引，纵横开阖，以对比的方式阐释小说的发展演进，并对重要的小说进行评析，这样的内容值得关注。例如：

记人间事者已甚古，列御寇韩非皆有录载，惟其所以录载者，列在用以喻道，韩在储以论政。若为赏心而作，则宇萌芽于魏而成大于晋，固不免诡随俗尚，或供揣摩，然要为远实用而近娱乐矣。（第七篇）

幻设为文，晋世固已盛，如阮籍之《大人先生传》，刘伶之《酒德颂》，陶潜之《桃花源记》《五柳先生传》皆是矣，然咸以寓言为本，文词为末，故其流可衍为王绩《醉乡记》、韩愈《圬者王承福传》、柳宗元《种树郭橐驼传》等，而无涉于传奇。传奇者流，源盖出于志怪，然施之藻绘，扩其波澜，故所成就乃特异，其间虽亦或托讽喻以纾牢愁，谈祸福以寓惩劝，而大归则究在文采与意想，与昔之传鬼神明因果而外无他意者，甚异其趣矣。（第八篇）

明末志怪群书，大抵简略，又多荒怪，诞而不情，《聊斋志异》独于详尽之外，示以平常，使花妖狐魅，多具人情，和易可亲，忘为异类，而又偶见鹘突，知复非人。（第二十二篇）

《聊斋志异》虽亦如当时同类之书，不外记神仙狐鬼精魅故事，然描写委曲，叙次井然，用传奇法，而以志怪，变幻之状，如在目前；又或易调改弦，别叙畸人异行，出于幻域，顿入人间；偶述琐闻，亦多简洁，故读者耳目，为之一新。……《阅微草堂笔记》与《聊斋》之取法传奇者途径自殊，然较以晋宋人书，则《阅微》又过偏于论议。盖不安于仅为小说，更欲有益人心，即与晋宋志怪精神，自然违隔；且末流加厉，易堕为报应因果之谈也。（第二十二篇）

寓讥弹于稗史者，晋唐已有，而明为盛，尤在人情小说中。然此类小说，大抵设一庸人，极形其陋劣之态，借以衬托俊士，显其才华，故往往大不近情，其用才比于"打诨"。若较胜之作，描写时亦刻深，讥刺之切，或逾锋刃，而《西游补》之外，每似集中于一人或一家，则又疑私怀怨毒，乃逞恶言，非于世事有不平，因抽毫而抨击矣。其近于呵斥全群者，则有《钟馗捉鬼传》十回，疑尚是明人作，取诸色人，比之群鬼，一一抉别，发其隐情，然词意浅露，已同谩骂，所谓"婉曲"，实非所知。迨吴敬梓《儒林外史》出，乃秉持公心，指摘时弊，机锋所向，尤在士林；其文又戚而能谐，婉而多讽：于是说部中乃始有足称讽刺之书。（第二十三篇）

鲁迅对不同的小说进行关联比较，凸显了这些小说的属性与特点。这对我们认识各类小说很有帮助，对语文教学来说也是重要的参考。

鲁迅在《史略》中呈现了大量他搜集到的此前不为人注意的小说，而这些作品是小说发展链条上的重要一环，这对我们把握小说发展演进的脉络很有意义。例如，鲁迅在《史略》第五篇呈现了梁代吴均《续齐谐记》中的"阳羡鹅笼之记"：

阳羡许彦于绥安山行，遇一书生，年十七八，卧路侧，云脚痛，求寄鹅笼中。彦以为戏言，书生便入笼，笼亦不更广，书生亦不更小，宛然与双鹅并坐，鹅亦不惊。彦负笼而去，都不觉重。前行息树下，书生乃出笼谓彦曰："欲为君薄设。"彦曰："善。"乃口中吐出一铜奁子，奁子中具诸肴馔。……酒数行，谓彦曰："向将一妇人自随。今欲暂邀之。"彦曰："善。"又于口中吐一女子，年可十五六，衣服绮丽，容貌殊绝，共坐宴。俄而书生醉卧，此女谓彦曰："虽与书生结妻，而实怀怨，向亦窃得一男子同行，书生既眠，暂唤之，君幸勿言。"彦曰："善。"女子于口中吐出一男子，年可二十三四，亦颖悟可爱，乃与彦叙寒温。书生卧欲觉，女子口吐一锦行障遮书生，书生乃留女子共卧。男子谓彦曰："此女虽有情，心亦不尽，向复窃得一女人同行，今欲暂见之，愿君勿泄。"彦曰："善。"男子又于口中吐一妇人，年可二十许，共酌，戏谈甚久，闻书生动声，男子曰："二人眠已觉。"因取所吐女人，还纳口中。须臾，书生处女乃出谓彦曰："书生欲起。"乃吞向男子，独对彦坐。然后书生起谓彦曰："暂眠遂久，君独坐，当悒悒耶？日又晚，当与君别。"遂吞其女子，诸器皿悉纳口中，留大铜盘可二尺广，与彦别曰："无以藉君，与君相忆也。"彦大元中为兰台令史，以盘饷侍中张散；散看其铭题，云是永平三年作。

鲁迅称此小说"尤其奇诡者也"。他指出，这样的故事题材早已有之且来自天竺。《酉阳杂俎》提到《旧杂譬喻经》有载："昔梵志作术，吐出一壶，中有女子与屏，处作家室。梵志少息，女复作术，吐出一壶，中有男子，复与共卧。梵志觉，次第互吞之，拄杖而去。"《观佛三昧海经（卷一）》谈到观佛苦行时白毫毛相①有云："天见毛内有百亿光，其光微妙，不可具宣。于其光中，现化菩萨，皆修苦行，如此不异。菩萨不小，毛亦不大。"鲁迅认为这是"梵志吐壶"这一故事情节的渊源。佛教自东汉传入中国，魏晋文人译读佛典，使得其中的故事得到流传——"文人喜其颖异，于有意或无意中用之，遂蜕化为国有"。鲁迅以晋人荀氏的《灵鬼志》为例说明这一点：

太元十二年，有道人外国来，能吞刀吐火，吐珠玉金银，自说其所受师，即白衣，非沙门也。尝行，见一人担担，上有小笼子，可受升余，语担人云："吾步行疲极，欲寄君担。"担人甚怪之，虑是狂人，便语之云："自可耳。"……即入笼中，笼不更大，其人亦不更小，担之亦不觉重于先。既行数十里，树下住食，担人呼共食，云"我自有食"，不肯出。……食未半，语担人"我欲与妇共食"，即复口吐出女子，年二十许，衣裳容貌甚美，二人便共食。食欲竟，其夫便卧；妇语担人："我有外夫，欲来共食，夫觉，君勿道之。"妇便口中出一年少丈夫，共食。笼中便有三人，宽急之事，亦复不异。有顷，其夫动，如欲觉，妇便以外夫内口中。夫起，语担人曰："可去！"即以妇内口中，次及食器物……"

《续齐谐记》与《灵鬼志》相比有一个重要的变化，书生吐出一女子后及女子吐出一男子后都有形象描写："衣服绮丽，容貌殊绝"，"亦颖悟可爱"。此外，《续齐谐记》中女子吐出男子前跟彦说："虽与书生结妻，而实怀怨，向亦窃得一男子同行，书生既眠，暂唤之，君幸勿言。"这些形象和情感描写，就使文字超越了记事、志怪，其文学性增强了。书生与彦分别时

---

① 佛教所说佛的三十二种形象之一，谓佛眉长有白色毫毛，长一丈五尺，平时缩卷于眉毛旁。该形象体现了佛家圆融互摄理论，以为世界万事万物均发源于心，心无大小，"相"亦无大小，故毛内有菩萨——菩萨不小，毛亦不大。

送其大铜盘并说，"无以藉君，与君相忆也"，这是较为典型的文学笔法，给读者遐想的空间，有意犹未尽之感。

这些小说源自佛典，其内涵非常动人、值得思悟：我们似乎不是生活在一维时空，而是一个多维乃至嵌套的世界，哪个世界是真实的？我们倚赖的是哪个世界，我们相信的又是哪个世界？鲁迅能将这些动人的小说撷选进中国小说史并追根溯源，基于横纵关联显现出寄托深刻情意、永远感动人的文学母题，让我们真切感受到小说不朽的魅力。

总之，通过《史略》，我们能感受到鲁迅带着情感在勾勒中国小说发展的历史。他选取了那么多重要而有趣的小说，对它们进行动人的分析，使我们不仅能真切感受小说发展的脉络，还能体会到小说特有的生命力，这无疑是我们在读《史略》时应当细细品味的。

图书信息

鲁迅:《中国小说史略》，上海古籍出版社 2006 年版

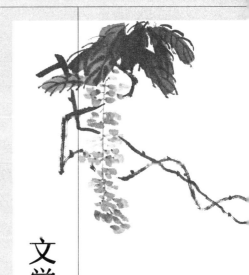

文学理论与文学批评

美国学者艾布拉姆斯在他的《镜与灯：浪漫主义文论及批评传统》一书中提出文学由四个相关的要素构成：世界、艺术家、作品和读者。[①] 文学作品只有经过读者的解读才有意义，对作品的解读是实现作品价值的一个重要且必要的环节。下面是曹禺对他的访谈者说的两段话，从中我们可以看到文学批评对于实现文本价值的意义：

你评论我的剧本，有些是我在创作时没有想到的。一个文学批评家运用逻辑思维，应当而且可以看到作家创作时所未曾意识到的地方。如果作家创作时就想得那么有条理，那么，他就创作不出来了。按道理说，批评家他是应该最了解和最懂得作家的。也可以说是"知心"的吧！[②]

田本相同志，你的《曹禺剧作论》真是下了功夫的，这点我非常感谢你。你想到的，往往是我没想到的，我没想到的你却想到了，这是批评家的长处，也是他的好处。我曾经和你说过《孟子》上的一段故事，我之所以反复同你讲，齐宣王所引用的《诗经》中那两句诗："他人有心，予忖度之"，是借用它来表达他自己的心情，意思是说，我心里想的而又说不出来的，你这么一解释我就明白了。这个故事，也可以这么说，作家"有心"，批评家能够"忖度"它。我同齐宣王一样，也是借用它来表达我的心情，表达对你的感谢！[③]

"知心"——文学批评就是读者了解作者、作品心意的过程。法国批评家塔迪埃将文学批评看成是"亚历山大港的灯塔"。他指出，"20世纪里，文学批评第一次试图与自己的分析对象文学作品平分秋色"，"批评是第二意义上的文学"，"所以文学批评可以在我们的时代得到无限膨胀与发展"。[④] 文学批评挖掘和呈现文学作品的美，彰显文学作品的意义和价值，语文教学中

[①] 转引自童庆炳主编：《新编文学理论教程》，中国人民大学出版社2011年版，第8页。
[②] 田本相，刘一军：《曹禺访谈录》，百花文艺出版社2010年版，第4页。
[③] 同上，第44页。
[④] 让-伊夫·塔迪埃：《20世纪的文学批评》，史忠义译，百花文艺出版社1998年版，第1，9页。

的文本解读某种意义上就是文学批评，把握文学批评的方法与模式、参考高水平的文学批评对优化文本解读无疑有积极作用。

文学批评与文学理论关系密切，对具体作品的批评往往有意无意地以某种理论为依据。同时，具体作品批评经过聚合、抽象、升华，也会形成新的文学理论，推动文学理论的发展与完善。"文学批评"这一术语来自西方，罗根泽指出，"文学批评"英文的原意是"文学裁判"，后又引申到文学裁判的理论及文学理论。所以狭义的文学批评就是文学裁判，广义的文学批评，还包括批评理论及文学理论。^①有学者提出，文学理论对于认识中国文学作品的重要性在于^②：

中国文学理论是历史地生存着的中国人民对历史地发展着的中国文学的理性认识；或者说，它是历史地发展着的中国文学，在历史地生存着的中国人的理论思维中的具体显现。从周秦以迄近代，中国文学理论同中国文学一样走着自己的发展道路，有着自身的演变规律，在漫长的行程中，逐步建立了完整的理论体系，形成了鲜明的民族特点。

文学理论是对文学的反思、品评，这是一种理性认识，这种理性认识很可贵，也很重要——它揭示文学的本质和创作规律，不但阐释了文学之美，更对其因何而美进行了分析。

文学理论和作品批评关注三方面的问题：本体问题——文学的形式和本质是什么；价值问题——文学独特与核心的价值是什么；方法问题——创造好的文学作品需要怎样的技法。文学理论与作品批评显现了人们的文学观念、审美标准和审美趣味，学习文学理论与作品批评实际上是文学审美的训练，这应引起我们的高度重视。

---

① 罗根泽:《中国文学批评史》，上海书店出版社 2003 年版，第 7-8 页。
② 黄保真等:《中国文学理论史》，北京出版社 1987 年版，绪言第 16-17 页。

　　　　　　　　　　　　　　文学理论与文学批评

《文学理论基本问题》导读

　　《文学理论基本问题》(以下简称《问题》)是一本理论性相当强的著作，但它没有塞给读者一堆理论，而是在呈现丰富素材的基础上激发读者的思考。

　　《问题》的编者在导论中指出：

　　随便翻阅一部文学理论教科书，就可以发现它们在体例上大同小异，都把文学理论机械地切割分为"本质论"、"创作论"、"作品论"以及"欣赏/批评论"四大块(或者以此为基本框架作一些微调)。问题不在于这个"四大块"的切割是否合理，而在于教材的编写者在定下这个框框以后，用"剪刀+浆糊"的方法，把中外古今的所谓"相关"言论加以肢解，在完全不顾其言论的上下文、更不用说社会历史语境的前提下拼凑起来。可以说，绝大多数文艺学教材几乎就是由这些只言片语组成的大拼盘。

　　《问题》旗帜鲜明地反对文学理论中的"本质主义"——一种僵化、封闭、独断的思维方式；假定事物有超历史的、普遍的永恒本质，忽视、拒绝发展变化和背景条件，在现象和本质之间形成二元对立，热衷于建构"大写的哲学""元叙事"或"宏伟叙事"以及"绝对主体"，认为这个"主体"只要掌握了普遍的认识方法，就可以获得超历史的、无条件的、绝对正确的对"本质"的认识。

　　《问题》指出，本质主义的理论构建有两种方式：一是一厢情愿，如"文化大革命"时期处于支配地位的"文学是阶级斗争工具"的观点；二是过分概括、历史虚无及去条件化，如法国古典主义时期戏剧的"三一律"成为所谓的"普遍特征"进而上升为"普遍规范"。这直接导致文学理论与实际的文学创作和文学欣赏脱节。例如，几乎所有的文学理论教科书都有"创作过程"部分，将其机械地分为"素材积累""动机触发""作品构思""艺术表现""修改完善"等。可是只要考虑到文学创作的时代、民族、文类以及作家的差别，就可以发现具体的、实际的文学创作过程千差万别，不存在固定、统一的创作过程。类似的一厢情愿和过分概括还表现在文学类型的理论建构，如对戏剧文学特征的概括："语言要求高度的个性化和充分的表现力"，"含义深邃地表达人物的思想感情、有潜台词"，"通过戏剧冲突集中反映社会生活"等等。可是，今天的实验戏剧早已经打破了这些清规戒律，在现代派戏剧如《等待戈多》《秃头歌女》《大小手术》中，几乎完全找不到这些所谓的"戏剧特征"。

《问题》有关文学理论的反思实在太好了！很多人对某些文学理论敬而远之，就是因为其高高在上、言之凿凿之态，以故作高深掩盖其空洞与孱弱。黑格尔说："凡是写过论诗著作的人几乎全都避免替诗下定义或说明诗之所以为诗。"[①]《问题》不是不承认文学创作和欣赏中的规律和本质，而是强调总结规律和本质要考虑具体的历史背景及其发生发展的条件。

《问题》共有八章，分别是："什么是文学""文学的思维方式""文学与世界""文学的语言、意义与阐释""文学体裁和文学风格""文学的传统与创新""文学与文化、道德及意识形态""文学与身份认同"。从这些内容可以看出，《问题》既注重文学自身的形态，关注对文学关键元素的分析，还注重文学发展的环境及影响因素。以其介绍"浪漫主义"这部分内容为例，我们来看具有活力的文学理论对理解文学作品的价值。浪漫主义是一种与现实主义相对的极为重要的文艺风格，是语文教学中经常会涉及的概念。那么，什么是浪漫主义作品，什么又是浪漫主义手法呢？《问题》首先以词条的形式呈现了浪漫主义的内涵：

> 浪漫主义，这个现代术语暗示出西方对待艺术和人类创造力态度的深度转换，在 19 世纪上半叶的欧洲文化里开始占据主导，随后在文学中获得了最大的发展。其最早相关的形式，出现在 18 世纪 90 年代的德国和英国，还

---

① 黑格尔：《美学》第三卷下册，朱光潜译，商务印书馆 1979 年，第 17 页。

有19世纪20年代的法国和其他地方，因"浪漫主义运动"或"浪漫主义复兴"而闻名。浪漫主义文论主要突出的是激情、想象力和个体表现的自由——真挚性、自发性和独创性成为了文学的新标准。浪漫派转向了直接的个人经验，转向了无限的想象力和灵感，遂成为了重要的文学理论思潮。

在呈现这样的概念之后，编者指出浪漫主义的"表现"也是文学"再现"的一种特殊类型，在浪漫主义这里，"再现"与"表现"不再是二元分裂乃至对立，浪漫主义只不过强调文学再现的是"内心的真实"。当我们读到这样的西方文论，很可能会想到中国诗人李白，他不就是典型的浪漫主义诗人吗？他以天才的想象表达个体非常独特的内在情感——"我寄愁心与明月，随风直到夜郎西"（《闻王昌龄左迁龙标遥有此寄》），"狂风吹我心，西挂咸阳树"（《金乡送韦八之西京》）——这不就是典型的浪漫主义表现手法吗？强调文学要表达真情和激情，在中国文论中古已有之。庄子说："真者，精诚之至也。不精不诚，不能动人。"王国维在《人间词话》中说："境非独谓景物也。喜怒哀乐，亦人心中之一境界。故能写真景物、真感情者，谓之有境界。"文学的核心价值是表达情感，文学中的"真"就是蕴含在物象中的"真情"。何谓"真情"？汤显祖在《牡丹亭记题词》中这样说：

> 天下女子有情宁有如杜丽娘者乎？梦其人即病，病即弥连，至手画形容传于世而后死。死三年矣，复能溟莫中求得其所梦者而生。如丽娘者，乃可谓之有情人耳。情不知所起，一往而深，生者可以死，死可以生。生而不可与死，死而不可复生者，皆非情之至也。

为了梦中之人死而复生，这样的人和事在现实生活中绝对不可能出现，但这看似虚幻的情节却蕴含着至真至美的情！真可谓"情不知所起，一往而深"！现实生活中虽然没有为了爱情死而复生的人和事，但冲破各种桎梏追求真挚爱情的事例数不胜数，《牡丹亭》反映的不就是这种情感之真吗？每个人都有真情，但以文学的形式予以表现则首先需要"求真"——将原发的情感澄清、醇化、升华；还需要"显真"——利用高明的技法，以恰当的形式将情感表达得深刻、隽永、动人。《牡丹亭》凭借奇崛瑰丽的想象、虚构的写作手法，将蒙在至真之情上的"惚兮恍兮"的东西去除，从而显现出动人心魄的审美意味。王思任在《批点玉茗堂牡丹亭叙》中云："情深一叙，读未三行，人已魂消肌栗。"——这就是浪漫的文学带给人的审美感受。

由这个例子可以看出，浪漫主义及所有文学理论和术语都不应只是一个抽象、固化的概念，它与具体的文学有着极为密切的关联，是对重要的文学现象——如创作动机和审美效果的抽象与阐释。在上述分析中，我们从理论到文学作品，再从文学作品到理论，通过这样的上下往复将理论与文学现象紧密关联起来。《问题》说得好：

对于文学研究者而言，有意义的问题不是："什么样的文学理论是正确的，是对于文学固有的、真正的本质的揭示？"有意义的问题是："在什么时候、什么情况下、什么样的文学理论被认为是对于文学本质的揭示？""各种文学理论的话语是如何建构出来的，它们被什么人出于何种需要建构出来？""为什么在这个时候这种关于文学的界说取得了支配对位？"等等。

在学习文学理论时，我们要思考文学理论因何而产生，它能说明怎样的文学现象，能反映怎样的文学本质；要将各种理论、名词在不同的时空维度上进行关联，并且将其与具体的文学现象联系起来。这样的关联使得文学理论能够扎根和情境化，从而变得鲜活和具有生命力。通过这样的学习而获得的文学理论才不会成为高高在上的空洞之物，才能真正为文本解读服务。

图书信息

陶东风主编：《文学理论基本问题》，北京大学出版社 2007 年第 3 版

《中国文学理论批评史》导读

　　文学有历史，文学理论和文学批评同样有自身发生发展的历史。《中国文学理论批评史》（以下简称《批评史》）梳理了中国文学理论批评的历史。这赋予文学理论、文学批评以生命感，可以让我们在动态、关联的基础上更好地理解中国的文学理论和文学批评，进而对中国文学的审美追求有更清晰的认识。

　　《批评史》把文学理论批评史分为五个时期：先秦——萌芽产生期；汉魏六朝——发展成熟期；唐宋金元——深入扩展期；明清——繁荣鼎盛期；近代——中西结合期。《批评史》既是专著，也是教材，非常适合推荐给一线教师。

　　《批评史》的前言说：

　　本书既为专著，亦为教材。从教材说，认真吸取了现有批评史的某些研究成果；从专著说，则本书所述与已出诸书在体例安排、内容取去、观点评价等方面，颇不相同，注重于对文学理论批评史上的重点部分提出自己的研究心得与看法，探讨各个不同历史时期的重要文学理论批评家对文学理论批评史发展所作的主要贡献，进而研究一些文学理论批评史上带有规律性的问题。

　　这本书收集与梳理了历史上重要的文论，但作者没有堆砌资料，而是注重文论的文学意义及其发生发展——从目录的标题可以看出这一点——如"庄子文艺思想的浪漫主义和象征主义特征""儒家'定于一尊'与扬雄、班固的文学理论批评""皎然《诗式》与中唐对诗歌意境特征的探讨""道学家的主理抑情文学观及其影响""小说评点的盛行及其文学批评特征"等等。

　　《批评史》在全面中突出重点，将客观材料与主观评价相结合，注重材料之间的关联。以作者对欧阳修的"穷而后工"文论的阐释为例。作者首先对欧阳修的文学思想进行了整体评价："他对唐代白居易、韩愈注重文学社会功用一派和皎然、司空图注重文学审美特征一派的文学思想都有所吸收，既要求文学创作有充实的思想内容，积极干预社会现实，又十分了解文学创作的特点，深入地探讨了文学的艺术美创造问题。"进而，作者重点对欧阳修"穷而后工"的文学思想进行了分析，引用了欧阳修在《梅圣俞诗集序》中的话：

予闻世谓诗人少达而多穷。夫岂然哉？盖世所传诗者，多出于古穷人之辞也。凡士之蕴其所有，而不得施于世者，多喜自放于山巅水涯。外见虫鱼草木风云鸟兽之状类，往往探其奇怪，内有忧思感情之郁积，其兴于怨刺，以道羁臣寡妇之所叹，而写人情之难言，盖愈穷则愈工。然则非诗之能穷人，殆穷者而后工也。

欧阳修这里说的"穷"与孔子所说的"君子固穷"、陶渊明诗文中的"固穷节"中的"穷"的含义相同——不仅指生活的贫困，更是人生追求中的逆境与艰辛。"穷而后工"深刻说明了"穷"之人生经验对作者的影响——激发了作者的创作动力，为文学作品提供了深刻而动人的内容。作者对欧阳修这段话于文学创作的意义进行了深入分析，援引了他在《薛简肃公文集序》一文中的话："君子之学，或施之事业，或见于文章，而常患于难兼也。盖遭时之士，功烈显于朝廷，名誉光于竹帛，故其常视文章为末事，而又有不暇与不能者焉。至于失志之人，穷居隐约，苦心危虑，而极于精思，与其有感激发愤，惟无所施于世者，皆一寓于文辞。故曰穷者之言易工也。如唐之刘柳，无称于事业；而姚宋不见于文章。"这个材料引用得很好，是对"穷而后工"更进一步的解释。进而，作者摘引了丰富的资料，将欧阳修"穷而后工"的思想与其对文道关系的看法关联起来：

他一方面接受了韩愈文以载道的思想，反对当时受西昆体影响的不良文风。他说："文章丽矣，言语工矣，无异草木荣华之飘风、鸟兽好音之过耳也。"（《送徐无党南归序》）对当时"学者务以言语声偶摘裂，号为时文以相夸尚"(《苏氏文集序》)的情况很不满意，所以特别赞扬苏舜钦"为古歌诗杂文""于举世不为之时"。另一方面他又更多地吸收了柳宗元重道的思想。在《与张秀才第二书》中明确指出："然而述三皇太古之道，舍近取远，务高言而鲜事实，此少过也。君子之于学也，务为道，为道必求知古，知古明道而后履之以身，施之于事，而又见于文章而发之以信后世。"……在欧阳修看来，文以载道应当落实到解救时弊上。其《与黄校书论文章书》说文章不仅要"见其弊"，而且要"识其所以革之者"，做到"其文博辨而深切，中于时病而不为空言"，这才算是"知其本"，才真正是"文章系乎治乱之说"的意义所在。只有对欧阳修论道的内容有正确的认识，我们才能真正理解他在《答吴充秀才书》中提出"大抵道胜者则文不难而自至"所含的深意。他所谓"道胜"，并不只是指对儒家古道的学习和研究，而更重要的是在如何运用它去解决现实问题。……他在《答祖择之书》中批评祖择之不去关心现实问题、解决现实问题，亦即不能"施之于事"。因此，"学经必先求其意。意得则心定，心定则道纯，道纯则充于中者实，中充实则发为文者辉光，施于世者果致"。他强调文学创作必须从狭隘的个人圈子中走出来，而与整个社会的荣衰、国家的兴亡联系起来，所以他在《读李翱文》中批评韩愈的《感二鸟赋》，而赞扬李翱《幽怀赋》的"忧世之言"了。

由这些材料可见，欧阳修论文是重"道"的，强调"文以致用"。《批评史》指出，欧阳修重"道"的同时也不轻文——"穷而后工"的"工"，就包含着他对艺术上精益求精的赞赏。欧阳修对文学艺术形式的重视并未停留在一般儒家对内容和形式关系的看法上，而是对文学审美特征进行相当具体和有深度的阐释，并且明显受到唐代司空图一派的影响。《批评史》的作者为了说明这一点征引了大量的例子并作了评析。例如，欧阳修在《代人上王枢密求先集序书》一文中引用了《左传》中孔子的话——"言之无文，行而不远"，并作了进一步发挥。他说："言以载事，而文以饰言。事信言文，乃能表见于后世。《诗》、《书》、《易》、《春秋》，皆善载事而尤文者，故其传尤远。"欧阳修著有诗歌艺术专论《六一诗话》（中国第一部诗话），在诗话中他引用了梅尧臣的名言——诗家"必能状难写之景如在目前，含不尽之意见于言外"。欧阳修对这种诗歌表现手法和艺术效果非常认同，并以实例说明其具体表现及艺术魅力："若严维'柳塘春水漫，花坞夕阳迟'，则天容时态，融和骀荡，岂不如在目前乎？又若温庭筠'鸡声茅店月，人迹板桥霜'，贾岛'怪禽啼旷野，落日恐行人'，则道路辛苦，羁愁旅思，岂不见于言外乎？"欧阳修、梅尧臣的艺术思想与刘勰《文心雕龙·隐秀篇》中的"隐""秀"说（"情在词外曰隐，状溢目前曰秀"）、唐代司空图"象外之象""味外之旨"以及刘禹锡"境生于象外"的观点有传承关系，对后世文论产生了很大影响，王国维在《人间词话》中的"语语如在目前"及"隔"与"不隔"之说即与此有关。

由此例可见《批评史》的价值，它不仅让我们看到诸多具体的文论，更重要的，这是一本有关文论"历史"的书，它非常强调中国古代文论的关联、发展及其背景，而这对读者来说最有价值，让我们有机会看到文论的传承演进，进而弄清楚中国文论的内涵、本质及其发展变化的脉络。

图书信息

张少康：《中国文学理论批评史》（上下册），北京大学出版社 2005 年版

《中国历代文论选》导读

　　这套书是编者在 1964 年版《中国历代文论选》的基础上经过修改、增补完成的，有一卷和四卷两个版本，前者供高校中文系作教材用，后者用作教学和研究的参考书。

　　我国古代文论大部分散见于书信序跋中，虽前人有过搜集文论的努力，但《中国历代文论选》(以下简称《文论选》)的编者认为还"远远不够完备"，因而采取"博采"的策略，从各种资料中广泛摘选各种文论，尤其增加了被忽视的小说、戏剧、民歌方面的文论资料以及近代文论。《文论选》含括了自先秦的《尚书》《诗经》《论语》，直至民国蔡元培、胡适、陈独秀等人的文论，可谓非常全面。

　　《文论选》的编写很有特点，在每篇主介绍的文论（正文）之后都会有一个附录——"或解说正文，有所阐发；或义有异同，可供比较；或同一作者其它文章，足资旁证"。例如，编者摘选了白居易著名的长文《与元九书》作为正文，这是白居易诗论的纲领，是其创作政治讽喻诗的经验总结，在这篇文章中，白居易提出了著名的创作主张——"文章合为时而著，歌诗合为事而作"。编者为这篇文章附录了白居易的其他文章作为参考，包括《读张籍古乐府》《寄唐生》《新乐府序》《策林六十八·议文章碑碣词赋》《策林六十九·采诗以补察时政》。之所以附录这些材料，是因为其主旨与《与元九书》是一致的：

　　为诗意如何，六艺互铺陈。风雅比兴外，未尝著空文。(《读张籍古乐府》)

　　言者志之苗，行者文之根。(同上)

　　篇篇无空文，句句必尽规。(《寄唐生》)

为君、为臣、为民、为物、为事而作，不为文而作也。（《新乐府序》）

粮莠秕稗生于谷，反害谷者也；淫辞丽藻生于文，反伤文者也。（《策林六十八·议文章碑碣词赋》）

则为文者必当尚质抑淫，著诚去伪，小疵小弊，荡然无遗矣。（同上）

所谓善防川者，决之使导；善理人者，宣之使言。故政有毫发之善，下必知也；教有锱铢之失，上必闻也。（《策林六十九·采诗以补察时政》）

《与元九书》是白居易写给元稹的，这篇正文的附录还摘选了元稹的《乐府古题序》《叙诗寄乐天书》，以及刘禹锡的《竹枝词序》和皮日休的《正乐府序》，这些文章中的思想与白居易的创作主张相应和，成为理解《与元九书》的背景，让读者可以从不同角度更深刻地理解白居易的文学思想。

此例提醒我们要关注大作家的文论。如韩愈、柳宗元、白居易、欧阳修、苏轼这样的大作家，不但诗文写得好，而且文论写得好。例如，《文论选》摘选了多篇韩愈的文论，包括主文《答李翊书》，附录有《进学解》《答尉迟生书》《答刘正夫书》；主文《送孟东野序》，附录有《荐士》《荆潭唱和诗序》；主文《调张籍》，附录有《醉赠张秘书》。这些文章值得关注，大作家基于自己的创作实践而发表对文学写作和文学赏析的看法，往往能给人以深刻的启发。

中国诸多传统文论并非严格意义上的理论著述，其中往往没有被清晰界定的概念，也未有严密的逻辑论证，但作者却怀着深沉、细腻的情感诉说对文学、对艺术的看法。他们使用富有表现力的文辞，运用排比、对仗、押韵等方式表情达意，这使得中国传统文论带有明显的文学性，具有文学欣赏的意味和价值。例如，白居易在《与元九书》中写道：

仆始生六七月时，乳母抱弄于书屏下，有指无字之字示仆者，仆虽口未能言，心已默识。后有问此二字者，虽百十其试，而指之不差。则仆宿习之缘，已在文字中矣。及五六岁，便学为诗。九岁谙识声韵。十五六，始知有进士，苦节读书。二十已来，昼课赋，夜课书，间又课诗，不遑寝息矣。以至于口舌成疮，手肘成胝。既壮而肤革不丰盈，未老而齿发早衰白；瞥瞥然如飞蝇垂珠在眸子中者，动以万数，盖以苦学力文之所致，又自悲矣。

家贫多故，二十七方从乡赋。既第之后，虽专于科试，亦不废诗。及授校书郎时，已盈三四百首。或出示交友如足下辈，见皆谓之工，其实未窥作者之域耳。自登朝来，年齿渐长，阅事渐多。每与人言，多询时务；每读书史，多求理道。始知文章合为时而著，歌诗合为事而作。是时皇帝初即位，宰府有正人，屡降玺书，访人急病。

仆当此日，擢在翰林，身是谏官，月请谏纸。启奏之间，有可以救济人病，裨补时阙，而难于指言者，辄咏歌之，欲稍稍递进闻于上。上以广宸听，副忧勤；次以酬恩奖，塞言责；下以复吾平生之志。岂图志未就而悔已生，言未闻而谤已成矣！

又请为左右终言之。凡闻仆《贺雨诗》，众口籍籍，以为非宜矣；闻仆《哭孔戡诗》，众面脉脉，尽不悦矣；闻《秦中吟》，则权豪贵近者相目而变色矣；闻《登乐游园》寄足下诗，则执政柄者扼腕矣；闻《宿紫阁村》诗，则握军要者切齿矣！大率如此，不可遍举。不相与者，号为沽誉，号为诋讦，号为讪谤。苟相与者，则如牛僧孺之诫焉。乃至骨肉妻孥皆以我为非也。其不我非者，举世不过三两人。有邓鲂者，见仆诗而喜，无何而鲂死。有唐衢者，见仆诗而泣，未几而衢死。其余即足下。足下又十年来困踬若此。呜呼！岂六义四始之风，天将破坏，不可支持耶？抑又不知天意不欲使下人病苦闻于上耶？不然，何有志于诗者，不利若此之甚也！然仆又自思关东一男子耳，除读书属文外，其他懵然无知，乃至书画棋博可以接群居之欢者，一无通晓，即其愚拙可知矣！初应进士时，中朝无缌麻之亲，达官无半面之旧；策蹇步于利足之途，张空拳于战文之场。十年之间，三登科第，名落众耳，迹升清贯，出交贤俊，入侍冕旒。始得名于文章，终得罪于文章，亦其宜也。

……

微之，古人云："穷则独善其身，达则兼济天下。"仆虽不肖，常师此语。大丈夫所守者道，所待者时。时之来也，为云龙，为风鹏，勃然突然，陈力以出；时之不来也，为雾豹，为冥鸿，寂兮寥兮，奉身而退。进退出处，何往而不自得哉！故仆志在兼济，行在独善，奉而始终之则为道，言而发明之则为诗。谓之讽谕诗，兼济之志也；谓之闲适诗，独善之义也。故览仆诗者，知仆之道焉。其余杂律诗，或诱于一时一物，发于一笑一吟，率然成章，非平生所尚者，但以亲朋合散之际，取其释恨佐欢，今铨次之间，未能删去。他时有为我编集斯文者，略之可也。

多么深刻的文论，又是多么动人的美文——情真意切，辞采艳艳！其中既有慷慨陈词，又有叹惋之意。"仆始生六七月时"　段，使人不禁想起杜甫在《奉赠书左丞丈二十二韵》中所说："甫昔少年日，早充观国宾。读书破万卷，下笔如有神。"还有明初宋濂在《送东阳马生序》中所述自己幼时刻苦读书之事。中国的儒生刻苦读书、求仕为官是为了经世济国，他们著文作诗是为了"致君尧舜上，再使风俗淳"（杜甫），"救济人病，裨补时阙"（白居易）。然而，他们的经济之路却艰险重重，白居易即遭到了世人的毁谤与诋讦——"其不我非者，举世不过三两人"。对于"除读书属文外，其他懵然无知"的一介书生，此状凄然矣。白居易不禁感慨，"始得名于文章，终得罪于文章"。但是，他没有沉沦，也没有自艾，他以古人"穷则独善其身，达则兼济天下"之理念鼓励自己并口吐豪言："大丈夫所守者道，所待者时。时之来也，为云龙，为风鹏，勃然突然，陈力以出；时之不来也，为雾豹，为冥鸿，寂兮寥兮，奉身而退。"这样的文字不仅在谈文学，更是在谈人生——对中国士人来说，为文与做人本就是浑然一体的。

综上所述，《文论选》含括了大量有价值的古代文论，而且这些文论被很好地组织起来，是我们理解中国文学审美的好资料。需要注意的是，中国古代文论不是基于概念和逻辑的，属直寻妙悟的直觉思维。温儒敏指出："我国传统文学批评独具异彩，多采用诗话、词话、小说评点等松散自由的形式，偏重直觉与经验，习惯于作印象式或妙悟式的鉴赏，以诗意简洁的文字，点悟与传达作品的精神或阅读体验。中国传统文学批评所依赖的不是固定的理论和标准，而是文人大致相同的阅读背景下所形成的彼此接近的思维习惯和审美趣味以及由这些因素所影响形成的共同的欣赏力和判断力。"[1]中国传统文学批评最常见的文本样式是诗话、词话、曲话、小说评点，或者干

---

① 温儒敏：《中国现代文学批评史》，北京大学出版社 1993 年版，第 2-3 页。

脆就是诗、赋、骈文。很多作品批评本身就很有文学味道，具有审美价值，如《二十四诗品》富有韵味的以诗论诗，《文心雕龙》华美的骈文等。因此，我们在阅读《文论选》时要把握中国传统文论的特点，并将其与中国传统哲学及审美关联起来，对其审美价值予以高度关注。

图书信息

郭绍虞主编:《中国历代文论选》(四册)，上海古籍出版社 2001 年版

《水浒传（金圣叹批评本）》导读

　　《水浒传（金圣叹批评本）》（以下简称《金批》）是一本非常"实用"的书，金圣叹评点小说的视角和方法可以在语文教学中直接被借鉴。

　　刘半农在贯华堂本《水浒传》影印本的序中说：

　　有许多人以为圈点和批语很讨厌，大可削去。对于已有文学涵养的人，这话原本是不错。对于初学，我却以为正当的圈点和批语，是很有帮助的。譬如我们向一个十二三岁的小孩子说：水浒的文章很好，你去看。他看了一遍，亦许完全没有见到文学上的好处，只把宋江、武松、李逵、鲁智深的故事记熟了！原因是他看水浒时，心思全被故事的兴趣吸收去了，文章的好处，全在眼中滑过去了。你若叮嘱他看故事时必须注意圈点，必须兼看批语，而且要看得很用心，到全书看完，他的谈论就一定大不相同了。

　　金圣叹对《水浒传》的评点不但如刘半农所说是"正当"的，而且是高水平的。结合金圣叹的评点，我们会对《水浒传》有更深的理解；更重要的是，我们能从中学习到小说品读的方法。金圣叹说："最恨人家子弟，凡遇读书，都不理会文字，只记得若干事迹，便算读过一部书了。"（《读第五才子书法》）读文学作品如果没有分析和反思，就看不出文学作品真正好在哪里，这是非常可惜的。

　　金圣叹对《水浒传》的评点有两个方面值得注意，一是他对《水浒传》思想性的分析，二是对《水浒传》艺术性即写作手法的分析。

　　第一，金圣叹对《水浒传》思想性的分析。

　　金圣叹大刀阔斧而又精雕细镂，将《忠义水浒传》进行了根本的改造，刊刻了《第五才子书施耐庵水浒传》。金圣叹对古本《水浒传》所宣扬的"忠义"是不认同的："若使忠义而在水浒，忠义为天下之凶物、恶物乎哉！

且水浒有忠义，国家无忠义耶？夫君则犹是君也，臣则犹是臣也，夫何至于国而无忠义？"（《金批》序二）金圣叹说：

> 宋江等一百八人，则何为而至于水浒者乎？其幼，皆豺狼虎豹之姿也；其壮，皆杀人夺货之行也；其后，皆敲朴剿刖之余也；其卒，皆揭竿斩木之贼也。有王者作，比而诛之，则千人亦快，万人亦快者也。如之何而终亦幸免于宋朝之斧锧？彼一百八人而得幸免于宋朝者，恶知不将有若干百千万人，思得复试于后世者乎？耐庵有忧之，于是奋笔作传，题曰《水浒》，意若以为之一百八人，即得逃于及身之诛戮，而必不得逃于身后之放逐者，君子之志也。而又妄以忠义予之，是则将为戒者而应将为劝耶？豺狼虎豹而有祥麟威凤之目，杀人夺货而有伯夷、颜渊之誉，剿刖之余而有上流清节之荣，揭竿斩木而有忠顺不失之称，既已名实牴牾，是非乖错，至于如此之极，然则几乎其不胥天下后世之人，而惟宋江等一百八人，以为高山景行，其心向往者哉！是故由耐庵之《水浒》言之，则如史氏之有《梼杌》是也，备书其外之权诈，备书其内之凶恶，所以诛前人既死之心者，所以防后人未然之心也。由今日之《忠义水浒》言之，则直与宋江之赚入伙、吴用之说撞筹无以异也。无恶不归朝廷，无美不归绿林，已为盗者读之而自豪，未为盗者读之而为盗也。呜呼！（《金批》序二）

刘欣中在《金圣叹的小说理论》的附录中专门分析了金圣叹评点《水浒传》的政治立场和观点。[①] 该分析较为全面深刻，对于理解金本《水浒传》的思想内容很有价值。金本《水浒传》的卷首七律道："天下太平无事日，莺花无限日高眠"，结尾处又有诗曰："太平天子当中坐，清慎官员四海分。但见肥羊宁父老，不闻嘶马动将军。"这表现出金圣叹十分渴求安定太平的生活，这是其删改和点评《水浒传》的总旨，也是理解其对"忠义"看法的重要依据。一方面，金圣叹对《水浒传》写到的贪官污吏、豪绅恶霸十分痛恨，认为他们的腐化堕落、巧取豪夺是引起社会动乱和农民起义的直接原因——"上失其道，民散久矣"（第一回夹批）。同时，金圣叹对小说中

---

① 刘欣中：《金圣叹的小说理论》，河北人民出版社 1986 年版，第 163-173 页。

的宋徽宗也持批判态度，在点评中对其昏庸享乐多有讥讽之语。金圣叹赞扬梁山好汉不杀无辜，"剪除君侧元凶首恶"，为义军的胜利拍手称快。另一方面，作为地主有产阶级，金圣叹又对梁山好汉可能引起的社会颠覆感到忧惧。《水浒传》第六十回中阮小五唱道："虽然我是泼皮身，杀贼原来不杀人。"金圣叹批曰："分疏奇快，读之一则以喜，一则以俱。喜则喜其实未尝杀一人，俱则俱其直将杀尽世间也。"这种矛盾心理进而逐步转变为对农民起义的仇恨与咒骂，使之由热情赞扬义军转向主张镇压义军。他在《水浒传》第七十回借卢俊义幻出一梦，梦想有个张叔夜出现，把义军打入血泊之中，以为只有这样才能实现"天下太平"的理想。金圣叹比较了梁山好汉起义造反和王进出走外地，他显然更赞赏后者的做法。他说："必如王进，然后可教而进之于王道；然则彼一百八人也者，固王道之所必诛也。"（第一回回评）

理解金圣叹对《水浒传》思想性的分析很重要，对小说主旨的认知在相当程度上会影响他对小说中人物形象的看法，也会影响他对小说情节和写作技法的分析。

第二，对《水浒传》艺术性的分析。

相较于金圣叹对水浒思想性的分析，他对这部小说艺术手法的分析更值得重视。前者受金圣叹个人态度的影响并与当时的社会背景密切关联，后者却揭示了《水浒传》永恒的艺术魅力。

《金批》序三中说："若诚以吾读《水浒》之法读之，正可谓庄生之文精严，《史记》之文亦精严。不宁惟是而已，盖天下之书，诚欲藏之名山，传之后人，即无有不精严者。何谓之精严？字有字法，句有句法，章有章法，部有部法是也。"金圣叹总结了《水浒传》的诸多文法，包括"倒插法""夹叙法""草蛇灰线法""大落墨法""绵针泥刺法""背面铺粉法""弄引法""獭尾法""正犯法""略犯法""极不省法""极省法""欲合故纵法""横云断山法""鸾胶续弦法"等。（《读第五才子书法》）如果说这些文法是战术层面的，金圣叹的点评中还总结了许多上位的、战略层面的小说创作理念，可参见刘欣中的《金圣叹的小说理论》，该书总结了金圣叹评点中蕴含的十个方面的小说理论："小说艺术的特征""小说的虚构和生活真实""小说的社会作用和在文学史上的地位""小说的创作动机""小说的创作过程""典型性格和环境""人物形象的刻画及其他""情节和结构""小说的语言""小说的阅读和欣赏"。

出于对小说创作技法的重视，金圣叹建议："人家子弟稍识字，便当教令反复细看，看得《水浒传》出时，他书便如破竹。"(《读第五才子书法》)他说：

> 旧时《水浒传》，子弟读了，便晓得许多闲事。此本虽是点阅得粗略，子弟读了，便晓得许多文法；不惟晓得《水浒传》中有许多文法，他便将《国策》、《史记》等书，中间但有若干文法，也都看得出来。……人家子弟只是胸中有了这些文法，他便《国策》、《史记》等书都肯不释手看，《水浒传》有功于子弟不少。(《读第五才子书法》)

金圣叹认为，了解《水浒传》的文法，可以让读者更好地理解作品，进而激发读者的阅读兴趣，并将在《水浒传》中体验到的艺术手法用于对其他作品的分析。金圣叹不仅对《水浒传》的写作之"法"进行有针对性的评点，还对更普遍的文学创作技法有非常深刻的认识。金圣叹在《金批》序一中指出，人们只知道有才者能构思、立局、安字、琢句，却不知道"古人用才乃绕乎构思、立局、安字、琢句以后"，有才之人"之所为才，正是无法于手而又无耻于心之事也"。这实际上在谈文学创作中"技"与"道"的关系，"技"是手段，"道"是追求。金圣叹区分了"文成于易"和"文成于难"——前者为一般之人写作，"迅疾挥扫，神气扬扬"；后者为才子之写作，"必心绝气尽，面犹死人"。金圣叹还探讨了"心"与"手"的关系："心之所至手亦至焉者，文章之圣境也；心之所不至手亦至焉者，文章之神境也；心之所不至手亦不至焉者，文章之化境也。"这些都是对创作技法非常有想象力的论述。

《金批》还有一点值得关注——其中蕴含的深情。金圣叹自陈，"无晨无夜不在怀抱者，吾于《水浒传》可谓无间然矣"，"吾犹自记十一岁读《水浒》后，便有于书无所不窥之势"，"吾既喜读《水浒》，十二岁便得贯华堂所藏古本，吾日夜手钞，谬自评释，历四五六七八月，而其事方竣，即今此本是已"。(《金批》序三）由此可见金圣叹对《水浒传》极其喜爱。金圣叹读到林冲在朱贵酒店中慨叹自己被高俅坑陷时，情绪非常激动，"如夜潮之一涌一落，读之乃欲叫哭"（第十回夹批）。在第九回的回评中，金圣叹说：

> 此文通篇以火字发奇，乃又于大火之前，先写许多火字，于大火之后，再写许多火字。我读之，因悟同是火也，而前乎陆谦，则有老军借盆，恩情朴至；后乎陆谦，则有庄客借烘，又复恩情朴至；而中间一火，独成大冤深祸，为可骇叹也。夫火何能作恩，火何能作怨，一加之以人事，而恩怨相去遂至于是！然则人行世上，触手碍眼，皆属祸机，亦复何乐乎哉！

从这段评点我们可以真切体验到金圣叹因小说而生发了多么真挚的感情。也许《水浒传》的作者施耐庵并没有想到这一层意思，而金圣叹的感发无疑彰显了小说动人的力量。金圣叹被感动，读者也被感动，这不正凸显了作品的价值吗？

《水浒传》第九回中有这样一个情节：

> 林冲把枪和酒葫芦放在纸堆上；将那条絮被放开；先取下毡笠子，把身上雪都抖了；把上盖白布衫脱将下来，早有五分湿了，和毡笠放供桌上；把被扯来，盖了半截下身；却把葫芦冷酒提来慢慢地吃，就将怀中牛肉下酒。

对于这段话，金圣叹的评价是："写得妙绝。正所谓与人无患，与物无争，而不知大祸已在数尺之内矣。人生世上，真可畏哉！"从中我们可以看出金圣叹在《水浒传》评点中蕴含的对人、对事、对命运深沉的感慨，这种感慨对读者来说既是引发情感共鸣的契机，也是推动我们深入理解《水浒传》的动力。陈思和用三个定语作为阅读文学作品的途径："欢悦地""投入地""感性地"。[1] 他认为，读文学最怕的是失去感性，从文学中读出的是你自己的内心隐秘的声音。当你的情绪与文学融为一体的时候，你需要了解的是：你为什么读之感动？这既要了解文学，也要了解你自己。陈思和强调要直面文学作品，以赤裸的心灵和情感需求来面对文学，寻找一种线索，来触

---

① 陈思和：《文本细读在当代的意义及其方法》，《河北学刊》2004 年第 2 期，第 111-112 页。

动文学名著所隐含的作家的心灵世界与读者参与阅读的心灵世界之间的应和。读《金批》，读者能时时感受作家、金圣叹和我们的心灵世界之间的应和，这种应和非常珍贵，赋予文学以真正的意义。

综上所述，《金批》是一个小说赏析的"实战演示"，其具体的评点内容不仅有助于我们更好地理解《水浒传》，其评点的视角与方法也值得我们学习。同时，《金批》还充满了真挚的情感，这使得其评点本身也颇具文学赏析的价值。

图书信息

《水浒传（金圣叹批评本）》，岳麓书社 2006 年版

《迦陵文集》导读

《迦陵文集》是叶嘉莹的文集，共有十卷，分别是："杜甫秋兴八首集说""王国维及其文学批评""迦陵论诗丛稿""迦陵论词丛稿""唐宋词名家论稿""清词丛论""古典诗词讲演集""汉魏六朝诗讲录""唐宋词十七讲""我的诗词道路"。

2014 年 5 月 8 日，国务院原总理温家宝向叶嘉莹发来贺信，对将要在南开大学举行的"叶嘉莹教授九十华诞暨中华诗教国际学术研讨会"表示祝贺。温家宝在贺信中说："先生从事教育事业近七十年，培养了一大批中国传统文化和古典文学的人才，深受学生爱戴，可谓桃李满天下。七十年来，先生一边孕育桃李，一边从事研究，为传播中国文化作出重要贡献。"信中还说道："您的心灵是纯净的，您的志向是高尚的，您的诗词给人以力量，您自己多难、真实和审美的一生将教育后人。"叶嘉莹将自己的整个生命都投入中国古诗词赏析中，文集内容多为讲座实录，文集中的文字都源自叶嘉莹内心真实感动的即时抒发。叶嘉莹的文字表达干净流畅、深入浅出，可读性和感染力很强。

在文集第七卷《从中西诗论的结合谈中国古典诗歌的评赏》中，叶嘉莹说：

我从 1945 年教书到现在，已经快四十年了，这中间大多数的岁月都是在国外度过的。前年，加拿大给假一年，我回国教了一年的书。有的朋友劝我，说你年龄这样大了，不要老跑来跑去，应该静下来写点东西。我当然也很愿意能用较长的时间安静地整理一下以前的学习心得，可是只要是祖国有学校要我来讲，我还是愿意来讲的。因为中国古典诗歌中所保存、流传的，很多都是古代诗人的思想、感情和品格的精华，在祖国教书，只要一谈到古典诗词，大家都有一种感情上的共鸣。我认为我国古代诗歌中有一种兴发感动的生命，这生命是生生不已的，像长江、黄河一样不停息地传下来，一直感动我们千百年以来的人。我以为这才正是中国古典诗歌中最宝贵、最可重视的价值和意义之所在。学习古典诗词，还不仅是学习一种学问知识而已，重要的是要使青年人的心灵复活起来，让他们以生动活泼的心灵，来欣赏、体会中国古代诗歌中的一些伟大、美好的生命，这才是学习中国古代诗词的最重要的一点意义和价值。所以如何养成体认和衡量诗歌中这种兴发感动之生命的能力，实在该是评赏中国古典诗歌的一项重要基础。

英国有一位学者名叫理查兹（I.A.Richards），曾对学生做过一个测验，让他们区别好诗和坏诗。……理查兹在测验时，隐去了作者的姓名，只留下了诗歌。结果有些人判断得很不正确，他们把好诗当作了坏诗，把坏诗当作了好诗。这种情形，不论在外国或中国，都是很普遍的。那么，究竟什么样的诗才叫好诗呢？怎样判断一首诗的好坏呢？这是一个很重要而又经常遇到的问题。要想回答这一问题，我们就该首先认清什么才是一首诗歌中的重要质素。我们就先说中国诗歌，我以为中国诗歌中最重要的质素，就是那份兴发感动的力量。

这两段话非常重要，道出了中国古典诗词赏析的关键——品味其中的"思想、感情和品格"，感受那份"兴发感动之生命"，体验那份"兴发感动的力量"。在本书的前言中，我们摘引了叶嘉莹对杜甫诗的评析，从中我们能体验到她如何品赏杜甫的"思想、感情和品格"，看到诗中"兴发感动之生命"，感受诗作"兴发感动的力量"。这样的诗词评析在《迦陵文集》中比比皆是，非常动人，能让我们充分领略诗词之美，这是《迦陵文集》最重要的价值所在。

《迦陵文集》还有一点值得关注：叶嘉莹在解读诗词时基于深厚的文化底蕴和学识积累而旁征博引，使读者收获颇丰。例如，温庭筠《菩萨蛮·小山重叠金明灭》中的"懒起画蛾眉"一句，叶嘉莹认为如果从中只看到一个女性的慵懒就太肤浅了。在文集第九卷中她如此解读这句词：

"蛾眉"可以想到《诗经·卫风·硕人》："螓首蛾眉，巧笑倩兮，美目盼兮。"也可以联想到屈原的《离骚》:"众女嫉余之蛾眉兮,谣诼谓余以善淫。""画蛾眉"表现的是一种爱美要好的感情,而且是精神品格上的爱美要好。杜荀鹤在《春宫怨》中写:"早被婵娟误,欲妆临镜慵。承恩不在貌,教妾若为容?"写的是宫中女子面对妆台上的镜子的时候,却懒于梳妆了,因为她不知道化妆给谁看呢,谁是欣赏她的人呢。古人说"士为知己者死,女为悦己者容"。《水浒传》上阮小二说他的一腔热血要卖给一个识货的,连孔子都说:"沽之哉!沽之哉!我待贾者也。"(《论语·子罕》)做比了要有待于君主的知赏和任用,作者正是借此写一个才智之士不被任用的感慨和哀伤。因此,"懒起"在中国传统文化背景下是一个意涵丰富的语码。温庭筠的词中,女子虽然"懒起",最终还是要"弄妆"。这个"弄"字,就有一种玩弄和自我欣赏的意味。古人说:"兰生幽谷,不为无人而不芳。"花的本质就是芳香的,不会因为没有人欣赏而改变。陆游在《卜算子·咏梅》中写"零落成泥碾作尘,只有香如故",就是说芳香的梅花即使凋落、被碾压,其本质也是不变的。陶渊明在《咏贫士七首·之一》中写:"知音苟不存,已矣何所悲。"知音如果不在,就这样吧,也没有什么可悲哀的。因此,"弄妆"的女子毕竟还是珍重爱惜自己的美好,不是说没有人欣赏就堕落和放弃了。这正是中国旧传统的那些读书人的品格和操守。(有删减)

《旧唐书·温庭筠传》说温庭筠"能逐弦吹之音,为侧艳之词",《新唐书·温大雅传·附庭筠传》说他"薄于行,无检幅"。温庭筠有屈原"宁赴湘流,葬于江鱼之腹中,安能以皓皓之白,而蒙世俗之尘埃乎"的情怀吗?前面的解释行得通吗?叶嘉莹引征了温庭筠的个人经历:

温庭筠有一首诗的序是:"开成五年秋,以抱疾郊野,不得与乡计偕至王府。将议遐适,隆冬自伤。"(《病中书怀呈友人·序》)温庭筠在甘露事变后,既写了同情被宦官杀死的宰相王涯的诗,又在庄恪太子暴卒以后写了哀悼庄恪太子的诗歌。与当权派不合可能是温庭筠仕途失意的原因。开成五年他没有参加乡试,可能不完全是因为生病的原故,可能是因为某些政治的因素。温庭筠《病中书怀呈友人》中写:"逸足皆先路,穷郊独向隅。……赋分知前定,寒心畏厚诬。……有气干牛斗,无人辨辘轳。……积毁方销骨,微瑕惧掩瑜。"有些人在官场上飞黄腾达，而他困守在孤僻的、被冷落的角落。温庭筠知道这是命运注定，担心的是遭受诬蔑："有气干牛斗，无人辨辘轳"是个典故，晋朝的张华会观星象，常在夜晚看到有一条光气上冲在牛斗两个星宿之间，他跟一个懂天象的人研究，说这是宝剑之气，应该是在丰城县，后来果然在丰城县一所监狱挖出两把宝剑。"辘轳"通鹿卢，为玉作的剑首，《说苑》有云："拔鹿卢之剑"，在此指宝剑——温庭筠认为他是一把宝剑，是有才能的人。"积毁方销骨，微瑕惧掩瑜"。古人说："积毁销骨，众口铄金"，别人都误解、诋毁他，最终自己就难以辩解了。他自认自己也许有不检点的地方，但他同样自认也是有才智、有理想的——他的心中果然也是有一份感慨和悲哀的。（有删减）

叶嘉莹指出，《菩萨蛮·小山重叠金明灭》中的"蛾眉"不仅能引发人们的联想，还有固定的寄托之意，从而成为一个"语码"（code）——在中国文化传统中表达了"在精神品质上爱美要好的心情"。从屈原《离骚》中的"君若清路尘，妾若浊水泥"，到汉魏六朝曹子建的"南国有佳人，容颜若桃李"，用美女来表现仕宦上的不得志，是中国传统文化中固定的"语码"。对于饱读诗书的温庭筠来说这个语码他太熟悉了，当他写"蛾眉""画蛾眉"时，他的潜意识、过去所读的书、所受到的教养、所经历的生活都使得这个语码成为其文字的一个重要的背景信息。[①]

这个例子让我们看到丰厚的知识储备对于诗词品赏的重要性，阅读《迦陵文集》，我们应当学习叶嘉莹如何基于丰富的背景知识更好地解读诗词。

叶嘉莹对温词的解读会引发我们思考一个问题：这是否属于"过度解读"，由"蛾眉"引起的诸多联想合理吗？这是一个具有普遍性、所有诗词解读都涉及的问题。在《迦陵论词丛稿》的"温庭筠词概说"中，叶嘉莹辟专节讨论"温庭筠词之有无寄托"。她列举了两派相反的观点：张惠言、陈廷焯、吴梅主张温词有寄托；刘熙载、王国维则不认为温词有寄托。叶嘉莹认为，诗词皆为美文，由诗词中的意象产生联想是非常自然的——"有情

---

① 叶嘉莹:《迦陵文集（九）》，河北教育出版社1997年版，第34-60页。

感、有意识之人观之，则自感觉之触发，可以得无穷之意象，生无穷之联想。……仁者得其仁，智者得其智，深者见其深，浅者见其浅"。所以，"诗词之多托喻之作，实乃纯艺术之美文之一极自然之现象也"。中国文人易于将诗词写成寄托之作，还有一个重要的原因：中国自古将文艺价值依附于道德价值之上，"是以不写成为有寄托之作，则不足以自尊；不解成为有寄托之作，则不足以尊人"。叶嘉莹指出，因第一种原因引发读者自然美感联想的作品自是佳作；第二种原因所写成的有寄托的作品则可分为两类：一是作者有心托喻，而且其性情、身世、修养、人格确实能够支撑起其寄托，其作品因蕴含着悲天悯人、感时忧国之心而诚挚深厚，真切感人；二是依附道德而虚伪造作甚至欺世盗名之作，与作者的性情、身世、修养、人格全不相符，这样的作品自然没有价值乃至令人厌弃。叶嘉莹谈到的这个问题很重要。中国古诗词能于方寸之间以寥寥数言表达深刻、永恒、细腻的情意，一个重要的途径就是引发读者联想。从作者的角度，诗词能引发读者联想的品质决定了其作品的价值；从读者的角度，基于好的诗词生发怎样的联想，决定了其能从作品中获得怎样的美感——而这又取决于读者的眼界、修养、积累——"仁者得其仁，智者得其智，深者见其深，浅者见其浅"。《迦陵文集》让我们充分感受到一个有极丰富文化积淀和知识储备的人可以在多大程度上发现和感受诗词的美，这与本书写作的初衷是一致的——丰富自己的知识储备以更好地解读文学作品。

1966 年，叶嘉莹被台湾大学派往美国讲学，先后任美国密西根大学、哈佛大学客座教授，她是当时为数不多的用英语讲授中国古典诗词的中国学者之一。这使得她可以将西方文论与中国诗词鉴赏关联起来。叶嘉莹在文集第九卷的自序中说："我在讲说中也曾结合了一些西方的理论，如语言学中语序轴与联想轴之二轴说，诠释学中的诠释的循环之说，符号学中的语码之说与显微结构之说，接受美学中的读者之创造性背离之说与文本中所蕴含的可能潜力之说等。"之所以这么做，是"因为中国传统的文学批评大多重直感而缺少理论的逻辑"，"希望借此可以帮助我对传统批评之精义，作出更好的论说和分析"。例如，在文集第七卷《从中西诗论的结合谈中国古典诗歌的评赏》中，叶嘉莹介绍了西方文论提出的几种修辞方式，显示基于概念的文学批评也适用于中国古典诗词的赏析：

第一种叫"明喻"（simile），就是明白的比喻，往往有"如"、"像"、"似"、"比"等字，像李白的"美人如花隔云端"，"美人如花"就是"明喻"。

第二种叫"隐喻"（metaphor），也是用这比那，但不明白地说出来，像杜牧的"娉娉袅袅十三余，豆蔻梢头二月初"，用二月初含苞欲放的豆蔻花比喻少女的美好。

第三种叫"转喻"（metonymy），因为一件事物与某一主题有关，可从这一物象转到这一主题。英文中常见的例证是用王冠代表国王。中国诗中，陈子昂的《感遇》，其中一首有一句是"黄屋非尧意"，黄色是中国皇帝的代表色，皇帝所乘的车内部饰以黄色丝帛，故称之为"黄屋"，在此"黄屋"就代表帝王。

第四种叫"象征"（symbol），是用一种具体的形象表示某种抽象的情思和理念。像陶渊明的诗中常常喜欢用松树，他说："青松在东园，众草没其姿。凝霜殄异类，卓然见高枝。"又说："芳菊开林耀，青松冠岩列。怀此贞秀姿，卓为霜下杰。"所取的是松树在冰雪严寒中挺拔坚贞而不凋零的形象，象征了一种意志、品格和操守。

第五种叫"拟人"（personification），是将物比作人。晏小山写过两句词："红烛自怜无好计，夜寒空替人垂泪"，把没感情没知觉的蜡烛比作有感情、有知觉的人。

第六种叫"举隅"（synecdoche），就是《论语·述而篇》中说的"举一隅不以三隅反，则不复也"的"举隅"。温庭筠的《梦江南》："梳洗罢，独倚望江楼。过尽千帆皆不是，斜晖脉脉水悠悠，肠断白蘋洲。"帆只是船的一部分，在此则代表整艘船，"千帆"就是千船的意思。

第七种叫"寓托"（allegory），就是有寄托，表面上叙述某一事物，而在叙述中却隐含有对于现实之社会、政治或某种理念的寓托。例如陈子昂《感遇》（之二）谓："兰若生春夏，芊蔚何青青。幽独空林色，朱蕤冒紫茎。迟迟白日晚，袅袅秋风生。岁华尽摇落，芳意竟何成。"表面上看写的是"兰若"，实际上寄托的却是那些志意品格美好的人才志士渴望完成自己的理想，而又畏惧生命凋零使之落空的悲慨。

第八种叫"外应物象"（objective correlative），是说你要表达的那份情意始终也不直接表现出来，而是用一系列或一组形象、境遇和情况来传达出这种情意，绝不做一点说明。李商隐的《燕台四首》写："风光冉冉东西陌，几日娇魂寻不得。蜜房羽客类芳心，冶叶倡条遍相识。暖蔼辉迟桃树西，高鬟立共桃鬟齐。雄龙雌凤杳何许？絮乱丝繁天亦迷。"像这种不明言情意，而仓借外面的物象表达，就是"外应物象"。

上面这些论述，以及前面评析温词时所说的"语码"都源自西方文论。《迦陵文集》不仅充满了源自中国古典诗词的感动，也交织着基于现代文本分析理论的理性与逻辑。叶嘉莹学贯中西，从而能够突破中国传统感悟式评点的模式，以理性的视角和方法优化对中国古典诗词的解析，大大提高了诗词赏析的理论性，这一点值得我们在读《迦陵文集》时关注。

综上所述，《迦陵文集》既具有资料价值，又具有理论价值。对语文教学来说，这套文集可以为文本解读提供有价值的切入点和背景资料，也有助于我们学习诗词分析的方法，把握诗词审美的规律。

图书信息

叶嘉莹：《迦陵文集》（十卷），河北教育出版社 1997 年版

《中国古典小说史论》导读

《中国古典小说史论》（以下简称《史论》）是一本"跨界"书，它是小说史，更是小说批评，其中蕴含着丰富而深刻的文学理论。

《史论》的作者夏志清 1921 年生于上海，1946 年到北大任助教，1951 年在耶鲁大学取得博士学位，先后执教于美国密歇根大学、纽约州立大学、匹兹堡大学。夏志清在美国出版的两部英文著作——《中国现代小说史》和《中国古典小说史论》奠定了他在西方中国文学研究领域中的显赫地位。

《史论》共有八章，系统地对中国古典名著《三国演义》《水浒传》《西游记》《金瓶梅》《儒林外史》《红楼梦》等小说作了评述。作者在导论中说：

> 毋庸置疑，这六部作品是长篇小说这种文学类型在历史上最重要的里程碑：每部作品都在各自的时代开拓了新的境界，为中国小说扩展了新的重要领域，并深深地影响了中国小说后来的发展路径。直到今天，它们仍然是中国人最心爱的小说。

《史论》剖析了中国古典小说的核心特质并对其发展历史进行了梳理。与中国传统"感悟式"的作品评点不同，《史论》集评论与赏析、理性分析与情感共鸣于一体，带有明显的"文本细读"的特征，其小说批评方法可直接应用于语文教学。总的来说，《史论》有四个方面值得关注，分别是作者对中国古典小说思想性、人物形象、写作手法的分析以及中西比较。

第一，对小说思想性的分析。

夏志清在导论中指出："批评的首要问题仍然是看一个故事或一部小说对人类的状况是否言之有趣或是否重要。"是否以"有趣"的方式反映了"重要"的值得关切的"人类状况"，这是夏志清所认为的小说评价的核心标准。夏所说的"状况"指人类的性质和处境，如人类的卑劣与崇高、成就与困境、勇气与智慧，这些是包括小说在内的所有文学都关注、表现的核心命题。"重要"意味着小说应当刻画人类最值得关注的"状况"，包括世界的真相、人类的命运、人生的意义和价值，即如夏志清在导论中所说："他们（按：指小说作者）的任务不仅是要使我们对他们的故事感兴趣，还要使我们相信这些故事对人类的重要性。"社会研究也关心"人类状况"，它们通过论文以理性、严谨的方式表达关切；而文学则是通过"有趣"的方式表达对"人类状况"的关切——通过表达情感、富有美感的方式"吸引"读者，让读者感受到"愉悦""共鸣"乃至"震撼"。夏志清举了一个东晋的小故事作例子，说明"有趣"和"重要"于小说的意义：

琅琊秦巨伯，年六十，尝夜行饮酒，道经蓬山庙。忽见其两孙迎之。扶持百余步，促捉伯颈著地，骂："老伯！汝某日捶我，我今当杀汝。"伯思惟某日捶此孙。伯乃佯死，乃置伯去。伯归家，欲治两孙。两孙惊愕，叩头言："为子孙，宁可有此？恐是鬼魅，乞更试之。"伯意悟。数日，乃诈醉，行此庙间。复见两孙来，扶伯归。伯乃急持，鬼动作不得。达家，乃是两人也。伯著火炙之，腹背俱焦坼。出著庭中，夜皆亡去。伯恨不得杀之。后月余，又佯酒醉夜行，怀刃以去。家不知也。极夜不还，其孙恐又为此鬼所困，乃俱往迎伯，伯竟刺杀之。

这是一个有趣的、值得人们深思的故事，这个故事反映了有关"人类状况"的重要问题：我们的所见所闻是真实的吗？我们如何辨别真假？我们在怎样的状态下、具备怎样的条件才能确认自己看到的东西是真实的？夏志清认为这个故事的对白和情节是简陋的，但它"成功地体现了一个道德问题"[①]，其中含有悲喜剧的含义，可以发展成一个长篇小说。

夏志清提出的"有趣"和"重要"这两个评价小说的标准值得关注，对于中国传统小说而言，这两个标准尤为重要。中国传统小说往往将善恶报应

---

① 夏志清在小说评论中经常用到一个词——道德问题（moral problem）。《史论》译者将 moral 翻译成"道德"，但这个"道德"不应理解为由思想行为表现的、由一定社会风俗规范的习惯与品行，而是与自然界相对的人的内心世界，即人的情感、人性等。而这也正是夏志清所说的值得小说关切的"人类状况"。

文学理论与文学批评

作为一个重要的主题，夏志清在导论中用较长的篇幅分析了这种现象的文化背景。这样的主题掩盖了世界、人性、情感的复杂性和不确定性，将种种矛盾冲突终结于一个简单的解决方案，弱化了文学震撼人心的力量，无力激发人们更深刻地思考与追问。夏志清将这种写法称为"小把戏"——伟大的小说极少以此为主题——这样的写法不够"重要"，也不够"有趣"。

再以《水浒传》为例，我们来看夏志清如何运用"有趣"和"重要"的标准对小说主题进行分析。他认为好汉和歹徒的区别在于"义"。他指出"义"包括兄弟情、忠诚、节欲、慷慨、劫富济贫等。官府的不义不公，激发了个人英雄主义的反抗；而众好汉结成的群体却又损害了这种英雄主义，它制造了比腐败官府更为可怕的邪恶与恐怖统治——一个秘密团体在求生存争发展的奋斗中往往会走向它声言要追求的反面——这显然是一个非常"重要"的文学主题。夏志清非常赞赏《水浒传》结尾的写法，因为这样的写法是"有趣"的，他说：

> 人们很难相信，当年为了避祸而穿上袈裟的武松、鲁智深最后会真的潜心皈依佛门。可是鲁智深死时是一个大彻大悟的和尚，而断了一只手臂的武松则在佛寺中消磨余生。梦幻和神秘经历这时成了对壮志未酬的一种补偿。李逵除了在书中最后一梦里威吓过皇帝外，在九十三回，还写到他梦见杀死了四个奸臣，……梦中的成功遂愿和醒后的无可奈何形成了如此尖锐的对比！……宋江被害临死前，把李逵请来，让他饮了毒酒。宋江此举不单是出于对皇上的忠诚，防止自己死后李逵造反报仇，也是出于对挚友的依恋，颇像西方文学和日本文学中因绝望而一起自杀的情人。……虽然《水浒》乐于描写狡黠、欺骗、野蛮和虐杀，但它在最后一回里，肯定了对无私的友情即"义"的无尚追求，从而上升到真正卓越的高度，李逵见说，亦垂泪道："罢，罢，罢！生时伏侍哥哥，死了也只是哥哥部下一个小鬼！"这番回答，韵致深长，绕梁三日不绝，雄辩地证明了李逵不朽的忠义之心。

如此对小说主题的理解确实"有趣"！夏志清小说评价的标准启发我们：对中国古典小说思想性的分析应超越道德教化和因果报应，以"道德"为切入点发现小说更"重要"的思想主题。同时，我们要意识到小说是文学，是艺术，要发现其"有趣"的内涵，这种有趣不是粗浅的戏谑，而是独特的、富有韵味的意涵引发的怦然心动与心有戚戚。

第二，对小说人物形象的分析。

小说塑造的人物形象是否可信、丰满、动人是决定小说优劣的重要因素。《史论》大部分内容是对小说中的人物形象进行分析，包括行为模式、性格特点、思想动机等等。夏志清眼界开阔、资料丰富、视角独特，其人物分析很有启发性。以其对《西游记》中悟空的形象分析为例：

悟空是《西游记》中真正的主角，吴承恩将悟空描写成一位精神超脱、天性顽皮、精力旺盛、对师父忠心耿耿的个性鲜明的形象。孙悟空这个人物在蔑视权威、追求知识和力量方面，能使人想起普罗米修斯和浮士德这样的西方神话英雄。作为花果山的猴王，他起初过着田园诗般的极乐生活，然而这只猴子并不满意，在被众猴笑道"大王好不知足"时，他说："今日虽不归人王法律，不惧禽兽威严，将来年老血衰，暗中有阎王老子管着，一旦身亡，可不枉生世界之中，不得久注天人之内？"这种追求终极自由的愿力驱动他漂洋过海求师访道，悟空因此成为文学中所有那些和他一样抱有不可抑制的超越欲望的角色中出色的一位。悟空非常顽皮、活泼，即使在他反叛的时候，也不同于其他怪物，不同于罗瓦那和《失乐园》中的撒旦，因为他能够幽默地看待自己和世界，从而表现出对欲望与困境最大程度的超越与超脱。他从来没有太严肃过，就是和所有的天兵天将打仗时也是如此。有了这种幽默感，他才能从一个叛逆者变成如来佛手下忠顺的仆从而同时又不致于失去我们的同情。八戒始终是这些人类欲望的牺牲品，唐僧虽时时警戒，努力自制，却也终难超脱。佛教徒们主张应以笑来作为观察世界的根本方式，孙悟空的态度正与此不谋而合。悟空是"空"这一深奥教义的雄辩的代言人。悟空虽具有超人的悟性和嘲弄一切的超越精神，但却对取经事业和师父忠心耿耿，这又与佛教的"空"相对立。他永远遭受着怀疑、同行者的懒惰以及上天诸神的冷淡和恶意的折磨，甚至屡次解救取经者危难的观音菩萨有时对待悟空也是残酷无情的。因此，在喜剧角色之外，悟空还表现出自己同时也是一位易受别人误解、妒嫉，常常迸发出真挚情感的可爱的人，而

有着这种根深蒂固的人性，仿佛证明他在佛教智慧上所达到的高超造诣实际上也是虚假的。（有删减）

这样的人物形象分析生动而且深刻，让我们从悟空外在的戏谑笑闹、打打杀杀看到他内在的追求与向往、执着与超越。这无疑有助于我们关注夏志清所说的有关人类的重要"状况"——我们每一个"不知足"的、内心有某种愿力的人都能从悟空身上看到梦想之瑰丽与现实之残酷。

人物形象生动鲜活的前提是其行为、语言、身份、与其他角色的关系等要合理、富有逻辑。我们来看夏志清如何以《儒林外史》中严致和之死这个经典场面作素材，分析小说人物形象的合理性：

到中秋以后，医家都不下药了。把管庄的家人都从乡里叫了上来。病重得一连三天不能说话。晚间挤了一屋的人，桌上点着一盏灯。严监生喉咙里的痰响得一进一出，一声不倒一声的。总不得断气，还把手从被单里拿出来，伸着两个指头。大侄子走上前来问道："二叔，你莫不是有两个亲人不曾见面？"他就把头摇了两三摇。二侄子走上前来问道："二叔，莫不是还有两笔银子在那里，不曾吩咐明白？"他把两眼睁的溜圆，把头又狠狠摇了几摇，越发指得紧了。奶妈抱着哥子插口道："老爷想是因为两位舅爷不在跟前，故此记念。"他听了这话，把眼闭着摇头，那手只是指着不动。赵氏慌忙揩揩眼泪，走近上前道："爷，别人都说的不相干，只有我晓得你的意思！你是为那灯盏里点的是两茎灯草，不放心，恐费了油，我如今挑掉一茎就是了。"说罢，忙走去挑掉一茎。众人看严监生时，点一点头，把手垂下登时就没了气。

夏志清认为，脱离上下文看，这个故事是一幅守财奴的绝妙的漫画，可是与前面所塑造的严致和的形象是矛盾的。严致和为了哥哥的诉讼花了十几两银子，他的第一个妻子王氏死时，王氏的两个哥哥支持他将其妾赵氏立为正室，严致和多次给他们钱表示感谢。在妻子的葬礼上以及居丧期间，他花了四五千两银子，而且因为不在意还让两个舅奶奶将衣服、金银、首饰偷了去。这些都表现出严致和不是一个吝啬鬼——《儒林外史》对严致和的性格刻画出现了矛盾。夏志清认为，吴敬梓为严致和安排了"两根灯芯"的故事，这个故事或许是作者虚构的，或许是在一本笑话书中读到的，因为它太妙了而难以割爱。可是，吴敬梓为什么冒着人物形象错乱的危险保留这样的素材？有趣的是，这很有可能不只是《儒林外史》而且是中国古典小说普遍存在的问题。下面夏志清对中国传统小说写作手法的分析揭示了这个问题的答案。

第三，对中国传统小说写作手法的分析。

夏志清在导论中指出，中国传统小说没有"从形式上或风格上摆脱说书艺术和史学传统束缚"，有"折衷地依赖其他文学形式的企图"。他认为，明清小说中只有《红楼梦》符合小说的现代定义——有别于史诗、历史纪事和传奇的一种基于虚构的叙事形式。《儒林外史》比《红楼梦》更早地具有这样的特征，只不过它更像一本短篇故事集。

现代小说读者是在福楼拜与亨利·詹姆斯的影响下成长起来的，他们期望得到一个首尾一贯的主题、生动和富有逻辑的艺术形象、独特而鲜明的风格，厌恶公然说教、杂乱无章的结构以及无关的情节。即便在欧洲，有意识地把小说当作一种艺术也是近代才有的事情。因此，"不能指望中国的白话小说以其脱胎于说书人的低微出身能满足现代高格调的欣赏口味"。这提醒我们要注意中国传统小说的重要基因：讲唱和说书。夏志清在导论中用八页的篇幅梳理了中国讲唱和说书的历史及其对明清小说的影响，如分成许多章回，每一回都以"欲知后事如何，且听下回分解"作结；从晚明起，还要在每一回之前加上一联对偶句作回目。由于一回的长度是确定的，而叙事的复杂程度不同，所以有的回显得太空，有的又显得太满。即使《红楼梦》这样一部伟大的作品，有的章回里面也附带叙述了许多完全可以删掉的不重要的小故事。此外，传统小说中还会出现很多对人物塑造和情节发展没有价值的诗词、骈文、曲词、套语——在说书人那里，这些都是为了吸引听众的注意力。基于此，我们也许可以理解为什么《儒林外史》因不恰当的素材安排引起人物性格刻画的混乱——源自中国传统小说说书艺术的基因——为了吸引听众而引入孤立的、与整体逻辑不符的情节，从而破坏了人物形象塑造的一致性。

中国传统小说还有一个特点——源自史传，如《三国演义》中大量的内容来源于《三国志》。这使得传统小说中有大量记言和记事，从而经常出现以"××曰"开始的对话。将历史真实与虚构结合得好是历史小说成功的重要条件，如《三国演义》中的刘、关、张桃园三结义，关羽的"愚忠"，诸葛亮的神机妙算，赤壁开战前筵宴文官武将等。同时，历史事实一方面给小说创造者提供素材，另一方面也有可能束缚其人物形象的塑造和故事情节的设置。夏志清认为《水浒传》比《三国演义》进步的一个地方就是在小说的开头不为史实所囿，通过艺术虚构塑造了鲜活的人物形象及富有吸引力的故事情节。他非常赞赏《水浒传》中武松血溅鸳鸯楼和鲁智深大闹五台山的描写——这样整合了动作、对话、环境、内心活动的文字才像个小说的样子，可惜《水浒传》后面又陷入了历史小说的套路。总的来说，记事与讲唱的结合，使得中国传统小说注重离奇事件的陈述，而不会在环境描写和心理刻画上下功夫。如《三国演义》中生动的细节描写几乎没有，对双方战斗的描写往往是两位将军大战几个回合，直到一方逃跑或被杀。这使得下面这样少有的细节描写显得更为珍贵：

却说夏侯惇引军前进，正与高顺军相遇，便挺枪出马搦战。高顺迎敌。两马相交，战有四五十回合，高顺抵敌不住，败下阵来。惇纵马追赶，顺绕阵而走。惇不舍，亦绕阵追之。阵上曹性看见，暗地拈弓搭箭，觑得亲切，一箭射去，正中夏侯惇左目。惇大叫一声，急用手拔箭，不想连眼珠拔出，乃大呼曰："父精母血，不可弃也！"遂纳于口内啖之，仍复挺枪纵马，直取曹性。性不及提防，早被一枪搠透面门，死于马下。两边军士见者，无不骇然。

这才是小说应该有的描写。它不再只是将一件事情讲清楚，更不只是为了吊听众的胃口，而是通过情节、语言、动作刻画有血有肉的人物形象，以此在调动读者感官刺激之外引发更多的思考与感动。夏志清以《儒林外史》第一章中的一段景物描写为例进一步说明了这一点：

那日，正是黄梅时候，天气烦躁。王冕放牛倦了，在绿草地上坐着。须史，浓云密布，一阵大雨过了。那黑云边上镶着白云，渐渐散去，透出一派日光来，照耀得满湖通红。湖边山上，青一块，紫一块，绿一块。树枝上都像水洗过一番的，尤其绿得可爱。湖里有十来枝荷花，苞子上清水滴滴，荷叶上水珠滚来滚去。

在现代小说中这样的内容很平常，但在中国传统小说中这很罕见，因为脱胎于讲唱与说书的小说似乎不需要这样的描写，这对吸引听众没有任何用处。但这样的环境描写对提高小说的文学性显然很有价值。高明的小说家通过场面、对话、动作、事件让角色渐渐展示出自己的面目，而不是让小说中的角色一一登场，告诉我们他们是谁——夏志清称此为"描绘的革命"。他以《儒林外史》第二章开始的一段为例对此予以说明：

话说山东兖州府汶上县有个乡村，叫做薛家集。这集上有百十来人家，都是务农为业。村口一个观音庵，殿宇三间之外，另还有十几间空房子，后门临着水次。这庵是十方的香火，只得一个和尚住。集上人家，凡有公事，就在这庵里来同议。

那时成化末年，正是天下繁富的时候。新年正月初八日，集上人约齐了，都到庵里来议闹龙灯之事。到了早饭时候，为头的申祥甫带了七八个人走了进来，在殿上拜了佛。和尚走来与诸位见节，都还过了礼。申祥甫发作和尚道："和尚，你新年新岁，也该把菩萨面前香烛点勤些！阿弥陀佛受了十方的钱钞，也要消受。"又叫："诸位都来看看，这琉璃灯内，只得半琉璃油！"指着内中一个穿齐整些的老翁，说道："不论别人，只这一位荀老爹，三十晚上还送了五十斤油与你，白白给你炒菜吃，全不敬佛！"和尚陪着小心，等他发作过了，拿一个铝壶，撮了一把苦丁茶叶，倒满了水，在火上燎的滚热，送与众位吃。

小说以寥寥数语交代了时间和地点——正月初八、观音庵——作为小说人物和事件的背景，让读者有很强的现场感。作者并没有直接告诉读者申祥甫是一个怎样的人，而是通过他对众人发号施令，通过他用专横的语调对和尚大声叱责而显其张狂；从他对荀老爹慷慨捐赠的奉承话里读者又可感觉到他的阿谀，并且可以推断后者比他年事高，更为富裕，更有威望。夏志清指出，这种表现手法对于现在的小说创作而言可谓司空见惯，而吴敬梓能够自觉地运用这种方法很了不起。

夏志清认为，吴敬梓可以被称为中国展示内省性格的第一个小说家，可惜的是，他无意去开拓小说的最后一块处女地——内心意识世界的描写。而比他年轻的同时代的曹雪芹则大胆地闯进了这个新领域。以《红楼梦》中的一段心理描写的文字为例：

黛玉情知不是路了，求去无用，不如寻个自尽，站起来，往外就走，深痛自己没有亲娘，便是外祖母与舅母姊妹们，平时何等待的好，可见都是假的。又一想："今日怎么独不见宝玉？或见他一面，他还有法儿。"便见宝玉站在面前，笑嘻嘻的道："妹妹大喜呀！"黛玉一听这话，越发急了，也顾不得什么了，把宝玉紧紧拉住，说："好！宝玉，我今日才知道你是无情无义的人了！"宝玉道："我怎么无情无义？你既有了人家儿，咱们各自干各自的了。"黛玉越听越气，越没了主意，只得拉着宝玉哭道："好哥哥！你叫我跟了谁去？"宝玉道："你要不去，就在这里住着。你原是许了我的，所以你才到我们这里来。我待你是怎样的？你也想想。"黛玉恍惚又像曾许过宝玉的，心内又转悲作喜，问宝玉道："我是死活打定主意的了，你到底叫我去不去？"宝玉道："我说叫你住下。你不信我的话，你就瞧瞧我的心！"说着，就拿出一把小刀子往胸口上一划，只见鲜血直流。

夏志清以此例强调了心理描写之于小说的重要，这种重要在于推动故事情节的发展，更在于刻画生动的人物形象。

基于对小说文学性和小说形象刻画的重视，夏志清认为《金瓶梅》是一部深邃的自然主义作品，是中国小说发展史上的一个里程碑："它开始摆脱历史和传奇的影响，去独立处理一个属于自己的创造世界，里边的人物均是世俗男女，生活在一个真正的、毫无英雄主义和崇高气息的中产阶级的环境里。"同时，夏志清仍然对《金瓶梅》的写作手法作出有批评意味的评价：

从表现手法上看，这部作品是有意识地为迎合各种喜欢口头娱乐的听众而采用了说书的方式。它包括许许多多的词曲和笑话、世俗故事和佛教故事，而这损害了作品的自然主义的结构组织。《金瓶梅》后半部分中的李瓶儿是一个值得同情的善良女人，但在李瓶儿病情非常重需要诊治时，作者又开始讽刺庸医——赵太医吹嘘他的本事："我做太医姓赵，门前常有人叫。只会卖杖摇铃，那有真材实料！行医不按良方，看脉全凭嘴调……"

这段文字中的打油诗和赵太医看病时的胡说八道一字不漏地抄自明代李开先的传奇《宝剑记》。夏志清评论道："他怎能放弃讽刺庸医的机会呢？这类人物从来就是中国文人的笑柄"，"作者也许觉得嘲笑这位庸医很有趣，然而，在写了这一段滑稽文字之后，他又怎能企望读者再去同情垂死的瓶儿和她心烦意乱的丈夫呢？"这样的评价与前面夏志清对中国传统小说写作技法的评价是一致的。这再次提醒我们，中国传统小说的写作手法与写作目的、主题、内容是紧密关联的。

第四，中西比较。

夏志清同时受到中西文化的熏陶，这使得他具有独特的优势，能够从西方文学、西方文化的角度审视中国传统小说，在对比的过程中更凸显中国传统小说的特点与本质。

《三国演义》中，孙策因为对超自然力量的蔑视，迫害一位祈雨驱病皆灵验异常的神道，最终还把于吉斩了，他自己不久也被于吉不散的阴魂追逐而死。夏志清认为这与莎士比亚戏剧中处处存在着超自然力量很相似。孙策这样的人和俄狄浦斯一样，他们都是对超自然力量及预言嗤之以鼻的雄心勃勃的理性主义者。《三国演义》中袁绍优柔寡断，对一个儿子偏爱，不能发挥一群有才华的军师的才能且无法处理他们的不和，对田丰的忠告置若罔闻且将其投入监狱，最终导致他虽粮草充足、兵员数量占优却败于曹操。夏志清认为小说刻画了袁绍的悲剧性格，而这有着和希腊悲剧相同的意味。

《水浒传》中，宋江和李逵构成一对互补形象，酷似西方文学中著名的几对人物：堂·吉诃德和桑丘·潘萨，梅恩津王子和洛果琴，伯劳斯佩罗和加利班。在写作技巧方面，夏志清很赞赏武松血溅鸳鸯楼真实生动的对话、动作和环境描写，称其堪与《伊利亚特》及冰岛英雄传奇中的战斗场面媲美，颇有荷马史诗的风格。

《西游记》中，孙悟空这个人物在蔑视既定权威、追求知识和力量方面，使人想起普罗米修斯和浮士德这样的西方神话英雄。而《西游记》主要章回与西方和印度神话中典型的人物、事件有着惊人的相似。如乌鸡国的故事中就有类似哈姆雷特神话的素材：国王被卑鄙地谋害，一个奸诈的心腹之人篡夺了他的皇位和婚床，复仇的任务交给一位被疏远的王子；在车迟国的故事中信佛的居民们遭受着和以色列人被埃及征服时一样的命运，悟空和八戒用法力杀败了国王的三个道士国师，一如摩西和亚伦用魔术战胜了法老的牧师。

关于《红楼梦》，夏志清认为宝玉内心隐秘的意愿与《麦田里的守望者》中那位青年主人公——霍尔顿·考菲尔德颇为相似：将那些可爱的少女从习惯势力中、从淫荡的边缘上拯救出来；从厌恶任何形式的假言假行、极端敏感以及同情心等方面来看，二者的相似性同样十分明显。夏志清还认为宝玉与陀思妥耶夫斯基笔下的主人公——米什金公爵很相似：他们都处于一个堕落的世界里，在这个世界里，一个充满同情和爱的人总被怀疑或被宣判为白痴；他们都发现这个世界上有着说不尽的难以忍受的痛苦，并且都经历过长时间神志恍惚、精神错乱的折磨；他们各自都分别与两个女性发生痛苦的纠葛，而且结局都十分悲惨。米什金公爵最终成了一个白痴，因为随着娜斯塔西亚的死，他认识到基督之爱对于这个贪婪淫荡的世界毫无效用，而当宝玉最终由痴呆恢复正常之后，也同样认识到爱情的毁灭，不同的是，他抛弃了这个世界，表现出一种遁世的冷漠。

综上所述，《史论》是一本富有吸引力的兼具理论与感性的著作，给我们提供了很多富含洞察力的对中国传统小说的分析与评论，更可贵的是作者作出这些评析所依赖的价值观以及文学批评的视角与方法，这无疑是读《史论》需要高度关注的。

图书信息

夏志清：《中国古典小说史论》，胡益民等译，江西人民出版社 2001 年版

《古文精读举隅》导读

　　《古文精读举隅》（以下简称《举隅》）的内容有三辑，第一辑是"古文精读举隅"，包括四十篇古文精读；第二辑是"古小说析赏举隅"，包括两篇古小说分析；第三辑是"历代小品析粹举隅"，包括对十篇小品的赏析。

　　吴小如在《范仲淹〈岳阳楼记〉考析》中说："前些时候，为了帮助一位中学老师备课，我除了对这篇文章进行研读之外，还翻检了一些相关史籍……"这说明吴小如对中学教学很关注。《举隅》含括了很多初高中古文篇目，分析了诸多中学课文，其评析很"接地气"，对古文教学有直接的指导意义。

　　吴小如在《重印后记》中自陈，《举隅》中"异于前人的看法还是不少的"，他只讲"自己的观点"，"从不人云亦云，拾人牙慧，炒冷饭照本宣科"。以吴小如对《战国策·邹忌讽齐王纳谏》的分析为例，他提出了一个有趣的观点："过去有人认为这篇文章的写作方法是现实主义的，我不大同意。我以为，毋宁说它近于浪漫主义更为确切些。"吴小如对此进行了论证：

　　这种浪漫主义的表现手法可以用过去评论家的玄语予以概括，即前一半是"虚处实写"，后一半是"实处虚写"。齐威王从不理朝政到励精图治，终于奠定了七雄之一的齐国在东方的强大地位，是史实。邹忌对齐威王敢于直言进谏，当然也在情理之中。……我以为，邹忌的窥镜自视，与城北徐公比美，以及妻、妾、客等向他献媚，这种种细节都是虚构的，……它的性质与《战国策》中的"狐假虎威"、"画蛇添足"、"鹬蚌相争"等故事基本一样，是寓言。所不同者，那些寓言是以童话或民间故事为题材；而邹忌则是以自己为主人公，对齐威王现身说法，使人读了更觉亲切有感染力，如此而已。

　　如果按照正规的文章结构，这篇作品一开头应该这样写：邹忌为齐威王

文学理论与文学批评

相，入朝见威王，曰："臣尝朝服衣冠而窥镜……"接着把他的故事叙述完毕，然后接下去再说"臣诚知不如徐公美"那一段。但如果真如此写，便索然寡味，毫无艺术特色。照目前的这种写法，是作者故弄狡狯，把虚构的情节提到文章的开头来叙述，俨然煞有介事。然后在叙述以后骤接"于是入朝见威王"那一段，既活泼生动又水到渠成，这就是所谓的"虚处实写"。这是文学作品的艺术夸张，而非历史的忠实记录。如果我们了解《战国策》的性质，知道它并非全部历史实录而羼有不少虚构成分，就比较容易体会出这篇文章的构思，也能接受我这个设想了。

处处见真章、时时显真意！吴小如以独到而精辟的分析，将《邹忌》一文的文学趣味与浪漫意味揭示出来。他进而又分析了《邹忌》的写作手法：

这篇文章的结构层次也很别致，从头至尾一直用三层排比的手法来写。妻、妾、客是三层；"私我"、"畏我"、"有求于我"是三层；"宫妇左右"、"朝廷之臣"、"四境之内"的百姓，又是三层。上、小、下赏，是三层；"令初下"、"数月之后"、"期年之后"，又是三层。这些都是比较容易识别的。再看，邹忌自以为美于徐公这一事件的发展在时间上是三层："朝"、"旦日"、"明日"是也。邹忌的思想转变过程也是三层："熟视之自以为不如"是第一层，"窥镜而自视，又弗如远甚"是第二层，然后到"暮寝而思之"是第三层，找出了矛盾的焦点。全部事态的发展也是三层：邹忌现身说法进行讽谏是第一层，齐威王"下令"广泛征求意见是第二层，最后使邻近的诸侯国都来入朝，"此所谓战胜于朝廷"是第三层。

吴小如指出："一般地说，总要注意到结构层次的对称美，排比作用和递进（即一层比一层深入）作用，本篇在这方面确有值得后人借鉴的地方。"将古文的写作手法如此清晰地揭示出来，对于我们掌握古文写作规律，理解文章魅力之来源无疑很有帮助。

再看吴小如对《过秦论》的剖析。清人姚鼐在《古文辞类纂》中评《过秦论》"雄骏宏肆"，近人吴闿生在《古文范》中评它"通篇一气贯注，如一笔书，大开大阖"。吴小如指出："归纳大多数评论者的意见，主要说这篇文章气势充沛，一气呵成，是古今第一篇气'盛'的文章。"吴小如分析《过秦论》"气盛"的主要原因：

从语言的角度看，所谓气盛的文章，多用排比句或对偶句，本篇固不例外……但这还只是从表面现象去理解。在古典散文名篇中，用排比句或对偶句的文章并不少，却不一定气盛。如孔稚圭的《北山移文》，造句或排或偶，比比皆是，然而读起来并不感到很盛。……本篇之所以以气盛为特点而传诵不朽，我以为有三个原因：第一个是最主要的，即这篇文章虽是说理文，其中却用了十之七八的篇幅来叙事。用叙事来说理，可以说是本篇最大的特点。作者用千把字的篇幅概括了从秦孝公到秦亡国这一百多年来的历史。……要想写好说理文，必须在善于叙事的基础上来说理才行。所谓在说理文中的善于叙事，还同一般叙事文不一样，要善于概括事实，善于描写事物的大的、总的、突出的方面，善于勾勒整个历史发展的轮廓等等。……写好说理文，主要是靠"论"和"断"。"论"不能是空论，必须要根据事实立论，即所谓"摆事实，讲道理"，道理是根据事实来讲清的。"断"也不能是武断，必须从大量事实中抽出令人信服的结论来，才是精确的判断。《过秦论》就恰好有这个特点。他把大量事实摆出来，结果道理可以不讲而自明，或少讲而大明。……我们古代杰出的散文作家在写说理文时大多是从不忽略"论"与"史"的关系的，甚至有些好文章可以做到"以史带论"。……这个特点为什么就能使文章读起来有气势呢？关键在于：作者既能用概括扼要的笔墨来表达丰富的内容，让读者感到短短一篇文章竟然包涵了这许多东西，自然觉得文章饱满充沛，读起来思路自然而然跟着作者的笔锋走，那当然会显得气'盛'了。

吴小如分析《过秦论》之所以气盛还有另外两个原因：第一，贾谊运用了铺张和夸大的写赋的手法，如第一段"有席卷天下"四句，"席卷""包举""囊括""并吞"等是同义词；"天下""宇内""四海""八荒"也都含义相近，同一个意思一连写上好几句，自然气势充沛、咄咄逼人；第二，作者用了全篇对比到底的手法。包括四个方面的对比，即秦国本身先强后弱、先盛后衰、先兴旺后灭亡的对比，秦与六国的对比，秦与陈涉的对比，陈涉与六国的对比，几种对比交织在一起，结构自然宏伟，气势也自然磅礴。这样的分析既有高度又有深度，值得我们学习和借鉴。

吴小如在《举隅》的《重印后记》中说：

我自己对写鉴赏文字也立了一条规矩。即撰写此种文字势不能就事论事，形而上学地只谈作品。必须心中先有一个中国文学史的整体，然后再研究一下我所要谈的这位作家在文学史上的地位和影响。这是从纵的方面看的。如果从横的方面看，还要尽量了解这位作者与其同时代的作家的关系，进而区分他们的艺术流派、风格之间的同异。甚至即使是分析同一位作家的不同作品，也要考其生平身世，谙其创作背景，熟悉其作品全貌，而不宜只抽出一诗一文来侈谈其有何特色。故我每撰写一篇鉴赏文字，总要从文学史的宏观方面注意其线与面，然后再体察这一篇篇具体作品在线和面上是占据什么"点"。掌握了点、面、线的结合，对作品的鉴赏才可能言之有物，析之中肯。

以《读苏轼〈赤壁赋〉》为例，我们看吴小如如何践行他提出的鉴赏文字的"规矩"：

说到文章本身，首先应注意到它体裁方面的特点。它是"赋"，不是纯粹散文，却也不是诗，更不等于今天的散文诗。它是用比较自由的句式来构成的带韵脚的散文，却又饱含浓厚的诗意。这在当时是一种新文体，是古典散文从骈文的桎梏中冲杀出来取得胜利后的一个新成果。可是这种新体的"赋"很难写，自宋代的欧阳修、苏轼以后，便不大有人染指了。既然它是"赋"，就应具有赋的特点。《文心雕龙·诠赋篇》："赋者，铺也。铺采摛文，体物写志也。"苏轼的这两篇赋，没有仿照汉魏六朝时代的作家写赋时那样大量堆砌辞藻，但比起他本人的其它文章来，文采显然要多。至于"体物写志"，则《赤壁赋》以"写志"为主，"体物"的部分着墨不多，却也精警凝练，形象鲜明。作者在赋中所铺张的内容，主要不是景物和事件，而是抽象的道理。但作者所讲的抽象道理乃是通过形象、比喻、想象、联想以及凭吊古人和耽赏风月等方式来完成的，并不显得空泛或枯燥。这是在古人传统的基础上有所创新的结果。试以欧阳修《秋声赋》与之相比，欧赋的说理内容就未免过于抽象了，因此不及此赋更为扣人心弦。此外，汉魏的赋一般在开头结尾都有短幅叙事，中间有主客回答，此文亦具备。可见作者并没有脱离传统"赋"体的规格，从体制上讲，它仍符合作"赋"的要求。我们说，文学作品要继承传统，却不一定求其必遵循老路。苏轼正是本着这种创新精神来写《赤壁赋》的。

不就事论事，横纵关联，将文章置于文学史、社会文化的背景中，并且与其他文本进行对比分析——吴小如不折不扣地执行了他立下的"规矩"，这是其能对古文进行高质量分析的基础。这个"规矩"也提示我们如何提高自己的古文解读水平，这与我们这本导读的主旨——掌握更多的背景资料以更好地解读文本——是一致的。

图书信息

吴小如：《古文精读举隅》，天津古籍出版社 2002 年版

《小说面面观》导读

    剑桥大学三一学院每年举办一次克拉克讲座，这是英国最负盛名的文学专题讲座，以前应邀前去讲座的都是诗人、戏剧家、文艺评论家和史学家，而在1926—1927学年度，三一学院却破天荒地邀请了一位英国小说家——福斯特前来主持这个竞争激烈的讲座。此邀请对福斯特来说有极大的吸引力，但他却对此犹豫不决。福斯特知道听众必然会期望他讲讲和小说密切相关的题目，可那时他虽然已经发表了七部小说，但书评只写过短短的几篇，而且从未对小说的创作理论做过系统而深入的研究，他甚至曾公开反对任何人在小说创作技巧的问题上说三道四，反对他们制定什么规则，探索什么规律。[①]经过激烈的思想斗争，福斯特接受了这一邀请，他请几个作家朋友开了一张又一张书单，系统而仔细地阅读了18世纪以来所有重要的小说，写下了详细的读书笔记。福斯特的努力没有白费！他的演讲大获成功，讲座刚落幕即好评如潮。讲座后福斯特立刻把他的讲稿整理后出版，取名为《小说面面观》。

    《小说面面观》一问世，立刻受到学术界和一般读者的热烈欢迎，因为这本书充满了对小说新颖、独到、精辟的评论与见解。《小说面面观》的译序说：

    不少关于小说的创作实践、小说的欣赏和评论等方面的老问题，在这本书里得到了崭新的、富于启发性的解答。如小说中人物之"圆型人物"和"扁型人物"的分类和特征，又如小说中的"故事"和"情节"的区别与关

[①] 福斯特在1919年4月23日出版的《每日新闻》（*Daily News*）上发表文章，把美国文艺批评家克莱顿·汉密尔顿（Clayton Hamilton）的《小说的材料和技巧》（*Materials and Methods of Fiction*）大肆嘲笑了一番。

系，以及"模式"和"节奏"在小说里的功能，小说中的"幻想"和"预言"的作用等等，他都提出了明确而有说服力的创见，解决了许多已经困扰小说家和小说理论家多年的问题。尽管其中不少只能说是他的"一家之言"，有些还引起了程度不同的争论，但《小说面面观》逐渐成为反对过于重视艺术形式和写作技巧，反对否定个性化创作活动的所谓"技巧至上论"的先驱。

《小说面面观》的文字深入浅出，案例丰富，整本书读起来轻松有趣又收获颇多。此外，作为一个笔耕多年的小说家，福斯特深知创作之艰苦，因此他的小说评论让人感觉诚恳又真切，这也是这本书吸引人的一个重要原因。

福斯特反对"过度"的、"一厢情愿"的理论概括，这与前述《文学理论基本问题》的观点一致。例如，他批评了按照年代区分小说或按照题材加以分类的做法，如法庭文学、女权运动文学、荒岛文学、歹徒文学、萨塞克斯文学等等。福斯特还以《小说的材料和技巧》为例批评了他认为荒谬的理论总结：这本书分析了"天气"在小说中的作用，包括"装饰作用"（如在皮埃尔·洛蒂的作品里），"实用功能"（如在《弗洛斯河上的磨坊》里），"解说作用"（如在《利己主义者》里），"被安排在预先建立起来的和谐之中"（如在菲奥纳·麦克劳德的小说里），"在情感上具有对比作用"（如在《巴朗特里的大少爷》里），"对情节起决定性作用"（如在吉卜林的小说里），"具有约束性影响"（如在《理查德·费弗雷尔的苦难》里），"本身就是一个重要的角色"（如《庞贝城末日记》里的维苏威火山）。作为读者我们一定会有疑问：阐明"天气"在小说中不同的作用和价值没有意义吗？这不是对小说创作规律的总结吗？这不就是小说理论吗？如果福斯特反对这些理论，那么他这本《小说面面观》中的小说理论又是什么呢？带着这些疑问，我们来看福斯特在《小说面面观》的"开场白"中对两位作家小说中的片段所作的对比：

作家一：

但是，关于墙上的那个斑点，我可吃不准它是怎么回事。我想它根本不是一枚钉子弄出来的——它太大、太圆了。为了把它弄个明白，本来我不妨站起身来。但是，如果我站了起来，对它看了，十之八九我仍会无法肯定地说清楚的。因为，一旦有谁做了一件事情，就没有人会知道它究竟怎么发生的。哎哟！生活多么神秘！思想多么模糊！人又多么无知！为了说明我们对自己的东西多么难以驾驭——我们尽管有了如此悠久的文明，生活却依然是一件多么偶然的事情！——我只要从我一生中失落的那些东西里列举出少数几件来就够了。就从装着钉书工具的三只浅蓝色的罐头说起吧，因为我总觉得这些东西丢失得最最不可思议——有什么猫儿会来咬？有什么耗子会来啃呢？还有那些鸟笼，那些铁制的圆环，那些钢制的冰鞋，安妮女王时代制造的那只铲煤斗，那只弹子球盘，那只手摇风琴——全都不见了。还有珠宝也不见了。蛋白石和翡翠，散落在萝卜的根部。一点不假，这些可都是我一点一点攒集起来的啊！叫人啧啧称奇的是：我身上还竟然会穿着衣服，我周围还竟然会有挺沉挺沉的家具。哎，假如你要把人生比作什么的话，你就得把它比作以每小时五十英里的速度让人从地铁隧道里喷射过去吧……

作家二：

至少接连着长达十年之久，我的老爷子每一天都下定决心，要叫人来把它整治好。可是它至今还没有让人修好。除了我们这一家子，世上再没哪个家会对它容忍哪怕一个小时，而且，令人最为惊诧的是，咱老爷子谈论起来，世上没有一个别的话题比他谈论门上的铰链来，更加滔滔不绝、口若悬河的了。而且，我想，他老人家肯定是有史以来就铰链问题发表空谈次数最多的人士之一。他讲出来的道理和他干出来的事情总是对不上号。每当客厅里的那扇门一开，他的那套哲学或者他的那些原则准会出丑露乖、丢人现眼。其实，说难倒也不难。只要用一根羽毛给那扇门上的铰链滴上三滴油，再用一把榔头轻轻巧巧地敲上那么一敲——得，他老人家就可以一劳永逸地挽回他的声誉了。

人这玩意真没个准儿！他明明能够把自己的伤给治愈，却偏偏拖延着任凭它把自己折腾得萎靡不振。他一生的行事和他明白的事理背道而驰，老凑不到一块儿。他的烦恼，他那得自老天爷的宝贵天赋，非但没给他的生活里滴上一滴油，使它运转得更加滑溜、顺当一些，反而尽给他增添麻烦，刺激他的感情，使他痛苦倍增，在这些折磨下变得更加凄惨和苦恼。可怜的倒霉蛋！竟然这么窝囊！难道无法避免的烦恼在他的一生中还嫌太少，非得在自己分内的那些悲哀以外，再加上一些他甘愿忍受的苦恼吗？他和无法避免的祸害进行着抗争，却又一味屈服于一些别的祸害——其实他只要付出为了忍受这些折磨而使出的十分之一的劲道，就会永远把这祸害从他心里头打发掉。

我以一切美好和善良的事物的名义赌咒发誓：假如在项迪庄园周围十央里以内，能够弄得到三滴油，还找得到一把榔头，那么，客厅门上的铰链就一定会在这个朝代结束以前让人给拾掇好。

这两个片段分别出自维吉尼亚·伍尔夫的《墙上的斑点》和斯泰恩的《特里斯川·项迪传》。福斯特指出了二者的共通性：他们都从一件小事落笔，接着就岔开去写一些别的东西；对于一团乱麻似的人生，他们既表示出富于幽默感的领略，又对它的美妙具有感觉敏锐的品味；甚至连他们的语气也颇相同——流露出一种从容不迫的困惑，似乎在对所有人声明，说他们不知道自己正在前往何处。这两位小说家的价值和写作风格并不相同，斯泰恩是一个感伤主义者，而伍尔夫的写作态度则极为超脱。两位作家在时代、地域、文化背景上存在明显的差异，福斯特却从他们的小说中提取出共通的、规律性的东西。福斯特用这样的案例表明他的论点：小说创作在主题、手法等方面是存在规律的，但不应简单地、贸然地以时间、地域、主题进行分类。

怎样才是恰当的小说理论呢？我们来看福斯特提出的小说理论。在"人物（续）（People-continued）"这一章，福斯特分析了小说中的扁型人物和圆型人物，我们看他怎样评价扁型人物：

扁型人物有时被称作"类型性人物"，有时又被称作"漫画式人物"。这个类型里的那些性质最最纯粹的人物，是作者围绕着一个单独的概念或者素质创造出来的。……真正的扁型人物可以用一句话来概括，例如"我永远不会抛弃米考伯先生"，这就是米考伯太太——这句话把她一生的事迹全部概括出来了。又如："我不惜使用欺骗的手段，把我主人家里的穷相窘况掩盖起来，不让别人知道。"这就是《拉马摩尔的新娘》里的凯莱布·鲍尔德斯顿。……除了这句话里描述的内容以外，他这个人等于并不存在。他没有任何爱好或者乐趣，丝毫没有让那些最最言行一致的佣人必然会变得复杂起来的任何欲望和苦恼。无论他做什么事情，无论他到什么地方去，无论他说了些什么话或者打破了什么盘子，都是为了隐瞒他主人家里经济窘迫的状况。……扁型人物的一大优点是：不管他们在小说里的什么地方出现，都能让读者一眼就认出来……他们从来不需要作者重新介绍，从来不会逃之夭夭，从来不需要作者寻觅使之得以有所发展的时机，也不需为他们提供属于他们自个儿的情调，他们恍若预先定好了尺寸、炯炯发光的一个个小小的圆盘，像筹码一样，在茫茫的空间或者星辰之间，非常惬意地任人推来操去。

福斯特用极为精辟生动的语言刻画了小说中一种人物形象——扁型人物的特征及其本质。有人批评扁型人物脸谱化、概念化，福斯特却认为"一部内容复杂的小说，往往既需要圆型人物，也需要扁型人物"。他举例说，狄更斯笔下的人物几乎全是扁型的，几乎每个人物都可以由一句话予以概括，但他的一部分天才却恰恰表现在这个方面：尽管他在小说里用的是类型化的、漫画式的人物，所取得的效果却并不呆板，还显示出人性的深度。因此，扁平的人物形象里包含的内容，也许比草率的批评家们所认定的更为丰富。福斯特提出一个有趣的观点："扁型人物被塑造成为喜剧性角色的时候最为出色，严肃的或者悲剧性的扁型人物往往惹人生厌"：

在某一位颇受欢迎的当代作家写的一部传奇里，故事围绕着一个老是嘀咕着说什么"我要犁掉那块荆豆田"的塞赛克斯郡的农民而展开。……可是他的这个宣言，却和声明说"我永远不会抛弃米考伯先生"的那个宣言不同。因为这个农民在他的宣言里表现出来的那股子韧劲儿只会使我们感到腻烦，以致根本不在乎他到头来究竟有没有把那块荆豆田犁掉。可是，如果作者在小说中把他的口号加以分析，并且把它和人性中的别的内容联系起来，我们就不会感到厌烦了。这句口号也就不会就是那个人本身，而会变成使他耿耿于怀、始终未能忘怀的一桩心事了。这就是说，他就会从一个扁型农民蜕变成为一个圆型的农民——惟有圆型的人物才宜于扮演一个悲剧性的角色。

这真是一个有趣的，或许颇有争议的观点。这不就是本书的价值——激起读者的兴趣和思考吗？类似这样的富有启发的文字在这本书中比比皆是，如福斯特在"情节（The Plot）"一章区分了情节和故事："国王死了，然后王后死了"，这是故事；"国王死了，然后王后因哀伤而死"则是情节。在故事里提到王后的死，我们会问"后来呢？"从情节的角度我们则会问"为什么？"好奇心驱动了故事，智力和记忆则驱动了情节。情节伴随着神秘感，需要思考，思考中的发现、神秘的探测带来的惊讶是美感的基础。福斯特如此对情节和故事的分析真可谓深入浅出，他在说明一个现象、解释一个概念，更是在提出问题、激发思考。

总的来说，《小说面面观》的价值在于：福斯特的小说理论既有高度又"接地气"，对小说中的诸多现象进行了理论概括，形成对小说创作和欣赏的规律性认识；同时，其理论假说都有具体、真实的文学现象作支撑，不空洞、不晦涩，理论能还原到具体的文学现象中，为小说赏析提供了具体的模式和方法。

图书信息

福斯特:《小说面面观》，朱乃长译，中国对外翻译出版公司 2002 年版

《老舍文集》（第十五、十六卷）导读

　　《老舍文集》是人民文学出版社自 1980 年至 1991 年陆续出版的一套老舍作品集，包括了老舍的小说、戏剧、散文、文论。老舍作为一个大文学家闻名于世，而《老舍文集》第十五、十六两卷却让我们看到老舍的另一个身份——高水平文论家。

　　《老舍文集》第十五卷是文学理论和文学批评，包括两本书——《文学概论讲义》《老牛破车》和若干篇文学批评。《文学概论讲义》写于 1930—1934 年，根据老舍在大学中的讲稿整理而成。从这本书中我们能看到老舍文学理论功底的扎实，尤其对中国古代文论非常精熟。如第十五卷中的第二讲和第三讲——中国历代文说（上、下），从先秦一直到明清、"五四"，将中国文学发展中重要且经典的文学理论进行了梳理评价，将中国文论的历史脉络呈现出来。《文学概论讲义》旁征博引，纵贯古今，以通俗的语言表达独到的观点。例如，老舍总结了中国人历史上论文的三个毛病，其中一个是"求实效"：

　　中国人是最讲实利的，凡是一事一物必有它的用处。一个儒医的经验，和一个乡间大夫的，原来差不很多；所不同者儒医能把阴阳五行也应用到医药上去。儒医便是个立在古书与经验之间求实利的一种不生不熟的东西。……文人也是如此，他们读书作文原为干禄或遣兴的，而他们一定要把那抽象的哲学名辞搬来应用——道啊，理啊等等总在笔尖上转。文学就不准是种无所为，无所求的艺术吗？不许。一件东西必定有用处，不然便不算一件东西；文学必须会干点什么，不拘是载道，还是说理，反正它得有用。

　　多么有趣的联想，多么幽默的语言！生动而有力地批评了于文学中求实利的态度。老舍进一步指出"文以观人"就是求实利的一种表现：

《文中子》说："文士之行可见，谢灵运小人哉！其文傲，君子则谨。"照这么说，在中国非君子便不许作文了。君子会作文不会，是个问题。可是中国人以为君子总是社会上的好人，为社会公益起见，"其文傲"的人是该驱逐出境的；这是为实利起见不得不如此的。

《诗史》口："诗之作也，穷通之分可观·王建诗寒碎，故仕终不显；李洞诗穷悴，故竟下第。"这又由社会转到个人身上来了；原来评判诗文还可以带着"相面"的！……说穷话的必定倒楣，说大话的必定腾达显贵，象西洋那些大悲剧家便都应该穷困夭死的。那 No struggle，no drama（没有斗争，便没有戏剧）在中国人看，是故意与自家过不去的。白居易有"野火烧不尽，春风吹又生"之句，于是顾况便断定他在那米贵的长安也可以居住了；文章的用处莫非只为吃饭么？

"文艺是纯然的生命的表现；是能够全然离了外界的压抑和强制，站在绝对自由的心境上，表现出个性来的唯一的世界。忘却名利，除去奴隶根性，从一切羁绊束缚解放下来，这才能成文艺上的创作。必须进到那与留心着报章上的批评，算计着稿费之类的全然两样的心境，这才能成真的文艺作品；因为能做到仅被在自己的心里烧着的感激和情热所动，象天地创造的曙神所做的一样程度的自己表现的世界，是只有文艺而已。"（《苦闷的象征》十三页）

拿这一段话和我们的穷通寿夭说比一比，我们要发生什么感想呢！

老舍这样的教师，一定会受到学生的欢迎——能够深入浅出、诙谐幽默地将文学的道理娓娓道来；作为读者，我们也一定会在惬意中品味和思考这样的文字吧。在批评了文学的功利化之后，老舍又在第四讲"文学的特质"中分析了与文学本质相关的因素，以下是他对"理智是否是文学的特质"的分析：

从艺术上看，图画、雕刻、音乐的构成似乎都不能完全离开理智，就是音乐也是要表现一些思想。文学呢，因为工具的关系，是比任何艺术更多一些理智分子的。那么，理智是不是文学的特质呢？不是！从几方面看它不

文学理论与文学批评

是：（一）假如理智是个文学特质，为什么那无理取闹的《西游记》与喜剧们也算文艺作品呢？为什么那有名的诗，戏剧，小说，大半是说男女相悦之情，而还算最好的文艺呢？（二）讲理的有哲学，说明人生行为的有伦理学，为什么在这两种之外另要文学？假如理智是最要紧的东西，假如文学的责任也在说理，它又与哲学有何区别呢？（三）供给我们知识的自有科学，为什么必须要文学，假如文学的功用是在满足求知的欲望？要回答这些问题，我们不能不说理智不是文学的特质，虽然理智在文学中也是重要的分子。什么东西拦住理智的去路呢？情感。……就以但丁说吧，《神曲》的伟大决不是因为他敢以科学作材料，而是在乎他能在此以外还有那千古不朽的惊心动魄的心灵的激动；……我们试看杜甫的《北征》里的"……学母无不为，晓妆随手抹；移时施朱铅，狼藉眉目阔。生还对童稚，似欲忘饥渴；问事竟挽须，谁能即嗔喝……"这里有什么高深的思想？为什么我们还爱读呢？因为其中有点不可磨灭的感情，在唐朝为父的是如此，到如今还是如此。自然，将来的人类果真能把家庭制度完全取消，真能保持社会的平和而使悲剧无由产生，这几句诗也会失了感动的能力。但是世界能否变成那样是个问题，而且无论怎样，这几句总比"衰荣无定在，彼此更共之。邵生瓜田中，宁似东陵时。寒暑有代谢，人道每如兹……"（陶潜）要留传得久远一些，因为杜甫的《北征》是人生的真经验，是带着感情写出的；陶潜的这几句是个哲学家把一段哲理装入诗的形式中，它自然不会使读者的心房跳跃。感情是否永久不变是不敢定的，可是感情是文学的特质是不可移易的，人们读文学为是求感情上的趣味也是万古不变的。我们可以想象到一个不动感情的人类（如 Aldous Huxley 在 *Brave New World*[①] 中所形容的），但是不能想象到一个与感情分家的文学；没有感情的文学便是不需要文学的表示，那便是文学该死的日子了。那么，假如有人以为感情不是不变的，而反对感情的永久性之说，他或者可以承认感情是总不能与文艺离婚的吧？

从这样的文字可以看出，老舍的文论与众不同，和他的小说一样，散发

---

① 奥尔德斯·赫胥黎（1894—1963）的小说，中文译名为《美丽新世界》。

着朴实幽默的气息，就像唠嗑儿一样，通过朴素的语言表达鲜明的观点和深沉的情感。

在《老舍文集》第十五卷中，最值得推荐的是《老牛破车》这本书。老舍是一位重视反思、强于反思的作家，他把自己写作的经历和甘苦记下来，并将这些文字于1937年集结为《老牛破车》一书。这本书的内容包括《我怎样写〈老张的哲学〉》《我怎样写〈赵子曰〉》《我怎样写〈二马〉》《我怎样写〈小坡的生日〉》《我怎样写〈大明湖〉》《我怎样写〈猫城记〉》《我怎样写〈离婚〉》《我怎样写〈牛天赐传〉》《我怎样写〈骆驼祥子〉》《我怎样写〈剑北篇〉》《我怎样写〈火葬〉》《我怎样写短篇小说》《闲话我的七个话剧》《我怎样写通俗文艺》《谈幽默》《景物的描写》《人物的描写》《事实的运用》《言语与风格》等。

一个优秀的作家是如何写作的，如何理解写作的，又是如何反思自己的写作的？作家对这些问题的回答对于文本赏析非常有意义——就好比一个厨师给顾客介绍他做的菜——能启发我们更有效地解读文本。下面是老舍在《我怎样写〈骆驼祥子〉》中的自述：

记得是在一九三六年春天吧，"山大"的一位朋友跟我闲谈，随便地谈到他在北平时曾用过一个车夫。这个车夫自己买了车，又卖掉，如此三起三落，到末了还是受穷。听了这几句简单的叙述，我当时就说："这颇可以写一篇小说。"紧跟着，朋友又说："有一个车夫被军队抓了去，哪知道，转祸为福，他乘着军队移动之际，偷偷地牵回三匹骆驼回来。"

……

从春到夏，我心里老在盘算，怎样把那一点简单的故事扩大，成为一篇十多万字的小说。

……

怎么写祥子呢？我先细想车夫有多少种，好给他一个确定的地位。把他的地位确定了，我便可以把其余的各种车夫顺手儿叙述出来；以他为主，以他们为宾，既有中心人物，又有他的社会环境，他就可以活起来了。换言之，我的眼一时一刻也不离开祥子；写别的人正可以烘托他。车夫们而外，我又去想，祥子应该租赁哪一车主的车，和拉过什么样的人。这样，我便把他的车夫社会扩大了，而把比他地位高的人也能介绍进来。可是，这些比他高的人物，也还是因祥子而存在故事里，我决定不许任何人夺去祥子的主角地位。

有了人，事情是不难想到的。人既以祥子为主，事情当然也以拉车为主。只要我教一切的人都和车发生关系，我便能把祥子拴住，象把小羊拴在草地上的柳树下那样。可是，人与人，事与事，虽以车为联系，我还感觉着不易写出车夫的全部生活来。于是，我还再去想：刮风天，车夫怎样？下雨天，车夫怎样？假若我能把这些细琐的遭遇写出来，我的主角便必定能成为一个最真确的人，不但吃的苦，喝的苦，连一阵风一场雨，也给他的神经以无情的苦刑。

由这里，我又想到，一个车夫也应当和别人一样地有那些吃喝而外的问题。他也必定有志愿，有性欲，有家庭和儿女。对这些问题，他怎样解决呢？他是否能解决呢？这样一想，我所听来的简单的故事便马上变成了一个社会那么大。我所要观察的不仅是车夫的一点点的浮现在衣冠上的、表现在言语与姿态上的那些小事情了，而是要由车夫的内心状态观察到地狱究竟是什么样子。车夫的外表上的一切，都必有生活与生命上的根据。我必须找至这个根源，才能写出个劳苦社会。由一九三六年春天到夏天，我入了迷似的去搜集材料，把祥子的生活与相貌变换过不知多少次——材料变了，人也就随着变。

并不是每一个作家都愿意或有能力反思和总结自己的创作历程，老舍呈现的这些资料非常宝贵，详细记录了一个作家如何谋篇，其中最有启发的是老舍分析《骆驼祥子》的诸多人物和情节是如何构建的。我们从中能看到作家创作的过程及其中的着力点，而这些恰恰是小说赏析的重点。

老舍不仅谈自己成功的作品，也谈自认为失败的作品，而这对我们解读文学作品同样有很大的帮助。例如，老舍在《我怎样写〈猫城记〉》中说：

在思想上，我没有积极的主张与建议。……我所思虑的就是普通一般人所思虑的，本用不着我说，因为大家都知道。眼前的坏现象是我最关切的；为什么有这种恶劣现象呢？我回答不出。跟一般人相同，我拿"人心不古"——虽然没用这四个字——来敷衍。这只是对人与事的一种惋惜，一种规劝；惋惜与规劝，是"阴鸷文"的正当效用——其效用等于说废话。……我老老实实谈常识，而美其名为讽刺，未免太荒唐了，把讽刺改为说教，越说便越腻得慌。……自然，我为什么要写这样一本不高明的东西也有些外来的原因。头一个就是对国事的失望，使一个有些感情而没有多大见解的人，象我，容易有愤恨而失望。失望之后，这样的人想规劝，而规劝总是妇人之仁的。

老舍对《猫城记》的反思很深刻，这样的反思超越《猫城记》这一特定作品，对所有的文学作品都有意义。好的文学作品一定饱含情感，但这情感应是对原发情感的提萃与升华，这样的情感才隽永深刻，这样的作品才有审美意味。原发情感的直接抒发不可避免会带有市井气，会像老舍说的成为"说教"，这里面蕴含着深刻的文学审美问题——批判现实的文学作品如何与战斗檄文、社会学论文区分，最重要的就是文学作品要表达情感，而且是经过提萃和升华的情感，文学在这个意义上体现了去功利化。这也提醒我们的语文教学，要从文学的角度看待批判现实主义作品。如《骆驼祥子》的赏析，作者对社会黑暗和不公的鞭挞值得关注，但从文学的角度，基于悲怆情感的悲剧意味更值得体味。

《老舍文集》的第十五卷还有一些文学散论，包括《唐代的爱情小说》《滑稽小说》《我的创作经验》《AB与C》《"幽默"的危险》《大时代与写家》《谈通俗文艺》《制作通俗文艺的苦痛》《鲁迅先生逝世两周年纪念》《通俗文艺的技巧》《青年与文艺》《记写〈残雾〉》《没有"戏"》《三年写作自述》《灵的文学与佛教》《略谈人物描写》《怎样写小说》《怎样学诗》《论新诗》《我的"话"》《略谈抗战文艺》《如何接受文学遗产》《形式·内容·文字》《抗战以来文艺发展的情形》《怎样读小说》《文艺的工具——言语》《习作二十年》《储蓄思想》《写与读》等。由这些散论我们能够看到老舍对文学和文学创作的理解，其中的内容极为丰富，对于文学作品的解读乃至学生的作文都有很大的帮助。

《老舍文集》的第十六卷也包含大量有关文学的散论，这一卷值得关注的是老舍谈文学创作的内容，包括《和工人同志们谈写作》《出口成章》《大众文艺怎样写》《"现成"与"深入浅出"》《〈龙须沟〉写作经过》《〈龙须沟〉的人物》《散文并不"散"》《怎样写通俗文艺》《剧本习作的一些经验》《我怎样学习语言》《关于文学创作中的语言问题》《文学语言问题》《文学修养》《古为今用》《题材与生活》等，其中比较重要的是《出口成章》这本专门谈文学创作的书。老舍在这本书的"谈叙述和描写"中写道：

做文章有如绘画，要先安排好，以什么为主体，以什么烘托，使它有实有虚，实而不板，虚而不空。叙述必先设计，而如何设计即看要给人家的主要印象是什么。

叙述一事一景，须知其全貌。心中无数，便写不下去。知其全貌，便写几句之后即能总结一下，使人极清楚地看到事物的本质。比如说我们叙述北京春天的大风，在写了几句如何刮法之后，便说出：北京的春风似乎不是把春天送来，而是狂暴地要把春天吹跑。这个小的总结便容易使人记住，知道了北京的春风的特点。这样的句子是知其全貌才能写出来的。若无此种的结论式的句子，则说的很多，而不着边际，使人厌烦。又比如：《赤壁赋》中的"山高月小，水落石出"这八个字，便是完整地画出一幅画来，有许多画家以此为题去作画。有了这八个字，我们便看到某一地方的全景，也正是因为作者对这一地方知其全貌，这才能给人以不可磨灭的印象，这才能够写得简练精彩。

多么实在和实用的写作经验谈！老舍谈到人物描写时，同样强调要了解人物的全貌。他说：

我们先知道了这个人的一生，而后在描写时，才能由小见大，用一句话或一个动作，表现出他的性格来。一个老实人，在划火柴点烟而没点燃的时节，便会说："唉！真没用，连根烟也点不着！"一个性情暴躁的人呢，就不是这样，而也许高叫："他妈的！"这样，知其全貌，我们就能用三言两语写出个人物来。

从老舍论写作的片段，我们可以看到他在用最朴实的语言深刻地说出写好文章的关键，作为一个作家，他能够用实际案例以现身说法的方式对如何写好文章提出建议，这无疑提高了其论证的说服力。当前有许多教学生如何写好作文的"套路"，能够帮助学生应对考试的要求，却有可能使其丧失写作的根本和初衷——表达真挚的情感。老舍对写作的评点和建议虽然是针对成年人、写作工作者的，但其可操作性很强，有助于学生端正写作态度，掌握恰当的写作方法。此外，知其然有助于知其所以然，对写作的理解也有助于学生更好地赏析文学作品。

图书信息

《老舍文集（第十五卷）》，人民文学出版社 1990 年版
《老舍文集（第十六卷）》，人民文学出版社 1991 年版

《宏观比较文学讲演录》导读

　　《宏观比较文学讲演录》（以下简称《讲演录》）是一本很有灵气的书。

　　比较文学有两个分支，一个是微观比较文学，另一个是宏观比较文学。作者在《讲演录》的前言中说："'宏观比较文学'是各民族文学、各区域文学乃至世界文学之间的差异性与相通性的研究，是一门描述和揭示各民族文学、区域文学、世界文学形成和发展规律的科学。"作者批评了宏观研究从抽象概念而不是从史实与材料出发、故弄玄虚、玩弄名词、大而无当的弊病，指出真正有价值的宏观研究应以大量的微观研究为支撑，绝不能因论题宏大而流于空泛，一定要有宏观把握力与理论概括力。践行这样的理念，这本书较之以往的"比较文学概论"课程教材少了一些概念，多了一些概括；少了一些主观论断，多了一些客观提炼。

　　《讲演录》论述了中国、印度、犹太—希伯来、阿拉伯、伊朗（波斯）、日本、英国、法国、德国、俄国、美国等国家的文学，从宏观比较文学的角度分析了文学的区域性与世界性，包括对亚洲、欧洲、拉丁美洲、黑非洲文学的分析，最后提出了东西方文学的概念，以及对"世界文学"时代到来的预期。推荐《讲演录》有两个目的，一是了解其他国家、民族的文学，更重要的是，在与其他国家、民族文学比较的过程中，更清楚地认识中国文学。

　　《讲演录》的作者显现了高超的"宏观把握力"，在200多页的篇幅中能涉及如此众多国家和地区的文学，还能做到脉络清晰，观点鲜明。以其对中国文学的分析为例，作者用两讲——"中国文学的文化特性"和"中国文学的审美特性"来呈现中国文学的总体特征。关于"中国文学的文化特性"，作者写了三个方面："官吏作家化与作家官吏化""现世主义态度""非个性主义倾向"；关于"中国文学的审美特性"也写了三个方面："诗歌独具意象之美""小说追求史传之真""戏剧保有讲唱之趣"。中国文学博大精深，这六个方面就能含括中国文学吗？但在品读了这部分内容之后，我们会发现，这确实是一条非常清晰的体现中国文学总体特征的线索。以作者在中国文学的"非个性主义倾向"中的论述为例：作者认为个性主义是一种以个人为本位的价值取向，文学与艺术应该是最具个性化的文化形态，因为文学以作家个人的观察、个人的感受、个人的思考、个性化的语言表现为特征。可是，中国文学却缺乏个性主义特征：

在西方文学中，除了中世纪外，从古希腊文学到近现代文学，都是个性主义的文学。东方的日本文学从起步时期的宫廷妇女日记到平安王朝的清少纳言的《枕草子》、紫式部的《源氏物语》，再到近现代的所谓"纯文学"，或袒露个人内心世界，或描写作家个人的生活体验，都具有强烈的个性化色彩。相比而言，中国作家习惯于以社会性取代个性，一方面他们更多地描写社会，另一方面即使描写个体，也将个体群众化，将个人社会化，只描写人的社会性或描写某一种性格类型的人，尤其是叙事文学中，一个人物形象只是一类人的表征，人物形象有着高度的"类型化"性质，而缺乏西方文学那样的"典型人物"。……刘再复、林岗两先生在合写的一篇文章中认为：中国传统文化中"缺乏叩问灵魂的资源，因此，和拥有宗教背景的西方文学（特别是俄罗斯文学）相比，中国数千年的文学便显示出一个根本的空缺：缺少灵魂论辩的维度，或者说，灵魂的维度相当薄弱"。从总体上看，中国文学擅长描写人的社会性、人的伦理性，而拙于人性本身的表现。与欧洲文学比较而言，对于人的灵魂深处的犹疑彷徨、矛盾冲突、精神痛苦，对于人的善恶、双重人格、病态心理、心理与行为的分裂、自我内部的冲突、灵与肉的冲突、下意识行为等人性的、人类灵魂的全部复杂性，中国传统文学表现得很不够。

……表现在传统小说中，则是从唐传奇到"三言二拍"、《三国演义》，再到《聊斋志异》中的人物，都被作家进行了伦理学善恶二元的定位。即或将人物的行为归结为天性之恶（如《三国演义》中的曹操），或将人物的选择归为社会逼迫与利害权衡（如《水浒传》中的人物）。这导致了中国传统叙事文学中没有出现像希腊悲剧《俄狄浦斯王》中的俄狄浦斯，日本古代剧作家近松门左卫门笔下的景清，英国文学中莎士比亚笔下的哈姆雷特、麦克白，或俄国文学中托尔斯泰笔下的聂赫留朵夫，陀思妥耶夫斯基笔下的拉斯科尔尼科夫那样的充满灵魂搏斗与内心挣扎的悲剧人物。这种状况一直到18世纪后期出现曹雪芹的《红楼梦》才有所改观。

　　……中国作家们喜欢以上帝姿态居高临下，俯瞰社会，将眼光投向社会，投向政治，投向历史，投向芸芸众生，投向自然山水，唯将自己置之其外。中国作家习惯于将自我严严实实地包裹起来，不愿将自己公之于众，不能凝视、不愿正视自我，拒绝解剖自我。阅读西方与日本的文学作品，作家本人的生活经历、喜怒哀乐，甚至一般人常常加以掩饰的个人隐私、男女关系、阴暗心理与丑恶行为，都直接或间接地表现出来。然而在中国作家的作品中作家个人的这些信息大都是空白。……到了20世纪的现代文学中，除了五四新文化时期的创造社作家郭沫若、郁达夫等受了日本"私小说"及西方文学的影响，有一段时间写过一些大胆披露自我的小说外，20年代中期以后随着左翼文学主潮的形成，个性主义又逐渐为集体主义取代，文学中个性主义倾向、自我解剖倾向更是微乎其微了。

　　中国文学缺乏个性特征与"官吏作家化与作家官吏化"及中国作家的"现世主义态度"互为因果，这在相当程度上是因为儒家思想绝对的优势地位，以及几千年来中国社会朝向伦理教化的文以载道、官民二元结构、科举导向、讲求实际、实用主义等。作者对这些因素进行了精到的分析，以中国作家的现世主义及其对文学的影响为例：

　　与印度、欧洲等世界上大部分笃信宗教的民族不同，汉民族执著于现世人生，特别关心人生、社会及其伦理秩序，不喜欢想入非非，不太关心来生来世问题、永生问题、死亡问题，不太关心灵魂痛苦与内在宇宙问题，不太关心神学及"形而上"的问题。这集中体现在中国文化的中核——儒家思想中。孔子对现世人生以外的问题、对彼岸世界缺乏兴趣，故意回避对这方面的深入探讨。面对一学生的对死亡问题的追问，孔子搪塞道："未知生，焉知死！"

作者指出，与西方文学相比，中国上古神话是"人间本位"的，所崇拜的不是希腊、罗马诸神那样的天上神灵，而是具有神奇力量并建立了丰功伟绩的人间英雄，如女娲、后羿、大禹等。他们是被神化了的人类英雄。另一方面，中国古代神话中的有巢氏、燧人氏、神农氏等，实际上是文明始祖神。神话人物主要不是作为人类的异己力量出现，而是人类自身力量的凝聚和升华。这在本质上是一种"反神话叙事"，显示了中国人实用理性的过早成熟与发达，致使"神话叙事"在汉文学里过早中断。这对中国文学的影响在于：

汉民族没有象欧洲、印度那样在神话时代后进入神祇与英雄同台活动的史诗时代，而是在春秋战国时代直接进入了记录社会人事的史传时代。……这种写实思想指导下的史传作品，固然具有相当的文学性或文学色彩，但毕竟与文学作品的想象世界相去甚远。……"反神化叙事"的叙事，必然是历史学的叙事，必然是史学作品的发达，以虚构与想象为特点的纯文学叙事也必然受到挤压。事实上，远古神话时代之后，中国在相当长的历史时期中，在文学叙事方面出现了某种程度的断裂，在神话之后史诗没有出现，戏剧文学也迟迟未能成熟。从印欧民族的文学史来看，戏剧文学依赖于神话与史诗提供的叙事素材，而中国神话传统的式微，史诗的缺失，使得中国戏剧文学几乎成为无源之水。直到文化鼎盛的唐代还处在"参军戏"之类的幼稚阶段，比古希腊戏剧晚熟3000年，比印度戏剧晚熟1000多年。……在印度佛教文学的影响与刺激下，唐代出现了以鬼神为题材的短篇传奇小说，明代则出现了以长篇小说《西游记》为代表的神话小说，叙事依附于历史纪事的局面有所打破。但与印度文学比较而言，这些作品的想象力仍是人间的、现实的，而非天界的、幻想的。中国的戏剧直到蒙古人统治下的元代才在爱好歌舞的蒙古民族的推动下，在失去科举仕进门径的文人的努力下得到发展、走向成熟，但是戏剧的题材仍然是现实人生，缺乏印欧文学中的宗教幻想。……从宏观比较文学的角度看，叙事不是中国文学的长项，中国文学所擅长的不是叙事而是抒情，与此相联系的是，中国的抒情文学高度发达。在诗歌领域，其表现为抒情诗高度繁荣，而叙事诗极为缺乏，长篇叙事诗可以说几乎没有。

由此例可见《讲演录》的价值：作者以历史的视角，基于多国文化比较，使得我们对中国及他国文学的特征形成了总体认识。这种认识有助于我们反思和改进语文教学。例如，我们诸多的文学作品讲起来缺乏"语文味儿"，容易偏向社会问题或趋近伦理教化。这正如王向远所分析的，是因为中国文学传统上重社会、重伦理而轻情感表达与人性刻画。以鲁迅的《祝福》和曹禺的《雷雨》相比较，《祝福》中的祥林嫂，这个形象是动人的，但小说的主题及这个形象塑造的主要目的还是为了反映社会问题；相对而言，《雷雨》的文学性更强，触及和表现了人性的复杂。

《讲演录》的作者王向远是国内最著名的比较文学研究者之一。与论述中国文学一样，他在《讲演录》中凭借精巧的切入点，以有限的篇幅让读者在方寸之间对多个国家、民族文学的总体特征形成认识。王向远的研究重点是日本文学，因此在这本书中他对日本文学总体特征的论述尤其值得关注和品赏。例如，他在日本文学的"情感特征"——"情趣性、感受性的极度发达"——中指出，日本文学的思想性、说教性、哲理性、逻辑性、叙事性相对薄弱，以和歌、俳句为代表的文字，显现日本作家特别擅长表现简单的物象、瞬间的情感波动、即时的心理感受。它承载的就是日本文学中一种特别值得关注的情感——"物哀"——由外物触发而产生的一种凄楚、悲愁、低沉、伤感、缠绵悱恻的感情。与"物哀"相伴的表达格调被日本戏剧理论概括为"幽玄"——语言难以表现的幽深的趣味和余情，一种言外余韵与朦胧之美。

对于日本文学为何会有如此发达的情趣性和感受性，作者以详实的资料从三个方面予以说明：第一，日语的表现形式更侧重感情的因素，而不注重理智的因素。在早期日语中，用来表示感情状态的语汇很丰富，用来表示思维的、理智的语汇却相当贫乏。第二，日本文学自古以同一家族的小集团为对象，没有必要盛气凌人、冠冕堂皇，相互安慰、分担哀愁、体贴入微是核心诉求。咏叹最好也只摘取心有灵犀的那一点，以心传心即可。第三，日本社会以天皇制为中心的家族性、集团性的结构，使得日本人心理上有一种"撒娇"的心理原型，常表现为哀怨、倾诉、娇嗔、感伤等形式，这与"物哀""幽玄"的格调是一致的。

总之,《讲演录》是一本"干货"满满的书,其问题意识明确、论证清晰、资料丰富,以有限的篇幅勾勒出多个国家、民族文学的总体特征。"他山之石,可以攻玉",基于对其他国家、民族文学的了解,可以更好地反观与解析中国文学作品,这无疑是《讲演录》最重要的价值。

图书信息

王向远:《宏观比较文学讲演录》,广西师范大学出版社 2008 年版

《当代西方文艺理论》导读

    《当代西方文艺理论》系统介绍了 20 世纪以来有重要影响的西方文艺理论。无论是否意识到或是否情愿，西方文艺理论已经被广泛用于文学批评和文本解读。如"俄狄浦斯情结"这一著名的文学批评概念，可谓家喻户晓、耳熟能详，这个概念即来自"精神分析"理论。弗洛伊德将其用于分析索福克勒斯的《俄狄浦斯王》、莎士比亚的《哈姆雷特》以及陀思妥耶夫斯基的《卡拉马佐夫兄弟》。还有"解释学与接受"理论，强调从读者理解与接受的角度研究文学的创作与赏析，这对于当下的文本解读产生了重要影响，实现了文学批评从"作者中心"向"文本中心"再向"读者中心"的转向。西方文艺理论也早已介入中国文学作品的解读。王国维最早将西方文论引入对中国传统文本的分析，他对《红楼梦》的评论，就主要借用叔本华的哲学思想，以叔本华的生命意志说为依据来评价《红楼梦》，将其看成是一部对生活之欲（生命意志）解脱的书。

    《当代西方文艺理论》的导论概览了当代西方文艺理论的三个总体特征：（1）两大主潮：人本主义和科学主义；（2）两次转移：从重点研究作家转移到重点研究文本，从重点研究文本转移到重点研究读者和接受；（3）两个转向：非理性转向和语言论转向。这本书介绍了以下当代西方文艺理论："象征主义与意象派诗论""表现主义""俄国形式主义与布拉格学派""精神分析批评""直觉主义与意识流""语义学与新批评""现象学、存在主义与荒诞派""原型批评""西方马克思主义文论""结构主义、符号学与叙事学""解释学与接受理论""解构主义""女权主义批评""后现代主义""新历史主义""后殖民主义"。这些理论流派基于哲学、美学、心理学、语言学、符号学、社会学、性别研究等思想基础，为文学批评带来了非常多样化的视角。举例说来，在这本书的"结构主义、符号学与叙事学"部分，作者介绍了格雷马斯文学符号学理论中最著名的"符号矩阵",即设立一方为 X,它的对立一方是反 X,在此之外,还有与 X 矛盾但不一定对立的非 X,又有反 X 的矛盾方即非反 X,以图表示即为 [1]:

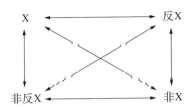

在格雷马斯看来,文学故事起于 X 与反 X 之间的对立,但在故事进程中又引入了新的因素,从而又有了非 X 和非反 X。随着这些因素的展开故事叙述得以完成。我们来看如何用格雷马斯符号矩阵理论对中国古典小说《聊斋志异·鸲鹆》[2] 进行解析:

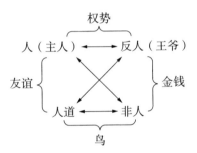

由该示意图可见:鸟主人和王爷之间是对立的,他们都想得到鸟。鸲鹆是非人的,和主人呈友谊关系,与王爷是金钱售买关系。由此可见,利用符号矩阵理论对小说进行分析,不仅有助于对文本的情节和人物关系有更清晰的了解,还可以对文本的写作模式形成认识。

---

① 在《当代西方文艺理论》中,作者呈现的这幅图有误,"反 X"和"非反 X"位置颠倒。
② 故事梗概:鸟主人养了一只能言的鸲鹆,双方情谊甚笃。一次,主人盘缠用尽,鸟建议售其换钱,主人不舍。鸟说,它会等待时机回到主人身边。主人只好将鸟售于王爷。鸲鹆跟王爷说要洗澡,王爷命人打开笼子让它洗,洗完后,鸲鹆等到羽毛干了,便轻盈地飞起来,飞回到主人身边。

文学理论与文学批评

再举一例，这本书介绍了"象征主义与意象派诗论"。象征主义有前、后之分，前期象征主义主要指 19 世纪后半叶产生于法国的诗歌流派。与实证主义、自然主义不同，它强调展示隐匿在自然界背后的超验的理念世界，要求诗人凭个人的敏感和想象力，运用象征、隐喻、烘托、对比、联想等手法，通过丰富和扑朔迷离的意象描写，暗示、透露隐藏于日常经验深处的心灵隐秘。后期象征主义发展和深化了前期象征主义诗论，更强调意象和所表达的思想感情之间的和谐一致，重视诗歌的形式和音律的美，这对于探索、发掘诗的表现力起了重要作用。《当代西方文艺理论》介绍了后期象征主义代表人物——瓦莱里、叶芝、庞德、休姆的理论。以叶芝的学说为例，他分析了隐喻和象征的区别："当隐喻还不是象征时，就不具备足以动人的深刻性，而当它们成为象征时，它们就是最完美的了。"这意味着隐喻是象征的基础；象征高于隐喻，比隐喻更深刻、完美和动人。关于象征的内涵，叶芝说："全部声音，全部颜色，全部形式，或者是因为它们的固有的理论，或者是由于深远流长的联想，会唤起一些难以言喻，然而却又是很精确的感情"，"全部形式与精确情感之间的对应就是象征"。叶芝据此认为，"诗歌感动我们，是因为它是象征主义的"。在叶芝看来，象征的品质成为衡量诗歌高低优劣的标尺。

　　叶芝所说的"象征""隐喻""联想""难以言喻""精确的感情"能让我们联想到中国古典文学中以自然为情感象征物的写作手法。《周易·系辞》即提出"观物取象"："古者包牺氏之王天下也，仰则观象于天，俯则观法于地。观鸟兽之文与地之宜，近取诸身，远取诸物，……以类万物之情"；"圣人有以见天下之赜，而拟诸其形容，象其物宜，是故谓之象"。中国文学里，自然不是被刻画的外在之物，而是与人的情感、文学形象一体同构的。《乐记·乐论》中即有"天人合一"的观念："乐者，天地之和也；礼者，天地之序也。……乐由天作，礼以地制。……大乐与天地同和，大礼与天地同节。"《庄子》讲"与物为春"（《德充符》），天地（自然）与人情共振而催生艺术作品——自然成为人情的映照与激发物。中国人早在《诗经》的写作中就运用了"比、兴"的手法，《楚辞》更是以香草美人和各种自然之物托志抒情，这与"隐喻""象征"有共通之处。汉代诗歌如"古诗十九首"已经相当娴熟地通过对自然的描摹表达"难以言喻"的情感。自魏晋，自然与文字的关联正式进入文学理论的视野，陆机在《文赋》中说："遵四时以叹逝，瞻万物而思纷。悲落叶于劲秋，喜柔条于芳春。"借景抒情、情景交融成为中国古典文学典型的写作手法。月、柳、莲、蒹葭、松、竹、梅，雁、虎、狼、蛇，高楼、西风、落日等等均是中国古典文学中常用的情意的象征物。至唐代，中国文论出现了"意境"这一极为重要的概念。意境是基于意象的"象外之象"，是人们能够体会到的"言外之意"，如叶芝所说，"会唤起一些难以言喻，然而却又是很精确的感情"。这样的感悟如叶芝所说，"更深刻""更完美"，而他所说的"难以言喻"，中国传统文论以"道""妙悟""幽玄"等概念予以表达。这个例子提醒我们，阅读西方文论时可有意识地将其与中国文学、中国文论关联起来。

自 20 世纪初，当代西方文论登上了历史舞台，以前所未有的巨大能量冲击、解构了古典文学理论，为文学批评提供了很多全新的视角，引发了人们对文学全新的认识。同时，西方文论强势登陆中国，被广泛、深入地引入文学批评中，其原因有三：（1）五四新文化运动对传统文学的贬抑；（2）西方经济和文化的强势；（3）西方文论基于概念、注重逻辑使得它更容易被接受和传播。孙绍振指出，中国古典文论在新的历史时代，一些根本的原则已经失去了生命（如宗经、征圣）；另一方面，在思维形式上，中国传统文论长于经验概括和直观综合，缺乏对概念的抽象和思辨。传统文论的基本范畴的内涵具有浮动的特点，不论是"道"还是"气"，不论是"风骨"还是"气象"乃至"意境"，都缺乏稳定的概念抽象和逻辑论证。中国的小说评点、诗话和词话，虽然充满了天才和灵感，但概念的内涵不够稳定，常常限于在经验层次上的滑行。[①]西方文论的应用帮助我们提高了抽象、概括能力，超越了经验归纳的局限，使得我们可以在逻辑自洽的基础上，以演绎的方式不断深化文学批评，构建更为坚实和清晰的文学理论体系。

需要注意的是，不能盲目地、不加批判地以赶时髦的方式使用西方文论的话语与知识架构，以西方文论为标准来剪裁和辖制中国的文学批评。我

---

① 孙绍振：《从西方文论的独白到中西文论对话》，《文学评论》2001 年第 1 期。

国文学理论家罗根泽早在 20 世纪 40 年代就对此有过批判，他认为文学批评可以广泛借鉴前人和他国的理论研究成果，但是这种借鉴不应"妄事揉合"，此风气只能使文学研究流于附会，"以别国学说为裁判官，以中国学说为阶下囚"，根本无助于中国文学批评自身的解释方法的形成。[①]

如前所述，这本书介绍的文艺理论多来自文学之外的其他领域，如何看待这些理论应用于文学批评的适用性？首先，我们要认识到文学批评借用其他学科理论的必然性和必要性。神话原型批评的代表人物弗莱认为文学批评"是按照一种特定的观念框架来论述文学的。这种框架并非就等于文学自身的框架，否则又沦于寄生的理论了；但是批评也不是文学之外的某种东西，因为那么一来，批评同样会丧失自主性，整个学科就会被其他东西所吸收"[②]。卡勒曾深刻分析文学批评为什么要吸取其他领域的理论：文学研究在过去的理论化程度不高，过去的文学研究建立在某种"细读"的观念之上。这种研究方式假定：直接对文本进行分析就足够了。而现在来自其他领域的著作为文学研究者提供了强有力的资源，可以用来阐释他们在文学中所遇到的各种各样的问题。[③] 比如，福柯关于性的研究和弗洛伊德的精神分析将文学批评的视野引向人类的深层心理，使人们开始注意本能欲望和无意识心理对于文学创作和文学赏析的重要性。文学域外理论的介入对文学创作和文学批评的影响主要表现在两个方面：一是它深化了文学与社会的关系，阶级、种族、族裔、性别、权力、知识、霸权、身份、差异、意识形态、后殖民一类的词汇成为文学研究的热门话题，大大推进了文学与社会政治的交集；二是哲学思想对文学理论产生了深刻影响，哲学与文学联姻，使人们对文学的理解上升到哲学层面，变得更加全面和深刻。[④]

当然，我们也应审慎地对待文学域外理论的介入。我国学者张江提出了"强制阐释"的概念——背离文本话语、消解文学指征、以前在立场和模式对文本作符合论者主观意图和结论的阐释。其基本特征有四：场外征

---

① 罗根泽：《中国文学批评史》，上海古籍出版社 1984 年版，第 31–32 页。

② 诺思罗普·弗莱：《批评的解剖》，陈慧等译，百花文艺出版社 2006 年版，第 8 页。

③ 乔纳森·卡勒：《当今的文学理论》，《外国文学评论》2012 年第 4 期。

④ 毛宣国：《强制阐释批判与中国文论重建》，《学术研究》2016 年第 7 期。

用、主观预设、非逻辑证明、混乱的认识路径。其中最核心的就是"场外征用"——广泛征用文学领域之外的其他学科理论，将之强制移植文论场内，抹煞文学理论及批评的本体特征，导引文论偏离文学。①20世纪70—80年代兴起的各种文化理论，如后结构主义、解构主义、女性主义、后殖民主义、新历史主义等等对文学强制阐释的现象非常明显，西方文论家对此已有深刻的反思。上世纪60年代，美国批评家苏珊·桑塔格就提出"反对阐释"的主张，反对"将艺术同化于思想，或者（更糟）将艺术同化于文化"的强制性阐释方式。②

综上所述，《当代西方文艺理论》有助于我们了解西方文论，丰富解读文本的视角，优化文本解读的效果。同时，以比较的方式回看中国文学和文学理论，会对后者的优势与不足形成更清晰的认识。

图书信息

朱立元主编:《当代西方文艺理论》，华东师范大学出版社2002年版

---

① 张江:《强制阐释论》，《文学评论》2014年第6期。
② 苏珊·桑塔格:《反对阐释》，程巍译，上海译文出版社2003年版，第16页。

美学与审美

在西方，18 世纪 40 年代，查理斯·巴托在《论美的艺术的界限与共性原理》中作出一个意义深远的区分：将建筑、雕刻、绘画、音乐、舞蹈、戏剧、诗歌纳入"美的艺术"（fine art）范畴。从此，手工艺、科学都已不再是"艺术"，只有"美的艺术"才是艺术了。"七门艺术既同为艺术，就应该有统一的性质，这就是追求美。"[①] 在中国，文学最初泛指一切文章，此时文学还不能算作艺术，因为其审美属性并没有独立出来，也不是文章的核心价值。至魏晋时期，文学的审美属性正式确立，自此文学成为一个独立的艺术门类。李泽厚指出："尽管甲骨文（卜辞）、金文（钟鼎铭文）以及《易经》的某些经文、《诗经》的雅（大雅）和颂都含有具有审美意义的片断文句，但它们未必能算真正的文学作品……真正可以作为文学作品看待的，仍然要首推《诗经》中的国风和先秦诸子的散文。"[②] 因此，审美成为文学的本质属性与核心价值，是文学成为一门独立艺术最重要的条件。李泽厚通过对比展示了文学艺术以表现美为核心的特点[③]：

	真	善	美
内容	知识	意志	情感
载体	工艺技术、自然科学、社会科学	行为、制度、道德、人文学科	各类艺术
学科领域	认识论	伦理学	美学
表现形式	描述语言，事实世界	指令语言，价值世界	感觉语言，心理世界

宗白华说："美是艺术的特殊目的。若放弃了美，艺术可以供给知识，宣扬道德，服务于实际的某一目的，但不是艺术了。"[④] 因此，美和艺术互为本质。一件作品不能表达美，它就不是艺术；同样，没有艺术，人类将缺失最重要的美感的来源。艺术如果是"器"，美和审美就是"用"，艺术呈现了

---

① 转引自张法：《美学导论》，中国人民大学出版社 2011 年版，第 6 页。
② 李泽厚：《美学三书》，安徽文艺出版社 1999 年版，第 60–61 页。
③ 同上，第 449 页。
④ 宗白华：《美学散步》，上海人民出版社 2005 年版，第 12 页。

美，是美感的来源、审美的载体，而美和审美催生了艺术并成为艺术的核心价值。文学因传递美、表达美、蕴涵美、给人以美感而成为艺术。文本的艺术分析首先是审美分析——一个文学文本有多美，它的艺术价值就有多高。

艺术是表现美的，是人类高贵的精神活动。文学是艺术的一个品类，语文教育因文学的存在而极富光彩。朱光潜在《文学与人生》中写道[1]：

> 一般人嫌文学无用，近代有一批主张"为文艺而文艺"的人却以为文学的妙处正在它无用。它和其他艺术一样，是人类超脱自然需要的束缚而发出的自由活动。比如说，茶壶有用，因能盛茶，是壶就可以盛茶，不管它是泥的瓦的扁的圆的，自然需要止于此。但是人不以此为满足，制壶不但要能盛茶，还要能娱目赏心，于是在质料、式样、颜色上费尽机巧以求美观。……人不惮烦要作这种无用的自由活动，才显得人是自家的主宰，有他的尊严，不只是受自然驱遣的奴隶，也才显得他有一片高尚的向上心。

文学使心灵得到自由活动，情感得到健康的宣泄和怡养，精神得到完美的寄托，超脱现实世界所难免的秽浊而徜徉于纯洁高尚的意象世界，知道人生永远有更值得努力追求的东西在前面。[2]文学表现美，同时蕴含着真和善。文学之美是真与善的聚合物，真和善是高贵之王——美的两位贤明的臣佐。我们追求真，追求善，都是为了美化人生；我们得到了美，也就得到真和善了！[3]亲近文学能让学生获得最丰厚、最优质的精神滋养。

由上面的分析我们可以理解语文教育中美与审美的必要性和重要性。这部分推荐的著作，有助于我们理解有关美学和审美的内涵与关键，更好地挖掘文本的美，充分利用语文课给予学生高质量的文学审美教育，让学生在其一生中都可以从文学中获得力量、获得美的感受。

---

[1]《朱光潜全集（第四卷）》，安徽教育出版社1988年版，第159页。
[2] 同上，第182–183页。
[3] 钱谷融：《真善美的统一》，《散淡人生》，上海教育出版社2001年版，第68页。

《中国古典美学史》导读

　　《中国古典美学史》被学界评价为"国内迄今为止由个人独立撰写的最完整、分量最重的中国古典美学史著作"。[①]

　　陈望衡，1944 年生人，1962—1968 年于湖南师范大学中文系学习，2008 年获日本大阪大学文学博士学位，现为武汉大学哲学学院教授。从事美学、中国哲学和中国传统文化等研究，出版学术专著二十余部，主要有《中国美学史》《当代美学原理》《中国古典美学史》《20 世纪中国美学本体论问题》《心灵的冲突与和谐——伦理与审美》《狞厉之美——中国青铜艺术》《玄妙的太和之道——中国古代哲人的境界观》《占筮与哲理——〈周易〉蕴玄机》等。

　　《中国古典美学史》长达一千多页，读起来却非常愉快与流畅。它有理论高度而不晦涩、系统而不冗长、资料丰富而不庞杂，这有赖于陈望衡对中国古典美学真正深刻的理解，能够横纵贯通地将浩繁无垠的中国古典美学资料整合起来。下面是这本书介绍的"屈骚美学"的一部分——"发愤抒情"，从中我们可以看到《中国古典美学史》的价值与魅力：

　　任何情都是有感而发的，屈骚之情其突出特点为"愤"。在《九章·惜诵》中屈原开宗明义地说："惜诵以致愍兮，发愤以抒情。""愤"，王逸注曰："愤，懑也。"（《楚辞章句》）这是一种因被压抑而烦闷愤怒的感情。屈原何以会愤呢？这有两个方面的原因，从客观上讲，楚国朝廷以楚怀王为代表的统治阶级，倒行逆施，丧权辱国，把本可以以楚统一中国的大好形势断送干净，眼看楚国就要亡于强秦了。爱国如命的屈原怎能不愤？从主观上讲，屈

[①] 李青松主编：《夫夷文澜——湖南省邵阳县千年文选》，光明日报出版社 2015 年版，第 310 页。

原生性耿介，嫉恶如仇。他"宁赴湘流，葬于江鱼腹中"而不愿"以皓皓之白"，"蒙世俗之尘埃"。

屈骚的长歌抒情具有强烈的社会批判色彩，他的矛头所向上指昏君："怨灵修之浩荡兮，终不察夫民心"（《离骚》），"与余言而不信兮，盖为余而造怒"（《九章·抽思》）；中指奸邪："众女嫉余之蛾眉兮，谣诼谓余以善淫"（《离骚》），"众皆竞进以贪婪兮，凭不厌乎求索"（《离骚》）；下指黑暗的社会："变白以为黑兮，倒上以为下，凤皇在笯兮，鸡鹜翔舞"（《九章·怀沙》），"世溷浊而不清，蝉翼为重，千钧为轻，黄钟毁弃，瓦釜雷鸣，谗人高张，贤士无名"（《卜居》）。

屈原这种极度伤悲怨愤之情显然与儒家所倡导的"中和"之美大相径庭。这样一种强烈的批判色彩是儒家不能接受的，儒家虽然说"诗可以怨"，但这"怨"要"止乎礼义"；儒家主张讽刺上政，但这讽刺需讲究方式，要求含蓄而有一定的节制，即所谓"主文而谲谏"。屈原显然已超出了"谲谏"的范围，它大胆地直而言之地批评君主，揭露他们的罪过。故而一些儒家人物如班固、颜子推都批评屈原"露才扬己"（《离骚序》）、"显暴君过"（《颜氏家训》）。

屈原"发愤以抒情"其强度、力度是空前的，《诗经》亦是无法与之相比的。屈原的怨愤弥天漫地，电闪雷鸣，震撼人心："湛湛江水兮上有枫，目极千里兮伤春心！魂兮归来哀江南。"（《招魂》）诗人自己也感到陷入悲愤的深渊而不可自拔："望长楸而太息兮，涕淫淫其若霰"（《九章·哀郢》），"涕泣交而凄凄兮，思不眠以至曙"，"悲夷犹而冀进兮，心怛伤之憺憺"（《九章·抽思》），"悲回风之摇蕙兮，心冤结而内伤"，"愁郁郁之无快兮，居戚戚而不可解"（《九章·悲回风》）。

唐代诗人李贺读了《离骚》之后写道："《离骚》感慨沉痛，读之有不欷歔欲泣者，其为人臣可知也。"（《八十四家评点〈朱文公楚辞集注〉》听雨斋本）屈骚巨大的情感感染力，一方面来自屈原本具有的真挚而又强烈的情感，另一方面又来自屈原对进入作品中的情感所作的审美处理。其中最重要的就是注重情与景相结合，使情物态化为景，同时又使景心理化为情，这样不仅加强了情感的力度、广度，而且增加了情感的视觉、听觉的审美效应。

比如《九辩》一开篇就是："悲哉，秋之为气也，萧瑟分。草木摇落而变衰。憭慄分，若在远行。登山临水分，送将归。"悲伤凄凉之情借秋色表达得何等充分，又何等的美！像这类情景结合的诗句在屈骚中比比皆是。屈骚中写景与《诗经》中写景大不一样，《诗经》中的景大都是作为比兴而使用的，其作用主要是喻理，即通过以此物比彼物，将彼物的含义表达清楚。屈骚中大量的景物描写，只有极少数是比兴，一部分是象征，大部分是抒情。王夫之所推崇的"景中生情，情中含景"在屈原作品中比比皆是。如："帝子降分北渚，目眇眇分愁予。袅袅分秋风，洞庭波分木叶下"（《九歌·湘夫人》）。

屈原的"发愤以抒情"和对情感的审美化处理给后代的文艺创作以深远的影响。司马迁将发愤抒情说扩充为"发愤著书"说；刘勰综合儒家"诗可以怨"与屈原的"发愤抒情"说，又提出"蚌病成珠"说；唐代李白提出"哀怨起骚人"；宋代欧阳修有"诗穷而后工"论；明代李贽有"不愤则不作"论；清代，金圣叹又提出"怨毒著书"说；蒲松龄自称他的《聊斋志异》为"孤愤之书"；曹雪芹在《红楼梦》中借贾宝玉之口，坦露作《芙蓉女儿诔》的心态："箝诐奴之口，讨岂从宽；剖悍妇之心，忿犹未释。"只从以上简单的介绍，就可发现"发愤以抒情"在中国文学史上已构成一个很重要的创作传统。

作者分析了屈原文字背后的"情"，说明此情的内容、性质与来源，并与儒家倡导的情感表达方式作了对比，呈现了屈原之抒情对其作品和后世文学的影响。这样的内容可谓前后贯通，旁征博引。其中有理论，也有具体案例，有他人的重要评论，也有作者自己的看法，我们从中能获得非常丰富和多元的信息。

《中国古典美学史》绝大部分内容都有关文学审美。同时，这本书中也有对其他艺术门类的美学阐释。例如，作者引用了宋代郭熙的画论，从人的审美需要这一角度论述了山水画产生的原因：

君子之所以爱夫山水者，其旨安在？丘园，养素所常处也；泉石，啸傲所常乐也；渔樵，隐逸所常适也；猿鹤，飞鸣所常亲也。尘嚣缰锁，此人情所常厌也。烟霞仙圣，此人情所常愿而不得见也。直以太平盛日，君亲之心两隆，苟洁一身，出处节义斯系，岂仁人高蹈远引，为离世绝俗之行，岂必高蹈远引，而与箕颖埒素黄绮同芳哉？《白驹》之诗，《紫芝》之咏，皆不得已而长往者也。然则林泉之志，烟霞之侣，梦寐在焉，耳目断绝；今得妙手，郁然出之，不下堂筵，坐穷泉壑，猿声鸟啼，依约在耳，山光水色，滉漾夺目。斯岂不快人意，实获我心哉！此世之所以贵夫画山之本意也。（《林泉高致·山水训》）

作者指出，宋代绘画受诗影响甚大，如苏轼论王维诗画"诗中有画，画中有诗"。"诗中有画"多为诗人提倡，"画中有诗"则受画家普遍注意。通过与魏晋六朝的对比，作者分析了宋代士大夫对自然山水审美的需求：

宋代封建士大夫对自然山水的审美需求与魏晋六朝时代封建士大夫对自然山水的审美需求有所不同。正如李泽厚先生所指出的"六朝门阀时代的'隐逸'基本上是一种政治性的退避，宋元时代的'隐逸'则是一种社会性的退避，它们的内容和意义有广狭的不同（前者狭而后者广），从而与它们的'隐逸'生活直接相关的山水诗画的艺术趣味和审美观念也有深浅的区别（前者浅而后者深）。不同于少数门阀贵族，经由考试出身的大批士大夫常常由朝而野，由农（富农、地主）而仕，由地方而京城，由乡村而城市。这样，丘山溪壑、野店村居倒成了他们的荣华富贵、楼台亭阁的一种心理需要的补充和替换。一种情感上的回忆和追求，从而对这个阶级具有某种普遍的意义"。（《美的历程·宋元山水意境》）

作者进一步引用了郭熙在《林泉高致》中论诗与画关系的内容：

"诗是无形画，画是有形诗"，哲人多谈此言，吾人所师。余因暇日阅晋唐古今诗什，其中佳句有道尽人腹中之事，有装出目前之景，然不因静居燕坐，明窗净几，一炷炉香，万虑消沉，则佳句好意亦看不出，幽情美趣亦想不成。即画之主意，亦岂易！及乎境界已熟，心手已应，方始纵横中度，左右逢源。世人将就率意触情，草草便得。思因记先子尝所诵道古人清篇秀句，有发于佳思而可画者，并思亦尝旁搜广引。

作者又以实际的材料说明宋代以诗入画的渊源及盛况：

追求诗意入画是中国文人画的重要特点。由于诗之入画，画的内涵丰富了，境界深邃了，画的品位也随之提高。与之相应，题画诗也得到很大的发展。如果专指题在画面上的题画诗，从现有资料看，开始于唐代，唐代题画诗据现有资料统计共220题，232首（孔寿山：《唐朝题画诗注·前言》），其中写得最多的是杜甫和李白。宋代题画诗数量上大大超过唐代，其中绝大多数是题咏山水画的，仅苏轼一人就写了一百余首。这种情况颇能反映宋代以诗入画的审美风尚。

由上述这些资料，我们能够比较充分地认识到诗歌与绘画的关联。进而，《中国古典美学史》中关于苏轼美学思想中的两节——“审美创作论”“审美情趣论”——提供了深入理解绘画审美意蕴的素材，可以让我们进一步体会文学与绘画在艺术审美上的诸多相通之处。例如，苏轼著名的“成竹在胸”的评论对于文学创作和文学审美非常有启发意义。他在《文与可画筼筜谷偃竹记》中说：

竹之始生，一寸之萌耳，而节叶具焉。自蜩腹蛇蚹以至于剑拔十寻者，生而有之也。今画者乃节节而为之，叶叶而累之，岂复有竹乎？故画竹必先得成竹于胸中，执笔熟视，乃见其所欲画者，急起从之，振笔直遂，以追其所见，如兔起鹘落，少纵则逝矣。

“成竹于胸”强调了两方面的含义，一是把握整体，二是抓住本质。好的文学创作不也是这样吗？

《中国古典美学史》中还有一些书法、建筑等方面的美学思想，不同门类的艺术与文学处于共同的文化背景中，它们之间一定存在着关联和相互影响。理解其他门类艺术的美学思想，有助于我们更好地理解与反思文学的美学意蕴。

《中国古典美学史》总体上按照时代演进安排内容，这有助于我们整体地、动态地把握中国美学思想的发展变化。如前面案例所展示的那样，《中国古典美学史》将不同时代的美学思想关联起来，我们在读这本书的时候，也要有意识地基于历史视角进行前后关联。此外，我们还要注意《中国美学史》的一个重要特点——它基于不同的线索从多个角度对中国古典美学思想进行阐释，包括：（1）以人的美学思想为核心，如"庄子的美学思想""欧阳修的美学思想""刘熙载的美学思想""王国维的美学思想"等；（2）以经典文论为线索，如"《诗经》论：'以意逆志'""公孙尼子的《乐记》""《周易》与中国美学""《淮南子》的美学思想""陆机的《文赋》""钟嵘的《诗品》""刘勰的《文心雕龙》"；（3）以体裁或艺术门类为重点，如"唐代诗歌美学""宋词的审美理想""明代小说美学""清代小说、戏曲美学""宋代书画美学""元代诗画美学""明代绘画园林美学"；（4）以思想背景或时代思潮为核心，如"唐代'古文'美学""禅宗与中国美学""宋代理学与美学""明代戏曲美学""遗民情绪与清初美学"；（5）以关键思想为核心，如"'意境'说""陈子昂的'兴寄'和'风骨'""韩愈的'不平则鸣'""汤显祖的'至情'说"等。多样化的线索交织成一个网络型的致密结构，让我们可以从不同方向和层面审视中国古典美学，这为读者提供了极为丰富的信息，同时也要求读者在阅读时能够将多层多向的信息进行关联整合。

图书信息

陈望衡：《中国古典美学史》，湖南教育出版社 1998 年版

《美学三书》导读

　　《美学三书》是李泽厚三本美学专著《美的历程》《华夏美学》《美学四讲》的集合。

　　李泽厚的写作有三个特点：第一，文字流畅简明；第二，内容旁征博引；第三，观点深刻独到。文字流畅易读是读者能够投入阅读的前提，这有赖于内容的充实与条理清晰，而一本书最重要的价值是能提供新的、给人以启发的观点与信息。一个作者能做到这三点非常不容易，要求他在其写作领域有非常精深的研究。但是，就像很多水平很高的教授不会讲课一样，很多高水平的研究者也"不会"写书，而这似乎不只是努力就可以解决的问题，还需要作者的天赋。无疑，李泽厚具备这样的天赋——他不仅学识深厚，而且有自己独立且逻辑清晰的认识框架，还能用晓畅的语言将自己的观点表达出来。

《美的历程》

　　《美的历程》共有十章，分别是"龙飞凤舞""青铜饕餮""先秦理性精神""楚汉浪漫主义""魏晋风度""佛陀世容""盛唐之音""韵外之致""宋元山水意境""明清文艺思潮"。这样的安排不仅突出了每一个时期最关键的审美特征，而且显现了审美的历史轨迹——李泽厚在著述时有意识地将各个时期的审美进行对照，并尝试说明其发展变化的历史与文化背景。

　　《美的历程》每一章下面安排了三到四个主题，是该时期最关键、最有代表性的内容。李泽厚选择这些主题可谓抓得很准，既呈现了特定时代审美的关键特征，同时又观照这种特征产生的原因。如"魏晋风度"这一章包含"人的主题""文的自觉""阮籍与陶潜"三个主题。对阮籍和陶潜的介绍，从个案的角度说明了魏晋风度的具体特征——"陶潜和阮籍在魏晋时代分别创造了两种迥然不同的艺术境界：一超然事外，平淡冲和；一忧愤无端，慷慨任气。应该说，不是建安七子，不是何晏、王弼，不是刘琨、郭璞，不是二王、颜、谢，而是他们两个人，才真正是魏晋风度的最高优秀代表"。同时李泽厚也指出，陶潜"超然事外"而不是"超然世外"，"这种'超世'的希冀要到苏轼才有"。这样的内容安排前后关联、点面结合、现象与本质贯通，对于我们理解某个时代的审美特征无疑很有价值，很好地体现了审美"历程"的意味。

我们再以李泽厚对殷周青铜器上的饕餮纹的审美分析为例，看其新锐的视角及深刻的思考能给我们带来怎样的启发：

它们（按：指饕餮纹）完全是变形了的、风格化了的、幻想的、可怖的动物形象。它们呈现给你的感受是一种神秘的威力和狞厉的美。……它们之所以美，不在于这些形象如何具有装饰风味等等（如时下某些美术史所认为），而在于以这些怪异形象的雄健线条，深沉凸出的铸造刻饰，恰到好处地体现了一种无限的、原始的、还不能用概念语言来表达的原始宗教的情感、观念和理想，配上那沉着、坚实、稳定的器物造型，极为成功地反映了"有虔秉钺，如火烈烈"（《诗·商颂》）那进入文明时代所必经的血与火的野蛮年代。

……

《吕氏春秋·先识览》说："周鼎著饕餮，有首无身，食人未咽，害及其身。"神话失传，意已难解。但"吃人"这一基本含义，却是完全符合凶怪恐怖的饕餮形象的。它一方面是恐怖的化身，另一方面又是保护的神祇，它对异氏族、部落是威惧恐吓的符号；对本氏族、部落则又具有保护的神力。在今天看来是如此之野蛮，在当时则有其历史的合理性。也正因如此，古代诸氏族的野蛮的神话传说，残暴的战争故事和艺术作品，包括荷马的史诗、非洲的面具……，尽管非常粗野，甚至狞厉可怖，却仍然保持着巨大的美学魅力。中国的青铜饕餮也是这样。在那看来狞厉可畏的威吓神秘中，积淀着一股深沉的历史力量。它的神秘恐怖正只是与这种无可阻挡的巨大历史力量相结合，才成为美——崇高的。人在这里确乎毫无地位和力量，有地位的是这种神秘化的动物变形，它威吓、吞食、压制、践踏着人的身心。但当时社会必须通过这种种血与火的凶残、野蛮、恐怖、威力来开辟自己的道路而向前跨进。用感伤态度便无法理解青铜时代的艺术。这个动辄杀戮千百俘虏、奴隶的历史年代早成过去，但代表、体现这个时代精神的青铜艺术之所以至今为我们所欣赏、赞叹不绝，不正在于它们体现了这种被神秘化了的客观历史前进的超人力量吗？正是这种超人的历史力量才构成了青铜艺术的狞厉的美的本质。这如同给人以恐怖效果的希腊悲剧所渲染的命运感，由于体现着某种历史必然性和力量而成为美的艺术一样。超人的历史力量与原始宗教神秘观念的结合，也使青铜艺术散发着一种严重的命运气氛，加重了它的神秘狞厉风格。

同时，由于早期宗法制与原始社会毕竟不可分割，这种种凶狠残暴的形象中，又仍然保持着某种真实的稚气。从而使这种毫不掩饰的神秘狞厉，反而荡漾出一种不可复现和不可企及的童年气派的美丽。特别是今天看来，这一特色更为明白。你看那个兽（人）面大钺，尽管在有意识地极力夸张狰狞可怖，但其中不又仍然存留着某种稚气甚至妩媚的东西么？好些饕餮纹饰也是如此。它们仍有某种原始的、天真的、拙朴的美。所以，远不是任何狰狞神秘都能成为美。恰好相反，后世那些张牙舞爪的各类人、神造型或动物形象，尽管如何夸耀威吓恐惧，却徒然只显其空虚可笑而已。它们没有青铜艺术这种历史必然的命运力量和人类早期的童年气质。社会愈发展，文明愈进步，也才愈能欣赏和评价这种崇高狞厉的美。……恰恰只有在物质文明高度发展，宗教观念已经淡薄，残酷凶狠已成陈迹的文明社会里，体现出远古历史前进的力量和命运的艺术，才能为人们所理解、欣赏和喜爱，才成为真正的审美对象。

我数次读这段文字，每次都会非常感动，因为它用饱含情感的语言如此透彻、如此丰富、如此有高度地剖析了一个极为重要的审美命题。理解不同形式的美是培养审美能力和审美品位的关键，我们看到很多艺术品而不知其美，是因为我们不了解其背后的文化内涵。《美的历程》在这方面可谓非常"解渴"，为多种门类包括文学的审美提供了大量宝贵的背景信息和新鲜的视角。此外，美感本身是一种情感，审美一定要"动情"，从李泽厚的文字，我们能感受到其中真挚和炽热的情感。这也提醒我们，理解艺术之美一定要理解其中蕴含的情感，并且形成真正的情感共鸣。

《华夏美学》

如果说《美的历程》以时间（时代）为线索，《华夏美学》则以中华审美的关键特征为写作主线。这本书共有六章："礼乐传统""孔门仁学""儒道互补""美在深情""形上追求""走向近代"。

"礼乐传统"探讨了美感的生理基础和社会意义，其中的"乐从和"与"诗言志"是儒家审美的重要基础。

"孔门仁学"探讨了"人性的自觉""人格的完成""人生的领悟""道德与生命""天人同构"等。从这些标题可以看出，"成仁"是儒家提倡的人生的责任和追求，导向所谓的自我实现。儒家认为"成仁"的过程和结果带来的安然与满足之感即为美感。

"儒道互补"探讨了道家的人生态度与审美指向。道家提出了"人的自然化"的命题，它与"礼乐"传统和孔门仁学强调的"自然的人化"既对立又相互补充。如果说儒家的审美源于人际关系、道德操守、社会规范，以庄子为代表的道家则以"心斋""坐忘""丧我"为典型表现，从而实现超功利、超社会、超生死，亦即超脱人世一切的欲望、利害、好恶、是非等束缚的审美追求。

"美在深情"指出"情"对于美和审美的本体意义，重点分析了以屈原为典型代表的中国南方文化的特征——深情。这样的深情源自艺术创作中奇崛的想象、炽热的抒情、浪漫的情意，"把远古童年期所具有的天真、忠实、热烈而稚气的种种精神，极好地保存和伸延下来了"，与北方以制度和观念的形式而保存的"礼乐传统"形成对照。

"形上追求"分析了佛教的禅宗在思想上、情感上对知识分子的文艺创作、审美趣味和人生态度形成的深刻影响。李泽厚指出，禅的审美意涵以"妙""悟"为核心。其审美机制在于，"在某种特定的条件、情况、境地下，你突然感觉到在这一瞬间似乎超越了一切时空、因果，过去、未来、现在似乎融在一起，不可分辨，也不去分辨，从而超越了一切物我人己界限，与对象世界（例如与自然界）完全合为一体，凝成永恒的存在"。这是一种无以言表的巨大的欣喜，是一种蕴含着释然与超然、洞悉与神秘、澄明与无言等极富张力的美妙感受。为了说明道与禅的关系，李泽厚比较了王维、陶渊明、李白的作品，富有趣味、引人深思。

"走向近代"分析了明中叶以来的文艺审美。这个时期的文艺最明显的特点是"师心不师道"，突破中国传统的"厚人伦，美教化"，突出文艺的娱情功能，靠近近代资产阶级的自然人性论，强调自然情欲、性灵，提出了"童心说""贵本色""独抒性灵"等文艺创作和欣赏理论。在具体的艺术表现形式上，公开提倡和追求"趣""险""巧""怪""浅""俗""艳""谑""惊""骇""疵""出其不意""冷水浇背"等等。李泽厚还分析了蔡元培"以美育代宗教"的思想，以及王国维于美学领域在近代第一次表现出对西方审美思想的容纳、吸取和同化。李泽厚用一张表格示意中国不同时代的核心审美特征：

	先秦两汉	六朝隋唐		宋元	明清近代
哲学	儒	庄	屈	禅	
客	气	道	象	韵	趣
主	志	格	情	意	欲
中介	比兴	神理	风骨	妙悟	性灵
举例①	顾恺之 杜甫 颜真卿 吴敬梓	陶潜 张旭 李白 黄公望	阮籍 王羲之 柳宗元 朱耷	王维 苏轼 倪云林 曹雪芹	徐渭 汤显祖 李渔 袁枚
美（在）	礼乐 人道	自然	深情	境界	生活

李泽厚指出，这是以一种简单的"形式化的割裂方法"，"将传统美学中一些范畴'勉强'排列一下，以约略表示其相互区分和历史流变，切不可绝对分割"。我们可以从这张表的内容看出中国历代审美的"关键词"，这对我们把握中国传统审美的基本线索有参考价值。

---

① 作者列举的这些人是指他们的思想和作品典型地体现了相应的审美特征。

《美学四讲》

　　《美学四讲》共有四部分："美学""美""美感""艺术"。"美学"部分总括了研究美的学科的基本性质与形态；"美""美感""艺术"这三部分分别对应美的哲学（以思辨的方式和理性的态度探讨什么是美），审美心理学（美感的心理效应及形成美感的心理机制），艺术社会学（艺术的形式层、形象层和意味层与审美的关联）。从这本书的内容安排来看，其逻辑非常清晰，有助于我们形成一个对于美和审美的完整的认知框架。例如，李泽厚谈及"马克思主义美学"时，认为"中国现代美学的主流是马克思主义美学，离开了这个现实的省视来谈美学一般，将是一种逃避和怯懦"。他说：

　　　马克思主义美学的艺术论有个一贯的基本特色，就是以艺术的社会效应作为核心或主题。……所以西方某些美学文选中，常把托尔斯泰论艺术和马克思主义论艺术放在一起，这就是因为托尔斯泰强调艺术必须起宗教的社会效应或功能，……包括普列汉诺夫讲艺术起源，讲美是由实用到超功利，也是围绕这问题。所以说，马克思主义美学主要是一种讲艺术与社会的功利关系的理论，是一种艺术的社会功利论。

　　　西方近现代美学主要是从心理上讲艺术，他们常常强调艺术的非社会功利性的审美特征。像很出名的布洛的"距离说"，便是要求审美要保持超功利的心理距离……

　　　毛泽东强调政治标准第一，这也正是马、恩强调艺术反映现实、服务于现实和列宁提出的艺术的党性原则的进一步的发展，它甚至还可以追溯到黑格尔关于艺术的内容和形式的区别、强调内容决定形式等论点。从指导艺术实践这角度看，恩格斯希望写出典型的革命的无产者，列宁对高尔基《母亲》的高度评价（尽管《母亲》在艺术上并不算上乘之作，比高尔基的自传体的三部曲差得远），也都是从革命的社会效应来着眼的。毛泽东《在延安文艺座谈会上的讲话》系统化了这些思想，而且还加上了中国自己的传统。中国除了"文以载道"这一古老的传统外，中国的新文艺，从五四时代起，也经常是与社会斗争、革命要求以及革命战争密切联系在一起的。我常说，中国现代文艺实践是文工团的传统。在战争和行军途中，不是有打着快板鼓励士气的宣传员么？不是有油印或手抄的战地小报么？不是有自编自导的歌舞说唱么？在烽火连天的抗日战争岁月里，不是有信天游新民歌、兄妹开荒的秧歌舞么？不是有抗战歌曲和木刻么？五四以来的新文学的主流也大都是"为人生而艺术"，鲁迅、郭沫若、茅盾、巴金、艾青、老舍等等，大都是以反映社会现实或服务于革命为创作主题或目的。中国现代文艺的很大一部分就是从这里起步和发展的，它们常常是异常直接地为现实生活以至为革命斗争服务的。……在那个血肉横飞、战斗激烈的时代和氛围里，你也决不会整天唱《教我如何不想她》之类的歌曲，演《樱桃园》《哈姆雷特》之类的戏剧，尽管它们艺术水平如何高如何美；而更多是唱"中华民族到了最危险的时候"，"黄河在怒吼，黄河在咆哮"和演《放下你的鞭子》《白毛女》，尽管它们在艺术上可能相当粗糙。

李泽厚敏锐地意识到马克思主义美学当前面临的困境："在大学课堂中，许多同学反映，这一套已经听腻了，它解决不了目前艺术审美中存在的许多问题，不能解释今天艺术欣赏和艺术创作的状况、要求和愿望，也不能说明现代世界艺术的复杂情景。于是同学们不感兴趣，认为它不是美学，要求用西方美学替代它。"他提出对解决这个问题的看法：

我觉得，还是遵循"不要哭，不要笑，而要理解"这个原则好，就是说，不必情感冲动，以爱憎代替判断；不因憎恶教条而痛斥马列，也不为"捍卫马列"而大骂青年。重要的是理解。而任何理解都是历史的理解，即通过理解历史，理解自己的现在。……先扯远一点。我常常感觉，某些伟大的思想家具有多方面的丰富思想。但多半是自觉或不自觉地依据时代的需要，充分发展了他的世界观或思想中的某些方面而并非全部。例如，康有为的《大同书》就提出，男女结婚可订一年为期的合同，到期合适的可续约，不合适的就自动解除婚约。……他的《大同书》中还有好些现在看来也很激进的思想，如人死后火葬，骨灰用以肥田，如废除国家等等。但康有为始终不肯公开发表《大同书》，以后也未作发挥，他认为如果公开这些先进思想，会反而妨碍现实斗争。……我觉得，马克思也有类似的情况。马克思青年时期未曾发表的《1844年经济学—哲学手稿》中，便有许多极其丰富的、重要的、宝贵的思想，然而，由于当时阶级斗争政治斗争和马克思本人专注于无产阶级革命事业的理论和实际，马克思本人和他的追随者继承者如恩格斯、伯恩斯坦、考茨基、李卜克内西、梅林以及普列汉诺夫、列宁、卢森堡、第二第三国际等等，都主要发挥发展了有关革命事业这一方面的理论学说。

这是一种基于历史唯物主义的美和美感分析，体现了《美学四讲》的基本写作思路。李泽厚提出："马克思主义及其美学必须随现时代的需要和特质来发展自己，否则就难以生存。坚持不是发展，发展才是坚持。"什么是时代的特点，什么又是基于发展的坚持？这一定会引发我们的好奇心，让我们饶有兴味地看下去。

综上所述，对于想要获得基本美学知识的读者来说，这是一套非常合适的书。这套书有完整和清晰的理论框架，作者的眼界极为开阔，掌握的资料非常丰富，这对我们从现象到特征再到本质理解中国文艺审美大有助益。

图书信息

李泽厚:《美学三书》，安徽文艺出版社1999年版

《一以当十》导读

这本书的作者王朝闻在"前记"中说:

这本集子里的三十八篇文章,有三十七篇是从 1957 年 1 月到 1959 年 7 月写成的。大多是应报刊之约,临时赶出来的。主要目的在于帮助读者欣赏艺术,不算是经过系统研究的论文或批评,不过是个人欣赏各种艺术时的印象和感受的记录;所以发表时多以"文艺欣赏随笔"为副标题。

《一以当十》用最生活化的例子说明审美现象,这使得美学知识零基础的人都可以读得津津有味。例如,作者在《只怕不合人情》的开头说:

从前,在四川泸州城里,我遇见一种不平常的吃法:吃米花糖这些甜点心,用辣而咸的萝卜干来陪伴。甜的和辣而咸的东西搅在一起,不习惯的人难免觉得这是在乱搞的。可是,尝到这种吃法的好处,下次不这样吃,还要想它呢。对待这种吃法,好比广东人吃不熟的鱼肉那样。最好不要凭自己的习惯妄加否定;至少,得承认这也是一种以需要作根据的吃法。

王朝闻借这个生活中的现象说明艺术创作和欣赏中的两个重要问题:第一,艺术是多种元素富有想象力的"调和";第二,艺术是独特的,艺术需要创新。王朝闻举例,有人认为艺术作品中的人物不应当背向观众,因为面部是表情的重点,对此王朝闻有不同的看法:

京剧《霸王别姬》里的项羽,上场时是背向观众的。1954 年苏联戏剧家们在中国演出的舞剧《巴黎圣母院》,那个被人践踏、最后还在法律的名义下冤死的少女,赤脚,拖着薄薄的白衣服,披着长发,失神地走向断头台时的背影;去年在我国演出的日本影片《正是为了爱》,那个木然走出拘留爱子的牢狱的冷冰冰的大门，像要瘫痪了似的坐在街沿上的母亲站起来时她那显得衰老、伤心、惶惑的背影，都是很有表现力因而动人的背影。川剧演员姜尚峰，在《琵琶记》的《辞朝》一折里，大段唱都是背向观众的。跪在椅上的蔡伯喈的脸，我们看不见，可是和叩头、唱相联系的，哽咽时轻轻耸两下双肩，不只表现了他在抽泣，而且分明表现了这个受了朝廷的羁绊，有家归不得的青年人，想不让自己痛苦的心情流露而又禁不住流露着的那种特殊心情。

由此例可见，《一以当十》能够用具体现象说明艺术创作和艺术欣赏中的关键问题。《一以当十》不是对孤立案例的分析，而是挖掘和总结具体艺术现象背后的规律，从而将艺术审美理论化。例如，王朝闻在《只怕不合人情》中举了这样一个例子：

川剧《柳荫记》的一个特点，还值得再提一提。祝英台被迫上轿之前那一段戏，相伴的音乐是在婚事中常用的那种曲调活泼的管乐。孤立地听起来，这是愉快的，和悲哀的祝英台的表演"不调和"，热颜色把冷调子冲淡了或破坏了。实际上恰恰相反，就像在吃甜的食物之间用点辣而咸的食物因而更显出前者的特殊味道似的，听得见壁上的钟表的机件运行的声音就更显得屋子的静寂似的，悲恸欲绝的祝英台此刻的苦痛心情，得到这样愉快的音乐的映衬，反而更能促使观众进一步感到她此刻处境的不幸，体会到她此刻那种难堪的痛苦，自己更能与她的情感交流，眼泪被调子愉快的唢呐催促下来。

这个例子就是中国传统文论"以乐景写哀情"的写照，同时也关联了作者文章最开头提出的甜点心配咸辣萝卜干的生活现象。

如作者在"前记"中所说，《一以当十》是一本"帮助读者欣赏艺术"的书。而语文教学的一个重要目的不也是培养和提高学生欣赏文学艺术的能力吗？《一以当十》帮助我们从身边的现象中发现美，在文学之外反观文学，从而更清楚地认识文学审美的特点和本质。

值得注意的是，王朝闻用非常通俗的语言基于具体的生活现象说明审美问题，其中蕴含着美的创造与欣赏的规律，我们需要从王朝闻的文字中"识别"、理解这样的审美规律。例如，作者在《工农兵美术，好》中分析了河北束鹿的农民壁画《妇女浇地赛过穆桂英》，认为它在结构上利用所谓的"回旋运动"体现了一种与艺术表现密切结合的运动感：

> 由于画中的人物以水车为中心，这一部分和另一部分人物朝相反的其实相同的方向跑，有点像走马灯那样，给人造成老是在转圆圈的感觉。劳动者愿意快跑或生怕落后的那种感情，在结构上能使人自然而然地感觉出来。这种形式很像陕西半坡村出土的新石器时代的陶盘子里的装饰。陶盘里一上一下画了相对的两条鱼，它也能给人造成角色老是在转动的感觉。从美术的意义来考察，可见我们的祖先早已会运用装饰的规律，满足审美享受的需要。

这样的审美分析将艺术形式背后的原理凸显出来，并且从历史的视角考察其渊源，从而显示出这种艺术创作的规律和历史必然性。在这篇文章中，作者还谈到了绘画创作的传统好方法——默记：

> 农民郭同江同志给美术学院作报告，谈他学习和创作的经验。他说他学画时，一面观察对象一面把它的特点默记在心头，隔一二小时还要温习一遍。这种办法在古代、在外国都曾有过，但近几十年来未被普遍运用，被写生法排斥了。当然，写生的方法也是科学的，它在锻炼技术的准确性上有很大的作用，它便于掌握一瞬即逝的新鲜印象，也训练出了许多大画家。当然不能以为，它就是唯一方法。"五四"以来，我国的美术教育受了印象主义的影响，把写生强调为锻炼技术的唯一方法，什么都要照着画，而传统的好方法之一——默记，却几乎失传了。袖子里捏泥人的办法，就更不用说了。默记的作用，我以为不只是一种锻炼技术的方法。它的好处，不只在于加强记忆，加深印象，而且是直接和创作联系的反映生活和认识生活的方法。人们在观察对象时眼睛的作用不相当于照相机，其实在摄取印象时就有了提炼、取舍。而默记，就是在习作过程中，进一步掌握提炼取舍的方法。

这个看法非常中肯，其中蕴含着文艺创作从具象到抽象的重要规律，不仅对绘画创作很有价值，对文学创作也很有意义，会让我们想起"成竹在胸"的艺术创作观。王朝闻在《工农兵美术，好》中说："规律性的知识，书本上有，可是不只是书本上才有。工农群众不见得学过画论，在一定程度上，其创作也体现着画论的知识。……做辅导工作不只是传播这些知识，而且要和群众在一起，从创造实践中发现规律，让更多的人掌握它，更自觉地在创作上运用它。"我们的"学生"不也是"群众"吗？他们对美的感受来源于生活，其中一定存在着规律性。我们也希望学生能够把握更多审美规律，但这些审美规律的把握不应只源于书本中的抽象知识，更应来源于实际的生活。因此，《一以当十》最大的价值在于，作者不仅给我们充分展示了如何在生活中审美，更重要的，作者还用非常通俗朴素的语言分析了文艺审美的规律，将文艺欣赏理论与生活现象紧密结合起来，从而对我们提高审美水平、强化审美意识有所补益。

图书信息

王朝闻：《一以当十》，《王朝闻集（3）》，河北教育出版社 1998 年版

《美学散步》导读

　　《美学散步》里的文章，最早写于 1920 年，最晚作于 1979 年，是宗白华一生关于美学论述的文集。

　　宗白华（1897—1986），中国现代新道家代表人物，哲学家、美学大师、诗人，1919 年受聘于上海《时事新报》副刊《学灯》，任编辑、主编。宗白华将哲学、美学和新文艺的新鲜血液注入《学灯》，使之成为"五四"时期著名的四大副刊之一。宗白华 1920 年赴德国留学，在法兰克福大学、柏林大学学习哲学、美学等课程，1925 年回国后在南京大学、北京大学任教。宗白华曾任中华美学学会顾问和中国哲学学会理事，是我国现代美学的先行者和开拓者，被誉为"融贯中西艺术理论的一代美学大师"。

　　宗白华在《美学散步》的"小言"中说："散步是自由自在、无拘无束的行动，它的弱点是没有计划，没有系统。看重逻辑统一性的人会轻视它，讨厌它，但是西方建立逻辑学的大师亚里士多德的学派却唤做'散步学派'，可见散步和逻辑并不是绝对不相容的。"这本书没有构建严密的美学体系，却在教我们如何欣赏艺术作品，教我们如何建立一种审美态度，直至形成艺术人格。《美学散步》藉由对中国古代绘画、音乐、园林建筑和书法等四个领域的美学探讨，着重分析了中国艺术美的动人之处及其背后的创作规律。

　　读《美学散步》有三个建议：

　　第一，关注宗白华对意境的分析。

　　意境是中国艺术至高的审美追求。什么是意境？宗白华指出："艺术家以心灵映射万象，代山川而立言，他所表现的是主观的生命情调与客观的自然景象交融互渗，成就一个鸢飞鱼跃，活泼玲珑，渊然而深的灵境；这灵境就是构成艺术之所以为艺术的'意境'。"简言之，"意境是'情'与'景'（意象）的结晶品"。意境有不同的层次，意境愈深，则文学作品愈动人，其自身也愈有价值。而意境之深浅取决于艺术意象所能承载、激发的情感有多深刻、多细微。宗白华说："在一个艺术表现里情和景交融互渗，因而发掘出最深的情，一层比一层更深的情，同时也透入了最深的景，一层比一层更晶莹的景；景中全是情，情具象而为景，因而涌现了一个独特的宇宙，崭新的意象。"有意境的作品呈现的是"象外之象"，即"独特的宇宙""崭新的意象"，直抵人心最幽深处。这样的作品让人们在刹那间洞悉、了悟了世界和自己，这是一种无以言表的大快乐，是极为充实的美感——正如唐代画家张璪所说"外师造化，中得心源"，这既是意境的价值，也是创造意境的基本条件。

语文教学中理解意境的意义在于：有意境的作品反映了深刻、动人的情感，往往关联人类面对的永恒的主题。宗白华提出人与世界接触有五种境界：满足生理需要的功利境界，人群互爱的伦理境界，人群互制的政治境界，追求真知的学术境界和冥合天人的宗教境界。境界高的文学作品往往具有宗教味道，指向最玄远、最本质、最重要的人世命题，关乎灵魂的归宿与彼岸。

在澄清了意境的含义之后，宗白华分析了意境与山水的关系，这部分值得关注。《易经》即有观物取象之说，认为人与自然是一体的，并且从自然中获得启示。儒家以山水自然喻君子人格，鼓励人们不断完善和提升自身的修养；道家认为回归自然是人生的终极追求；佛禅主"空""静""净"，远离"红尘"是其必然的诉求，山水自然成为其参禅悟道的道场。从文学的角度，自《诗经》就有借自然比、兴的传统，《离骚》更将自然山水与人的人格和品性对应起来，《古诗十九首》将最深沉的人生慨叹尤其是源自时光流逝的感动与自然关联起来；至魏晋，山水文学正式成为中国文学一个独立的门类。中国的古诗词言简意深，以自然山水为象征物，用象征的手法表达深沉而细腻的情感，这是中国文学最有特色、最富美感的表达方式——宗白华将意境与山水关联起来直指中国文学审美的肯綮。

第二，关注宗白华对美的若干范畴的分析。

在《美学散步》中，宗白华提出了若干重要的审美范畴，包括"虚与实""空灵与充实""错采镂金的美和芙蓉出水的美""《易经》中的美学"等等。宗白华关于这些审美范畴的感悟非常精辟，以其对"虚与实"的分析为例①，宗白华首先分析了什么是虚与实，提出深刻的见解："艺术家创造的形象是'实'，引起我们的想象是'虚'，由形象产生的意象境界就是虚实的结合。"他进一步论证：

> 一个艺术品，没有欣赏者的想象力的活跃，是死的，没有生命的。一张画可使你神游，神游就是"虚"。《考工记》所表现的这种虚实结合的思想，是中国艺术的一个特点。中国画很重视空白。如马远就因常常只画一个角落而得名"马一角"，剩下的空白并不填实，是海，是天空，却并不感到空。空白处更有意味。中国书家也讲究布白，要求"计白当黑"。中国戏曲舞台上也利用虚空，如"刁窗"，不用真窗，而用手势配合音乐的节奏来表演，既真实又优美。中国园林建筑更是注重布置空间、处理空间。这些都说明，以虚带实，以实带虚，虚中有实，实中有虚，虚实结合，这是中国美学思想中的一个重要问题。……中国画是线条，线条之间就是空白。石涛的巨幅画《搜尽奇峰打草稿》（故宫藏），越满越觉得虚灵动荡，富有生命，这就是中国画的高妙处。

宗白华用多个艺术门类中的具体现象表现"虚与实"的关系，尤其是"虚""空""白"在艺术表现中的作用，他进而分析了中国艺术中的虚实转化——"化景物为情思"：

> 宋人范晞文《对床夜语》说："不以虚为虚，而以实为虚，化景物为情思，从首至尾，自然如行云流水，此其难也。"化景物为情思，这是对艺术中虚实结合的正确定义。以虚为虚，就是完全的虚无；以实为实，景物就是死的，不能动人；唯有以实为虚，化实为虚，就有无穷的意味，幽远的境界。
> ……
> 范晞文《对床夜语》论杜甫诗："老杜多欲以颜色字置第一字，却引

---

① 关于"虚""实"的阐释，见《美学散步》《中国美学史中重要问题的初步探索》中的"虚和实之一《考工记》"和"虚和实之二化景物为情思"，以及《中国艺术意境之诞生》中的"中国艺术表现里的虚和实"。

实事来。如'红入桃花嫩，青归柳叶新'是也。不如此，则语既弱而气亦
馁。""红"本属于客观景物，诗人把它置第一字，就成了感觉、情感里的
"红"。它首先引起我的感觉情趣，由情感里的"红"再进一步见到实在的桃
花。经过这样从情感到实物，"红"就加重了，提高了。实化成虚，虚实结
合，情感和景物结合，就提高了艺术的境界。

宗白华引苏辙《论语解》之说："贵真空，不贵顽空。盖顽空则顽然无
知之空，木石是也。若真空，则犹之天焉！湛然寂然，元兀一物，然四时自
尔行，百物自尔生。粲为日星，溪为云雾，沛为雨露，轰为雷霆。皆自虚空
生。而所谓湛然寂然者自若也。"这"真空"与"顽空"的对比非常重要，
说明了空不仅不是一无所有，而且蕴含和生发万物万象。这应对了苏轼之
言："静故了群动，空故纳万境。"（《送参寥师》）宗白华引清初文人赵执信
《谈艺录》序言里的一段话对此进行了更深入的分析：

钱塘洪昉思（按即洪升，《长生殿》曲本的作者）久于新城（按即王渔
洋，提倡诗中神韵说者）之门矣。与余友。一日在司寇（渔洋）宅论诗，昉
思嫉时俗之无章也，曰："诗如龙然，首、尾、爪、角、鳞、鬣，一不具，
非龙也。"司寇哂之曰："诗如神龙，见其首不见其尾，或云中露一爪一鳞而
已，安得全体？是雕塑绘画耳！"余曰："神龙者，屈伸变化，固无定体，恍
惚望见者，第指其一鳞一爪，而龙之首尾完好，固宛然在也。若拘于所见，
以为龙具在是，雕绘者反有辞矣！"

宗白华指出，艺术的表现正在于通过提高和集中，把全体丰满的内容概
括在一鳞一爪里，从一粒沙看见一个世界。通过一鳞一爪的象征，不仅使全
体宛然存在，而且给人以无限的遐思与体味。宗白华引《乐论》之说："不
全不粹不足以谓之美。"由于"粹"，由于去粗存精，艺术表现里有了"虚"，
从而"洗尽尘滓，独存孤迥"（恽南田语）。由于"全"，才能做到孟子所说
的"充实之谓美，充实而有光辉之谓大"。只讲"全"而不顾"粹"，这就是
自然主义；只讲"粹"而不能反映"全"，又容易走上抽象的形式主义的道
路。这样的分析可谓精湛通透，有助于读者深刻地理解中国古典审美趣味。

　　　　　　　美学与审美

第三，关注多个艺术领域之间的融通以及中外艺术对比。

宗白华凭借对中国书法、绘画、诗歌、园林建筑等多门类艺术贯通式的鉴赏力，开阔了读者的眼界，让我们能够体会中国文艺中最本质、最动人的审美趣味。他在《中国美学史中重要问题的初步探索》中写道：

中国各门传统艺术（诗文、绘画、戏剧、音乐、书法、建筑）不但都有自己独特的体系，而且各门传统艺术之间，往往互相影响，甚至互相包含（例如诗文、绘画中可以找到园林建筑艺术所给予的美感或园林建筑要求的美，而园林建筑艺术又受诗歌绘画的影响，具有诗情画意）。因此，各门艺术在美感特殊性方面，在审美观方面，往往可以找到许多相同之处或相通之处。

宗白华谈到中国绘画审美中的"骨力、骨法、风骨"时说：

笔有笔力。卫夫人说："点如坠石"，即一个点要凝聚了运动的力量。这种力量是艺术家内心的表现，但并非剑拔弩张，而是既有力，又秀气，这就叫做"骨"。"骨"就是笔墨落纸有力、突出，从内部发挥一种力量，虽不讲透视却可以有立体感，对我们产生一种感动力量。骨力、骨气、骨法，就成了中国美学史中极重要的范畴，不但使用于绘画理论中（如顾恺之《魏晋胜流画赞》，几乎对每一个人的批评都要提到"骨"字），而且也使用于文学批评中（如《文心雕龙》有《风骨》篇）。

将中国古典审美的关键概念贯通于中国艺术的不同领域，这有赖于宗白华从小打下的深厚的审美基础。宗白华曾留学德国，深受德国古典哲学和现代艺术思潮的滋养，他对中外艺术审美的对比分析值得关注。例如，宗白华在《论中西画法的渊源与基础》中说：

中国绘画的渊源基础却系在商周钟鼎镜盘上所雕绘大自然深山大泽的龙蛇虎豹、星云鸟兽的飞动形态，而以卐字纹回纹等连成各式模样以为底，借以象征宇宙生命的节奏。……当时人尚系在山泽原野中与天地的大气流衍及自然界奇禽异兽的活泼生命相接触，且对之有神魔的感觉（楚辞中所表现的境界）。他们从深心里感觉万物有神魔的生命与力量。所以他们雕绘的生物也琦玮诡谲，呈现异样的生气魔力。（近代人视宇宙为平凡，绘出来的境界也就平凡。所写的虎豹是动物园铁栏里的虎豹，自缺少深山大泽的气象。）希腊人住在文明整洁的城市中，地中海日光朗丽，一切物象轮廓清楚。思想亦游泳于清明的逻辑与几何学中。神秘奇诡的幻感渐失，神们也失去深沉的神秘性，只是一种在高明愉快境域里的人生。人体的美，是他们的渴念。在人体美中发现宇宙的秩序、和谐、比例、平衡，即是发现"神"，因为这些即是宇宙结构的原理，神的象征。人体雕刻与神殿建筑是希腊艺术的极峰，它们也确实表现了希腊人"神的境界"与"理想的美"。

宗白华凭借扎实的中西方美学知识，富有洞察力地指出中西方审美的差异，更通过比较揭示出中西审美差异的原因，这对我们更深刻地认识中国传统审美的特征与本质很有价值。

综观《美学散步》，作者似在美学的庭园中款款而行，将一朵朵美之花信手拈来，编织成美丽的花环奉献给读者。旁征博引、上下贯通、左右逢源，以美的方式解读美、呈现美，这是《美学散步》最大的优势和价值。

图书信息

宗白华：《美学散步》，上海人民出版社 2005 年版

《谈美》《谈文学》《悲剧心理学》导读

　　《谈美》《谈文学》《悲剧心理学》是朱光潜所著的三本有关审美的书。朱自清在朱光潜的《文艺心理学》[①]的序中说：

　　全书文字像行云流水，自在极了。他像谈话似的，一层层领着你走进高深和复杂里去。他这里给你来一个比喻，那里给你来一段故事，有时正经，有时诙谐；你不知不觉地跟着他走，不知不觉地"到了家"。……这种"能近取譬"、"深入显出"的本领是孟实先生的特长。可是轻易不能做到这地步；他在《谈美》中说写此书时"要先看几十部书才敢下笔写一章"，这是谨严切实的功夫。他却不露一些费力的痕迹，那是功夫到了家。他让你念这部书只觉得他是你自己的朋友，不是长面孔的教师，宽袍大袖的学者，也不是海角天涯的外国人。

　　这个序赞扬朱光潜的《文艺心理学》"内容一流""文字一流"，我们推荐的朱光潜的三本书都有这个特点，不但在内容上给人诸多启发，而且文字生动，可读性很强。

　　朱光潜（1897—1986），安徽桐城人，著名的美学家、文艺理论家、教育家、翻译家，中国现代美学的奠基人和开拓者之一。朱光潜幼年饱读诗书，青年时期在桐城中学、武昌高等师范学校学习；1922 年香港大学文学院肄业后，任教于上海吴淞中国公学中学部、浙江上虞白马湖春晖中学。曾与叶圣陶、胡愈之、夏衍、夏丏尊、丰子恺等成立立达学会，创办立达学园，进行新型教育的改革试验。朱光潜 1925 年考取官费留学，先后求学于

[①]《文艺心理学》与本书介绍的《谈美》关系密切，后者可谓前者的通俗缩写版，具体情况见后面《谈美》的介绍。

英国爱丁堡大学、伦敦大学，法国巴黎大学、斯特拉斯堡大学，获文学硕士、博士学位，1933 年回国，先后在北京大学、四川大学、武汉大学、安徽大学任教。

朱光潜的很多著作在解放前完成并出版，如《给青年的十二封信》（1929）、《变态心理学派别》（1930）、《谈美》（1932）、《变态心理学》（1933）、《悲剧心理学》（1933）《文艺心理学》（1936）、《诗论》（1943）、《谈修养》（1943）、《谈文学》（1946）、《克罗齐哲学述评》（1948）等等。解放后，朱光潜出版了《西方美学史》上下卷（1963—1964）、《谈美书简》（1980）等，并将大量精力放在翻译西方美学论著上。

朱光潜在《文艺心理学》的"作者自白"中说：

> 我前后在几个大学做过十四年的学生，学过许多不相干的功课，解剖过鲨鱼，制造过染色切片，读过建筑史，学过符号名学，用过熏烟鼓和电气反应表测验心理反应，可是我从来没有上过一次美学课。我原来的兴趣中心第一是文学，其次是心理学，第三是哲学。因为欢喜文学，我被逼到研究批评的标准、艺术与人生、艺术与自然、内容与形式、语文与思想诸问题；因为喜欢心理学，我被逼到研究想象与情感的关系、创造和欣赏的心理活动以及趣味上的个别的差异；因为欢喜哲学，我被逼到研究康德、黑格尔和克罗齐诸人讨论美学的著作。这么一来，美学便成为我所欢喜的几种学问的联络线索了。

朱光潜丰富的知识储备、完整的知识结构使其能够旁征博引、纵横关联，对所涉及的审美问题进行独特而富有想象力的解释。我们介绍的这三本美学著作不仅提供了丰富的美学知识，还能够激发读者诸多思考。

《谈美》

《谈美》与《文艺心理学》关联密切。朱光潜在《谈美》的"开场话"中说：

在写这封信①之前，我曾经费过一年的光阴写了一部《文艺心理学》②。这里所说的话大半在那里已经说过，我何必又多此一举呢？在那部书里我向专门研究美学的人说话，免不了引经据典，带有几分掉书囊的气味；在这里我只是向一位亲密的朋友随便谈谈，竭力求明白晓畅。在写《文艺心理学》时，我要先看几十部书才敢下笔写一章；在写这封信时，我和平时写信给我的弟弟妹妹一样，面前一张纸，手里一管笔，想到什么便写什么，什么书也不去翻看。

《谈美》与《文艺心理学》的内容有重叠，前者内容更通俗易懂，后者系统性、学术性更强，资料更丰富，读者如果有余力并且对这个领域感兴趣，可以进一步阅读《文艺心理学》。

《谈美》1932年夏写于莱茵河畔，朱自清为此书作序，他清醒而尖锐地指出，新文化运动以来的年青人遇到两种审美困境："一是只能得到杂乱的、一鳞半爪的美学知识，得不着清清楚楚的美感观念。徘徊于美感与快感之间，考据批评与欣赏之间，自然美与艺术美之间，常时自己冲突，自己烦恼，而不知道怎样去解那连环；二是对'外国的影响'毫无保留地接受，同时又鄙弃旧的文学艺术。青年们觉得旧的'注'、'话'、'评'、'品'等不够透彻，必须放在新的光里看才行。但他们的力量不够应用新知识到旧材料上去，于是只好搁浅。"这岂止是新文化运动中年青人的困境？当下人们在审美上不也遇到同样的困境吗？我们在语文教学中不也需要提高审美水平、丰富和系统化我们的美学知识吗？朱自清认为《谈美》有助于解决上述问题：

这部小书便是帮助你走出这些迷路的。它让你将那些杂牌军队改编为正式军队；裁汰冗弱，补充械弹，所谓"兵在精而不在多"。其次指给你一些简截不绕弯的道路让你走上前去，不至彷徨在大野里，也不至于彷徨在牛角

---

① 朱光潜在1929年发表了著名的《给青年的十二封信》，《谈美》这本书共十五章，每一章篇幅不长，也采用的是谈话、书信的形式，因此《谈美》这本书也可以看作是十五封信。
② 《文艺心理学》的撰写时间比《谈美》早，初稿于1932年完成，经历了四年的修改于1936年出版。

尖里。其次它告诉你怎样在咱们的旧环境中应用新战术；它自然只能给你一两个例子看，让你可以举一反三。它矫正你的错误，针贬你的缺失，鼓励你走向前去。

《谈美》最大的价值在于——审美与人生被紧密关联起来，朱光潜在这本书的"开场话"里说：

> 在创造或是欣赏艺术时，人都是从有利害关系的实用世界搬家到绝无利害关系的理想世界里去。艺术的活动是"无所为而为"的。……伟大的事业都出于宏远的眼界和豁达的胸襟。如果这两层不讲究，社会上多一个讲政治经济的人，便是多一个借党忙官的人；这种人愈多，社会愈趋于腐浊。现在一般借党忙官的政治学者和经济学者以及冒牌的哲学家和科学家所给人的印象只要一句话就说尽了——"俗不可耐"。
>
> ……什么叫做"俗"？这无非是像蛆钻粪似地求温饱，不能以"无所为而为"的精神作高尚纯洁的企求；总而言之，"俗"无非是缺乏美感的修养。

朱光潜于 20 世纪 30 年代讲的这番话有特定的社会背景，表达了对当时社会混乱、腐浊的忧虑，而他对人心之"俗"的批评却是人们永远需要面对的问题。朱光潜直言，他写这本书的目的就是研究如何"免俗"，他自认还是一个"未能免俗"的人，但他时常领略到能免俗的趣味，"这大半是在玩味一首诗、一幅画或是一片自然风景的时候"。他坦承，能领略到这种趣味，"自信颇得力于美学的研究"。审美需要知识、需要训练、需要体验，这本书就像朱自清所说，为读者提供有益的知识，避免读者在审美之途上迷路。朱自清希望读者在读了这本书之后，也能够"看到一首诗、一幅画或是一片自然风景的时候，比从前感觉到较浓厚的趣味，懂得像什么样的经验才是美感的"，并且"再以美感的态度推到人生世相方面去"。这本书的内容与语文教学目标高度契合，尤其在强调语文核心素养的今天，通过语文学习提高学生的审美趣味、人生境界是语文学科最有优势也最值得实现的教育目标。

《谈美》共有十五章，都触及非常重要、非常关键的审美主题。

第一章："我们对于一棵古松的三种态度——实用的、科学的、美感的"。探讨美感的性质及其价值：首先，美感不带意志欲念，有异于实用态度；其次，美感不带抽象思考，有异于科学态度。

第二章："当局者迷，旁观者清——艺术和实际人生的距离"。提出审美的"距离说"——距离产生美，以及审美的"非功利性"——"无所为而为"地欣赏。

第三章："子非鱼，安知鱼之乐？——宇宙的人情化"。提出审美的"移情说"。

朱光潜说，这三章都是回答"美感是什么"这个问题，下面几章则是为了澄清关于美感的误解。

第四章："希腊女神的雕像和血色鲜丽的英国姑娘——美感与快感"。按照朱光潜的说法，要"打倒享乐主义的美学"，他指出"美感与实用活动无关，而快感则起于实际要求的满足"。

第五章："记得绿罗裙，处处怜芳草——美感与联想"。说明美感产生的重要心理机制——联想："多数人觉得一件事物美时，都是因为它能唤起甜美的联想"。朱光潜反对由甲而乙、由乙而丙辗转不止的乱想，他认为这样的联想会妨碍美感。

第六章："灵魂在杰作中的冒险——考证、批评与欣赏"。朱光潜指出考证和批评都不是欣赏，而欣赏却不可无考证与批评。

第七章："情人眼底出西施——美与自然"。美不完全在外物，也不完全在人心，"它是心物婚媾后所产生的婴儿"。美感起于形象的直觉，形象属物而却不完全属于物，因为"无我即无由见出形象；直觉属我却又不完全属于我，因为无物则直觉无从活动"。美之中要有人情也要有物理，二者缺一都不能见出美。

第八章："依样画葫芦——写实主义和理想主义的错误"。对于写实主义乃至更极端的自然主义，朱光潜说，"艺术的最高目的既然只在模仿自然，自然本身既已美了，又何必有艺术呢？"而理想主义和古典主义通常携手并行，古典主义重视对具体事物的抽象和分类，重视文艺形象的类型和代表性，但艺术的生命全在具体形象，最忌讳的是抽象化。朱光潜精辟地指出，理想主义和写实主义似乎相反，但实质上是相同的——"依样画葫芦"主义。只不过写实派认为只要是葫芦都可以拿来做画的模型，理想主义则认为应该选择一个最富于代表性的葫芦。

第九章："大人者不失其赤子之心——艺术与游戏"。前面都在讨论欣赏，这一章讨论创造。对于读者来说，欣赏也是在创造："一首诗做成之后，不是就变成个个读者的产业，使他可以坐享其成，它也好比一片自然风景，观赏者要拿自己的想象和情趣来交接它，才能有所得，他所得的深浅和他自己的想象与情趣成比例。"对于作者来说，创造须再进一步，把心中的意境外射出来，成为具体的作品，这并非易事，需要相当的天才和人力。为了说明欣赏和创造，朱光潜以游戏比艺术，认为二者相同的地方有：（1）把内心意象客观化并表现出来；（2）是一种"想当然耳"的行为；（3）带有移情作用；（4）在现实世界之外另造一个理想世界。

第十章："空中楼阁——创造的想象"。艺术创作必然要依靠想象，抽象的概念在艺术家的脑里都要先翻译成具体的意象，然后才表现于作品。只有具体的意象才能引起深切的情感，朱光潜举例，"贫富不均"一句话入耳时只是一笔冷冰冰的总账，杜甫的"朱门酒肉臭，路有冻死骨"才是一幅惊心动魄的图画。

第十一章："超以象外，得其环中——创造与情感"。接上一章的内容，朱光潜指出，联想只能解释意象的发生如何可能，不能解释作者在许多可能的意象之中何以独抉择该意象——这是因为"诗人于想象之外又必有情感"。情感是生生不息的，意象也是生生不息的。换一种情感就是换一种意象，换一种意象就是换一种境界。即景可以生情，因情也可以生景，所以诗是做不尽的。朱光潜还强调了情感—意象的整体性。文艺作品是旧经验的新综合，综合的原动力就是情感。凡文艺作品都不能拆开来看，说某一笔平凡，某一句警辟，因为完整的全体中各部分都是"相依为命"的。

第十二章："从心所欲，不逾矩——创造与格律"。朱光潜指出，格律本来是自然的，是自然律，后来才变为规范律。诗要在短短数言中表达幽眇曲折的情感必须抑扬顿挫、循环往复，因此诗的格律是表达情感的自然需要。朱光潜说："情感是心感于物的激动，和脉搏、呼吸诸生理机能都密切相关。

这些生理机能的节奏都是抑扬相间，往而复返，长短轻重成规律的。情感的节奏见于脉搏、呼吸的节奏，它们影响语言的节奏。"艺术中自然律会变为规范律，再变为死板的形式。一部艺术史就是推陈翻新、翻新为陈的轨迹，即所谓的否定之否定。"从心所欲，不逾矩"是艺术追求的极境，其中蕴含着中国传统文论中"工"与"不工"、"有法"与"无法"的关系。

第十三章："不似则失其所以为诗，似则失其所以为我——创造与模仿"。每种艺术都需要特定的技法，获得这些技法最初都要模仿，而好的艺术品一定要超越模仿。除了技法，艺术家还要懂得"媒介"的知识——笔、墨、纸、颜料是图画的媒介，金石是雕刻的媒介，语言文字则是文学的媒介——做诗文的人要懂得字义、字音、字句的排列法、字句对读者产生的影响等。朱光潜说："凡是艺术家都须有一半是诗人，一半是匠人。他要有诗人的妙悟，要有匠人的手腕，……妙悟来自性灵，手腕则可得于模仿。"

第十四章："读书破万卷，下笔如有神——天才与灵感"。续上一章，朱光潜指出匠人多而诗人少，因为天才是少数，天才之作不是凭努力就可以做到的。天才就好像做生意有大本钱，但要想做成生意，还要靠学习与努力。只有死功夫固然不足以创作艺术精品，但是能创作出艺术精品的却大半是下过死功夫的，即所谓"读书破万卷，下笔如有神"。天才在艺术创作中最关键的表现就是"灵感"，朱光潜指出灵感的特征："突如其来，突然而去；意料之外，无意得之"。

第十五章："慢慢走，欣赏啊！——人生的艺术化"。朱光潜说："人生本来就是一种较广义的艺术。每个人的生命史就是他自己的作品。这种作品可以是艺术的，也可以不是艺术的，正犹如同是一种顽石，这个人能把它雕成一座伟大的雕像，而另一个人却不能使它'成器'，分别全在性分与修养。"艺术的生活就是富有情趣的生活，人生的艺术化就是人生的情趣化。

从对《谈美》各章的简要介绍可以看出，这本书的内容多么丰富，对理解美和审美多么重要！朱光潜以生动活泼的语言、贴切有趣的例子让我们深深思考、细细品味"什么是美""审美机制及影响因素""美的创造及其影响因素"等有关美和美感的关键问题。

《谈文学》

与《谈美》一样，《谈文学》也用平易亲切的语言、丰富的生活化案例，分析了诸多重要的文学审美问题。朱光潜自陈："（这本书）一不敢凭空乱构，二不敢道听途说，我想努力做到'切实'二字。在这一点，我希望这个小册子和坊间一般文学入门之类书籍微有不同。"我们认为《谈文学》完全达到了作者的写作意图，能给我们带来确实不同于一般文学入门书籍的启发。

这本书有三章关于"文学趣味"的内容值得关注。

朱光潜在"文学的趣味"这一章中指出，"文学的修养就是趣味的修养"，"我们玩味文学作品时，随时要评判优劣，表示好恶，就随时要显趣味的高低"，他举了诸多例子说明文学欣赏中的趣味之别。进而，朱光潜分析了造成不同趣味的原因，包括"资禀性情""身世经历""传统习尚"三个因素。朱光潜指出，"根据固有的资禀性情而加以磨砺陶冶"，"扩充身世经历而加以细心的体验"，"接收多方的传统习尚而求截长取短，融会贯通"，这三层功夫就是所谓学问修养，而纯正的趣味必定是学问修养的结果。

朱光潜在"文学上的低级趣味：关于作品内容"这一章中指出，阅读中存在五种形式的"低级趣味"：第一是猎奇故事。猎奇故事满足了人的好奇心，但文学要感动心灵，这恰是一般猎奇故事所缺乏的。第二是色情描写。爱情中有性，但对性的描写应体现美，绝不应以刺激性欲为目的。第三是黑幕描写。一般人爱在这些作品中寻看残酷、欺骗、卑污的事迹，所贪求的就是强烈的刺激。第四是风花雪月的滥调。发现自然风景的美，进而"即景生情""因情生景""情景交融"，这是重要的文艺表现手法，但如果连篇累牍尽是月露风云，不表现任何情感，文字将变得空洞腐滥。第五是口号教条。文艺不是任何其他活动的奴属。存心要教训人的文字假文艺的美名，做呐喊的差役，没有艺术价值。

朱光潜在"文学上的低级趣味：关于作者的态度"这一章中同样指出五种低级的写作趣味：一是无病呻吟，装腔作势。这源自情感的虚假、浅薄、附庸风雅。二是憨皮臭脸，油腔滑调。表现于文字则流于轻薄，陷幽默于油滑戏谑。第三是摇旗呐喊，党同伐异。这源自创作的江湖气、故步自封和山头意识。第四是道学冬烘，说教劝善。以道德的、说教的眼光品评和塑造文艺作品中的人物。第五是涂脂抹粉，卖弄风姿。主要表现在卖弄知识、卖弄辞藻、卖弄才气。

朱光潜对文学趣味的评价于语文教育有重要启发，因为语文教育的一个重要目标就是提高学生的审美品位，能够区分、拒斥低级趣味的作品。朱光潜说：

我认为文学教育第一件要事是养成高尚纯正的趣味，这没有捷径，唯一的办法是多多玩味第一流文艺杰作，在这些作品中把第一眼看去是平淡无奇的东西玩味出隐藏的妙蕴来，然后拿"通俗"的作品来比较，自然会见出优劣。

欣赏趣味当然表现在对文学内容的品评上，但文学内容和文学形式有紧密的关联，文学审美品位的提高是在欣赏文学作品艺术美的过程中实现的。朱光潜在"文学与人生"中说：

文学是以语言文字为媒介的艺术。就其为艺术而言，它与音乐图画雕刻及一切号称艺术的制作有共同性：作者对于人生世相都必有一种独到的新鲜的观感，而这种观感都必有一种独到的新鲜的表现；这观感与表现即内容与形式，必须打成一片，融合无间，成为一种有生命的和谐的整体，能使观者由玩索而生欣喜。达到这种境界，作品才算是"美"。美是文学与其他艺术所必具的特质。

这段话有几个关键词，分别是"美""内容与形式""欣喜"，它们说明了美的载体及其心理效应。朱光潜在"文学与语文：内容、形式与表现"中说：

从前我看文学作品，摄引注意力的是一般人所说的内容。如果它所写的思想或情境本身引人入胜，我便觉得它好，根本不很注意到它的语言文字如何。反正语文是过河的桥，过了河，桥的好坏就可不用管了。近年来我的习惯几已完全改过。一篇文学作品到了手，我第一步就留心它的语文。如果它在这方面有毛病，我对它的情感就冷淡了好些。我并非要求美丽的词藻，存心装饰的文章甚至使我嫌恶；我所要求的是语文的精确妥帖，心里所要说的与手里所写出来的完全一致，不含糊，也不夸张，最适当的字句安排在最适当的位置。

朱光潜充分强调了文学形式的重要性。这本书以大量的篇幅在谈一个核心问题——好的文学应该有怎样的形式。其中有一篇文章——《咬文嚼字》被选入人教版高中教材。作者在这篇文章中写道：

郭沫若先生的剧本《屈原》里婵娟骂宋玉说："你是没有骨气的文人！"上演时他自己在台下听，嫌这话不够味，想在"没有骨气的"下面加"无耻的"三个字。一位演员提醒他把"是"改为"这"，"你这没有骨气的文人！"就够味了。他觉得这字改得很恰当，他研究这两种语法的强弱不同，以为"你是什么"只是单纯的叙述语，没有更多的意义，有时或许竟会"不是"；"你这什么"便是坚决的判断而且附带语省略去了。

……

《红楼梦》里茗烟骂金荣说："你是个好小子。出来动一动你茗大爷！"这里"你是"含有假定语气也带"你不是"一点讥刺的意味，如果改成"你这好小子！"神情就完全不对了。从此可知"你这"式语法并非在任何情形之下都比"你是"式语法来得更有力。

这样的"咬文嚼字"提高了学生的审美趣味，使其能够更好地领略文学的美。朱光潜在《文学与语文：体裁与风格》中提醒读者，"咬文嚼字"是成就文学美的手段，要与装点门面的"雕章琢句"区分开：

一个作家最难的事往往不在创造作品，而在创造欣赏那种作品的趣味。这就是所谓"开风气之先"。如果缺陷在作品本身，根本的救济仍在思想情感的深厚化，而不在语文的铺张炫耀。但是平庸的作家往往不懂得这简单的道理，以为文学只是雕章琢句就可以了事，于是"修辞学"成为一种专门学问，而文学与雄辩混为一谈。……文学与雄辩的分别，穆勒（J.S.Mill）说得最好："雄辩是使人听见的（heard），诗是无意中被人听见的（overheard）。

当言说非自身就是目的而是达到一种目的之手段时，……当情感的表现带着有意要在旁人心上产生一个印象时，那就不复是诗而变为雄辩了。"……一炫耀就是装点门面，出空头支票。所以诗人魏尔兰（Verlaine）在《论诗》的诗里大声疾呼："抓住雄辩，扭断它的颈项！"

从上述例子我们可以看到，朱光潜用恰当的案例、生动易懂的文字、有力的引征来说明深刻的文学审美问题。这是朱光潜的写作风格，也是《谈文学》的价值所在。

《悲剧心理学》

我曾犹豫是否推荐《悲剧心理学》这本书，它源自朱光潜的博士论文，学术性很强，相对于《谈美》和《谈文学》，概念和术语较多。但我现在可以肯定地说，选择它是一个正确的决定——《悲剧心理学》太重要，给人太多思考与启发！

朱光潜在此书绪论中发问："我们为什么喜欢悲剧？"——这是一个多么重要的问题！他还说："悲剧向来被认为是最高的文学形式，取得杰出成就的悲剧家也是人间最伟大的天才。"他指出悲剧的价值在于：

只有崇高的心灵里才会有崇高的快乐。悲剧使我们接触到崇高和庄严的美，因此能唤起我们自己灵魂中崇高庄重的情感。它好像能打开我们的心灵，在那里点燃一星隐秘而神圣的火花。

在《悲剧心理学》的第三章，朱光潜引用一位法国诗人的话："只有平庸的心灵，才产生平庸的痛苦。"悲剧审美是使我们的心灵得到洗礼的重要契机，语文教学中培养学生的悲剧审美意识很重要。

朱光潜认为，"过去许多文学批评之所以有缺陷，就在于缺少坚实的心理学基础"。凭借丰富的心理学知识，朱光潜在《悲剧心理学》中以独特而富有想象力的方式呈现了他对悲剧的理解。下面我们以《悲剧心理学》中的若干片段为例，来体味其价值与意义。

面对悲剧时的"怜悯"和"同情"被认为是美感的一个来源，朱光潜对这个说法进行了辨析：

"悲哀的秀美"本身还不足以产生悲剧的效果。浪漫主义时代的欧洲文学整个弥漫着拜伦式的感伤和忧郁情调，极能引起怜悯。但是，尽管它很能博得少男少女们一掬"同情的眼泪"，却缺少悲剧诗当中最基本的东西。

这个悲剧中"最基本的东西"是什么呢？朱光潜认为是"英雄气概""力量和坚毅"。他说：

如果先读读拜伦《恰尔德·哈洛尔德游记》中动人的一节诗，读一读济慈的《夜莺颂》、拉马丁的《湖》或缪塞的《五月之夜》，再读一读荷马描写赫克托尔与安德洛玛克道别的一段、《俄狄浦斯在科罗诺斯》或者哈姆雷特或麦克白的伟大独白，我们立即就可以明白带悲哀意味的秀美和真正的悲剧性之间的差别：一个有英雄气概，另一个没有。悲剧的基本成分之一就是能唤起我们的惊奇感和赞美心情的英雄气魄。我们虽然为悲剧人物的不幸遭遇感到惋惜，却又赞美他的力量和坚毅。

朱光潜指出，悲剧的核心是通过让人面对困难的任务而唤醒人的价值感。悲剧给人以充分发挥生命力的余地，而在平庸敷衍的现实世界里，人很少有这样的机会。因此，悲剧所产生的快感是伴随着洋溢的生命与紧张的活动而起的心理感受。但是，仅仅是英雄气概还不足以产生悲剧效果：

关于亚瑟王、勇士罗兰和其他英雄人物的中世纪传奇并不能产生和伟大悲剧相同的印象。他们当中包含的悲剧成分往往被纯粹的英雄传奇成分掩盖了。……为了说明悲剧性和英雄气概之间的差别，让我们来比较一下《熙德》和《罗密欧与朱丽叶》。两者当中悲剧主角的处境都很相似。蒙太古和凯普莱特两个家族之间的世仇颇像唐·狄哀格和唐·高迈斯之间的争吵；罗密欧像是没有家族荣誉观念的罗德里克，朱丽叶则像还不懂得什么责任感的施曼娜。伽斯狄尔国王像维洛那亲王那样，必须维持王国的和平和安宁。甚至唐·桑彻也有一个和他对应的帕里斯伯爵。……二者具有同样的"华丽风

美学与审美

格"和"宏伟结构"，同样的责任感和荣誉感，一句话，具有同样的英雄气魄。可是莎士比亚的《罗密欧与朱丽叶》那种怜悯和恐惧到哪里去了呢？哪里还有那种深切的命运感、那种不可征服的爱的力量、那种"如水的月光的项圈"的轻柔诗意和"不祥的命星的束缚"的悲凉情调呢？

"深切的命运感""不祥的命星的束缚"让人们感到畏惧，这是悲剧必然激起的情感反应。朱光潜进而指出这种畏惧不能与实际生活中的恐惧混为一谈：

纯粹的恐怖不仅不能鼓舞和激励我们，反而让人郁闷而意志消沉。利文斯顿（Livingstone）说得好："许多近代作家也能忠实地描绘不幸的遭遇，但他们作品的效果往往显得野蛮，令人颓丧。只有很少数的人才有足够的才能去描写苦难和邪恶而又不丧失坚定的信念。"

让我们比较一下普雷沃的《曼侬·莱斯戈》与《罗密欧与朱丽叶》，巴尔扎克的《高老头》与《李尔王》，陀思妥耶夫斯基的《罪与罚》与《哈姆雷特》，或者雷马克的《西线无战事》与《麦克白》。上面提到的这些小说都是同类作品中的佼佼者，又都和与之相比的悲剧杰作在题材上有些类似。但它们却不能产生伟大悲剧总会产生的那种令人振奋的效果。我们读过这些小说之后，很少会感到胸襟开阔。……因为这些小说把痛苦和恐怖描写得细致入微，却没有用辉煌壮丽的诗的语言去"形成距离"，其次是因为它们的主要人物往往缺乏悲剧主角的崇高和悲壮。纯粹的恐怖并不能产生悲剧感，正如航船遇难或地震并不能使受害者变成悲剧中的英雄，报纸上描绘得栩栩如生的犯罪新闻和受灾报道并不能算是悲剧一样。

多么精彩的辨析！层层递进，丝丝入扣！让我们在大量详实而连贯的材料中，对悲剧审美问题形成抽丝剥茧般的深刻认识。

《悲剧心理学》对康德、黑格尔、叔本华、休谟、卢梭、尼采的悲剧理论进行了分析。这些哲学家的思想和他们对悲剧的看法是引导我们深入认识悲剧审美的重要素材。例如，在《悲剧心理学》的第五章，朱光潜介绍了亚里士多德的一个理论：悲剧的主要人物应当高于一般人——"他必须是享有盛名的境遇好的人，例如俄狄浦斯、堤厄斯忒斯以及出身于这样家族的名人"。朱光潜同意此观点，因为人物的地位越高，随之而来的沉沦也更惨，结果就更具悲剧性。事实上希腊悲剧都是围绕着英雄和国王的命运来写的，仿照古典作品来写的法国悲剧也是这样，就连浪漫型的悲剧也没有例外，如莎士比亚的四大悲剧的主角——哈姆雷特、奥赛罗、麦克白和李尔王都是处于高位的人物。朱光潜说：

> 狄德罗和莱辛虽然大力主张所谓"市民悲剧"，但这种悲剧却很少取得高度成功。随着"市民悲剧"的兴起，真正的悲剧就从舞台上消失了。代之而起的只是小说、问题剧和电影。巴尔扎克写了《高老头》，屠格涅夫写了《草原上的李尔王》，然而在莎士比亚的《李尔王》旁边，这两个故事显得多么寒伧！它只是像在一个极小的瓷片上描出的罗马西斯丁教堂穹顶的名画。随着英雄崇拜的消失，一切都被摧垮而落到千千万万人手里，崇高感于是就因之而缩小，而悲剧也就消亡了。

"悲剧主要人物应当高于一般人"，这样的说法会引起我们的疑惑。《祝福》《阿Q正传》《雷雨》《日出》《骆驼祥子》《茶馆》中遭受苦难的不都是小人物吗？这些作品不是悲剧吗？朱光潜引用《约伯记》中以利法所说：

> 在思念夜中，异象之间，世人沉睡的时候，恐惧、战兢，临到我身，使我百骨打战。有灵从我面前经过，我身上的毫毛直立。那灵停住，我却不能辨其形状。

朱光潜认为，"我却不能辨其形状"会带来深刻的恐惧，这也是悲剧引发的心理效应。是命运女神造成的"古老而遥远的不幸"让我们感到恐惧，悲剧的恐惧正是突然见识命运的玄妙莫测和不可改变以及人的无力和渺小所产生的结果。因此，我们仔细思量就会发现，上述作品中"小人物"的悲苦是社会造成的，换言之，这些人物的遭遇会因为社会的改变而改变。而身居高位、有资源、有力量的人也不能抵抗和改变命运，他们的遭遇才是真正的悲剧。所以，《祝福》《骆驼祥子》等作品更符合朱光潜所说的"问题剧"。

在《悲剧心理学》的第二章，朱光潜自陈研究悲剧审美的目的："不仅要把悲剧的欣赏作为孤立的纯审美现象来描述，而且要说明它的原因和结果，并确定它与整个生活中各种活动之间的关系。"从上面的案例可以看出，朱光潜凭借深厚的心理学、哲学、美学、文学功底，实现了对诸多悲剧审美理论——距离说、恶意说、同情说、怜悯与恐惧说、正义说、净化说、忧郁释放说的辨析。对于读者来说，不仅要熟悉这些理论，更要在朱光潜独特的、多视角的、丰富的资料的指引下，将审美理论与审美的实际心理效应关联起来，从文学的、情感的角度理解悲剧审美。

图书信息

朱光潜:《谈美》《谈文学》《悲剧心理学》,《朱光潜全集（新编增订本）》,中华书局 2012 年版

《艺术的故事》导读

　　《艺术的故事》目前已是第十六版，可谓经久不衰！这本书不仅充满真知灼见，其语言也通俗易懂，读起来收获颇丰且轻松有趣。

　　《艺术的故事》以时间为线索，同时又选取了每个时代最重要、最有代表性的艺术作品，包括绘画、雕塑、建筑、石刻、器具等等，以说明艺术发展的总体脉络。从史前时期的原始艺术一直到 20 世纪的现代主义，我们能从《艺术的故事》中看到极多对西方艺术品的分析。这些或许"陌生"的审美分析不仅能让我们了解西方艺术，更能够在对比中更好地理解中国艺术的审美特质。

　　作者在初版前言中说，他决定在这本书中少用术语。因为据其经验，稍有侈谈术语或装腔作势，读者便会有所觉察且深恶痛绝。为此作者坚持用浅近易懂的语言，"即使书中的讲法听起来像是随便一谈的外行话也在所不惜"。作者有一条具体的写作准则："凡是没有插图的作品概不论述"，这不但消除了阅读的乏味，更能让读者以具体的作品为载体理解有关艺术审美的问题。需要指出的是，这本书并没有因为追求通俗易懂而削弱其学术价值——它基于具体案例而不是抽象概念，分析了诸多有关艺术和审美的重要问题，探索、总结了有关艺术创作和艺术欣赏的规律与本质。

　　为什么要推荐一本介绍西方绘画、雕塑、建筑艺术的书？我们认为，《艺术的故事》能启发我们产生两种关联：一是中国和西方艺术的关联；二是文学与其他艺术形式的关联。作者在中译本前言中说：

　　本书主体意在向读者介绍西方艺术的历程和发展，看着西方艺术激动人心的故事，读者心头无疑会涌起西方艺术传统和远东艺术传统之间的本质差异何在的想法。

作者不仅提醒人们关注东西方艺术的差异，也强调西方艺术在东方的传播应受到重视：

我相信到处流动的工匠也把一些绘画方法带到亚洲，我们在敦煌和其他地方发现了他们的作品。他们从希腊和罗马绘画中学会了一些表示光线和大气的方法，并把那些技巧纳入了自己的技术范围之中。读者看一看本书第72图，就会注意到它跟中国的风景画有某些相似之处，……毫无疑问的是，早在汉代，就有一些装饰艺术母题从欧洲传入中国，特别是葡萄叶饰及葡萄饰，还有莲花饰，这些花卉漩涡饰已被中国工匠改造后用在了银制品和陶制品上。

正如作者所说，读者在读这本书时，"心头无疑会涌起西方艺术传统和远东艺术传统之间的本质差异何在的想法"。基于中西方艺术的关联，分析其中的差异，这是更深刻地理解艺术之美的一个切入点。再来看文学与其他门类艺术的关联。以作者论述艺术创作中的"合适"为例：

在搭配一束花时，要掺杂、调换颜色，这里添一些，那里去一点儿，此时会有一种奇妙感受，但又无法准确地讲述自己在追求什么。我们只是觉得这里加上一点红色就能使花束焕然，或者觉得那片蓝色也还不错，可是跟其他颜色不"协调"，而如果来上一簇绿叶，似乎它又显得"合适"起来。"不要再动它了"，我们喊道，"现在十全十美了"。我承认，并不是人人都这么仔细地摆弄花束，但是几乎人人都有力求"合适"的事情。

笔者在《返璞归真教语文——文本的艺术分析》中谈到文学创作的一个重要追求："适切"，与这里提到的"和谐"与"合适"的理念是一致的。[1]挑选合适的素材、进行合适的搭配与调整，这样的作品才能给人以美感。这是艺术创作的一个重要追求，显现了艺术家的经验、天赋、品位、灵感、技巧。接着，作者以画家拉斐尔的名作《草地上的圣母》为例，进一步分析艺

---

[1] 赵希斌：《返璞归真教语文——文本的艺术分析》，华东师范大学出版社2016年版，第125-131页。

术创作的过程与规律：

　　画面中的圣母俯视着两个孩子，她的表情使人难以忘怀。但是，如果看一看拉斐尔为这幅画所作的那些速写稿，我们就开始省悟他付出了怎样的心力。在左角的速写稿中，他想让圣婴一面回头仰望着他的母亲，一面走开。他试画了母亲头部的几个不同姿势，以便跟圣婴的活动相呼应。然后，他决定让圣婴转个方向，仰望着母亲。他又试验另一种方式，这一次加上了小圣约翰，但是让圣婴的脸转向画外，而不去看他。后来他又作了另一次尝试，用好几个不同的姿势试画圣婴的头部，在他的速写簿中这样的画页有好几张，他反复探索怎样平衡这三个人物最好。……他最终确实把这幅画画得合适了。在画面上物物各得其所，而拉斐尔通过努力探索最终获得的姿态与和谐显得那么自然，……而恰恰是这种和谐使圣母更加美丽，使孩子们更加可爱。

　　作者实现了自己的承诺——"凡是没有插图的作品概不论述"——将拉斐尔速写稿的图片呈现出来，将一个艺术家的创作过程鲜活地展现在我们面前。我们从中可以看到，艺术家的创作和普通人追求漂亮的插花本质上是一样的，只不过艺术家展现了更多的经验、技巧和想象力，能够看出普通人无法察觉的微小差异，并通过反复尝试寻求各元素之间完美的调和，最终使艺术品达到和谐的境界。这当然会让我们联想到文学创作，作家同样通过反复调整素材，包括素材的选择、关联、强弱、显隐等，以实现和谐、适切的情感表达。那么，文艺创作的构思有固定的规则吗？《艺术的故事》的作者进一步探讨了这个问题：

　　如果我们要问他为什么要这样画、那样改，他也许无法回答。在某些时期，确实有一些艺术家或批评家曾经想方设法总结他们的艺术法则，然而事实总是证明，庸才试图循规蹈矩却一无所获，而艺术大师离经叛道却能获得一种前所未闻的新的和谐。英国画家乔舒亚·雷诺兹爵士在皇家美术学院向学生们讲演时说，蓝色不应该画在前景，应该留给远处的背景，留给地平线上飘渺消逝的山丘。据说他的对手庚斯勃罗当时就想证明这些学院规则往往都是无稽之谈。他画出名作《蓝衣少年》，画中的少年身穿蓝衣在暖褐色背景的衬托下，赫然挺立在画面前景的中央。……没有任何规则能告诉我们一幅画或一个雕像什么时候才算合适，大抵也就不可能用语言来准确地解释为什么我们会认为它是一件伟大的艺术品。然而这并不意味着一件作品跟其他任何作品都不分上下，也不意味着人们不能讨论趣味问题。……古老的格言说，趣味问题讲不清。这样说也许不错，然而却不能抹煞趣味可以培养这个事实。对于不常喝茶的人，一种茶跟另一种茶喝起来也许完全一样。但是，如果他们有闲情逸致、有机会去品味那些可能存在的细微差异，就有可能成为地道的"鉴赏家"，就能准确地辨别出他们所喜爱的那种味道。……那些艺术大师毕竟把自己的一切都奉献给了艺术作品，备尝艰辛，呕心沥血，他们至少有权要求我们设法弄清他们所追求的东西是什么。

这段话的重要性在于，艺术表现不是没有规律，也不是不要方法，而是不能死板地套用方法，或不顾创作目的与条件盲目地总结与应用规律。这很自然地让我们联想到中国文论中的"不落言筌"以及"道"与"技"的关系、"有法"与"无法"的关系。此外，艺术欣赏虽然是"见仁见智"，没有统一的标准和结论，但艺术品本身有高低、好坏之分，这取决于艺术家的天赋、经验、技巧；同时，欣赏者的经验和艺术素养也决定了其欣赏水平，决定其能在多大程度上识别、欣赏艺术品的美。

由上述案例可以看到，《艺术的故事》虽然介绍的是西方绘画、雕塑、建筑，与文学表现美的方式不同，但所有艺术有着共同的审美基因。将不同门类的艺术与文学进行关联对比，可以使我们更深刻地理解文学艺术之美。《艺术的故事》为读者开启了一段奇妙的艺术之旅，这段旅途让我们看到丰富别样的风景，同时也在轻松和趣味中激发我们的感悟与思考。

图书信息

贡布里希:《艺术的故事》，范景中译，生活·读书·新知三联书店 1999年版

哲学与历史

西方文艺批评家诺思罗普·弗莱指出："文学处在人文学科的中间地段，其一侧是史学，而另一侧是哲学。批评家从史学家的观念框架中寻取事件，又从哲学家的观念框架中借用理念。"[①] 例如，访谈者问曹禺："有人说您的剧作可能受到老子的思想影响。……您在《日出》前面引用了那么多《道德经》语录，它是不是意味着对主题的概括，还是有其他的什么寓意？"曹禺回答[②]：

你说的对，那可能指的是我在《日出》前面引了老子的《道德经》里的话。……只是一种代替序的作用，就是这个社会非有人起来造反，非把它推倒了算，就是这个意思。……第一段引了《道德经》中的一段话："天之道其犹张弓欤？高者抑之，下者举之。"这好像张弓射物，举得高了就放低些，低了就举高些；"有余者损之，不足者补之"。天之道是"损有余而补不足"的，人之道则不然了，那是相反的，是"损不足以奉有余"的。……《日出》的最后，是看见了一片新天地，整个天地变了。而实际上人都死了，陈白露也死了。不是日出了，是完蛋了。那是国民党时期，叫我直接写出他们完蛋了，写出这本账算清了，这个社会"哏儿屁"了，必须重新建立。

曹禺的《日出》写的是 20 世纪初的中国，其中却深潜着两千多年前《道德经》的哲学思想，而曹禺所经历的那段历史又为他提供了写作素材——《日出》这一文学作品的一侧是哲学，另一侧是历史。文学、历史、哲学之间确实存在着密切的关联。

为了说明文、史、哲的关系，我们制作了一个示意图。

---

① 诺思罗普·弗莱：《批评的解剖》，陈慧等译，百花文艺出版社 2006 年版，第 17 页。
② 田本相，刘一军：《曹禺访谈录》，百花文艺出版社 2010 年版，第 23-24 页。

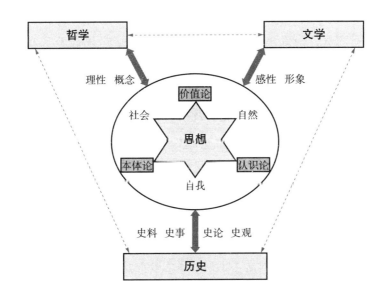

　　思想是对世界的反映与思考，包括文学在内人类所有的文化都是思想的产品，理解文学作品，就要理解其中蕴含的思想。人同时面对三个世界：自然、社会、自我。"这个世界是怎样的"，"我们如何认识这个世界"，"这个世界应当是怎样的"——这些思想的内容与形式，分别对应哲学的本体论、认识论和价值论。文学以文字艺术的方式表达作者的思想，这当然有哲学意味；同时，历史是一个作家思想素材的重要来源，文学、哲学、历史因此而必然存在交叉重叠。

　　首先来看文学和历史的关联。总的来说，历史展开了一幅超越时空的画卷，为人类思想提供了素材，让我们可以从延绵不断的历史中获得对世界的认识与思考。《本事诗》中，孟棨有言："杜所赠二十韵，备叙其事，读其文，尽得其故迹。杜逢禄山之难，流离陇蜀，毕陈于诗，推见至隐，殆无遗事，故当时号为'诗史'。"中国的历史作品，在记人记事的同时往往塑造了生动的人物形象，同时也在表达真挚的情感，这使得它具有明显的文学性，《史记》就是典型的例子。历史学家翦伯赞非常强调史流之杂著是补充和订正正史的必要材料。他说[①]：

----

① 参见翦伯赞：《略论中国文献学上的史料》，《史料与史学》，北京出版社 2005 年版，第35-48 页。摘引时有删减。

从记事来看，如武王伐纣，《尚书》、《史记》只说武王伐罪吊民，读《逸周书·克殷》、《世俘》诸篇，始知"血流漂杵"的内容。又如《三国志》记诸葛亮南征只有二十字，《华阳国志·南中志》有七百余字记载此事，才知道这一战争的经过始末。《宋史》载徽、钦北狩，不详。读辛弃疾《南渡录》等杂史，则徽、钦二帝北狩的行程及其沿途所受的侮辱，历历如见。《明史》载倭寇之战不确，读朱九德《倭变事略》等书，则知当时商人勾引倭寇，明代官兵望敌而逃之实情。清兵入关对中原人民的大屠杀，将来清史，未必全录；但是有了《扬州十日记》、《嘉定屠城记》等书，则知清兵入关，其屠杀之惨是严重的。

从记人来看，如《三国志》上的许多人物纪传，大抵皆以此种杂史为蓝本而记录出来。《宋史》载宋江的暴动，合《徽宗纪》、《侯蒙传》、《张叔夜传》三处所载，不过百余字，简直看不出宋江是怎样一个人，但我们读《宣和遗事》、周密《癸辛杂识》及龚圣与《三十六人赞》，则梁山泊上的三十六个英雄，有名有姓有来历了。

从载言来看，如《宋史》载宋、金战争，只记胜败，读周密《齐东野语》，其中载宣和中，童贯败于燕蓟，伶人饰一婢作三十六髻，另一伶人问之，对曰："走为上计（髻）。"由此而知宋代官军，只知向后转进。又张知甫《可书》有云："金人自侵中国，雅以敲棒击人脑而毙。绍兴间有伶人作杂剧戏云：'若欲胜金人，须是我中国一件件相敌乃可，且如金国有粘罕，我国有韩少保，金国有柳叶枪，我国有凤凰弓，金国有凿子箭，我国有锁子甲，金国有敲棒，我国有天灵盖。'"由此又知当时南宋政府对付金人，只有凭着天灵盖去领略金人的敲棒。此外如曾敏行《独醒杂志》讽刺宋朝政府滥发货币，洪迈《夷坚志》讽刺宋朝宰相的贪污，岳珂《桯史》讽刺南宋的统治阶级把徽、钦二帝抛在脑后等等，都是以琐语而暴露社会经济和政治的内容。

从刻画社会背景来看，如北魏时的洛阳是怎样的情形，从《魏书》上看不出来；我们读《洛阳伽蓝记》，便知当时的洛阳有多少城门，街道如何，而且城内城外有一千多个佛寺。宋代的汴梁是怎样的情形，从《宋史》上也看不出来；但我们读吴自牧《梦粱录》、孟元老《东京梦华录》等书，不但宫殿的所在，街道的名称，可以复按；而且当时的都市生活、商店、茶楼、酒馆、书场、妓院的地址，以及过年、过节、庙会等风俗，亦琐细如见。明末的南京，是怎样的情形，从《明史》上，也看不出来；但我们读《板桥杂记》等书，则知亡国前夕的南京，"灯火樊楼似汴京"；莫愁湖上的茶社，秦淮河中的游艇，都挤满了贫穷的妓女和腐化贪污的官僚。

翦伯赞所述大部分"杂著"都有文学意味，显示文学与历史紧密的关联。从文学的角度，这提醒我们"文史不分家"，赏析文学作品时要有历史感，要关注作品中的史实，关注作品的历史背景。

再看文学与哲学的紧密关联。与文学和历史的关系一样，在中国早期的文字中，文学和哲学同样是无法分开的。如《道德经》《庄子》《论语》，既是深刻的哲学思考，又是动人的文学作品。举例说来，《道德经》中的发展观与辩证法是极为重要的哲学思想，但它没有用抽象的概念，而是用形象的方式非常精妙地阐明。前述曹禺在《日出》中引用的《道德经》的话，表达其对"损不足以奉有余"的腐朽世界的看法——物极则反，这个世界注定是要灭亡的，而这体现了老子"万物负阴而抱阳"的哲学观——对立面是互相转化的。中国传统哲学思想的表达方式具有明显的形象性，文字形式上多用排比、对偶、押韵等形式，蕴含强烈的情感，这都使其具有明显的文学意味。

总之，历史为文学提供了素材，而这些素材也往往具有深刻的哲学意义，即关乎世界的重大命题。优秀的作家一定饱读诗书——既有历史作品，也有哲学作品，他们对这些内容产生共鸣、生发感动，并由此而产生文学创作的动力，这是哲学与历史对文学产生影响的核心机制，也提示我们在解读文学作品时要关注相关的哲学思想与历史资料。

《中国古代思想史论》《中国现代思想史论》导读

　　李泽厚的一位前同事形容上世纪 80 年代李泽厚的风光："只要他在哲学所上班那天，办公室就塞满了全国各地来拜访他的人群。和他一个办公室的同事都挤不进去。中午去食堂吃饭，他后面跟着一二十人的队伍，浩浩荡荡。"[①] 由此可见李泽厚的学说与思想有多大的影响力。我的美学和中国传统哲学的启蒙来自李泽厚，读他的书会让我思考一个问题：李泽厚如何能让学术性很强的书读起来兴味盎然？我想原因在于他对其写作内容不但有非常深刻的理解，还能用不花哨、不玄虚的语言表达出来。此外，李泽厚的写作有问题意识，即他的写作能面对问题、解决问题，从而避免了资料的堆砌，素材与素材之间、素材与观点之间、现象与本质之间形成了生动的关联——他的文字因此而有生命、有灵魂。

《中国古代思想史论》

　　李泽厚在《中国古代思想史论》的后记中说：

　　比较起埃及、巴比伦、印度、玛雅等古文明来，中国文明毕竟又长久地生存延续下来，并形成了世罕其四、如此巨大的时空实体。历史传统所累成的文化形式又仍然含有值得珍贵的心理积淀和相对独立性质；并且百年来以及今日许多仁人志士的奋斗精神与这文化传统也并非毫无干系。

　　中国古代哲学思想撑起中国文学的大厦，它是理解中国文学的基础。《中国古代思想史论》介绍了孔孟、墨家、孙老韩、荀易庸等各家哲学思想，

---

① 陈晓：《学者李泽厚》，《三联生活周刊》2009 年第 37 期。

就"秦汉思想""庄玄禅宗""宋明理学""经世观念"等进行了专题分析，最后以"中国的智慧"为题作了一个总结性的探讨。下面以李泽厚对孔子思想的分析为例，说明这本书的风格及其价值。

李泽厚提出，孔子思想的核心是"仁"，"仁"是由四个方面——血缘基础、心理原则、人道主义、个体人格——构成的思想模式和文化心理结构。以李泽厚对"心理原则"的分析为例，我们来看他如何解析"仁"的内涵。他认为，心理原则的建立与孔子竭力维护、保卫的"（周）礼"有密切关系。"礼"本是对个体成员具有外在约束力的一套习惯法规、仪式、礼节、巫术。他指出，作为统治秩序和社会规范的"礼"，以食色声味和喜怒哀乐等"人性"为基础，这样的话外在的"礼"和内在的"心理原则"就产生了关联。那么，进一步的问题便是，这种关联是如何形成的呢？李泽厚援引孔子对宰我问"三年之丧"的回答，说明了对这个问题的看法：

> 宰我问："三年之丧，期已久矣。君子三年不为礼，礼必坏；三年不为乐，乐必崩。旧谷既没，新谷既升，钻燧改火，期可已矣。"子曰："食夫稻，衣夫锦，于女安乎？"曰："安。""女安则为之！夫君子之居丧，食旨不甘，闻乐不乐，居处不安，故不为也。今女安，则为之！"宰我出。子曰："予之不仁也！子生三年，然后免于父母之怀。夫三年之丧，天下之通丧也。予也有三年之爱于其父母乎？"（《论语·阳货》）

孔子把"三年之丧"的传统礼制，直接归结为亲子之爱的生活情理，把"礼"的遵行直接诉之于心理依靠，这就把"礼"和"仪"从外在规范约束转换成人的内在要求——与人性相关的心理原则。李泽厚指出，这一转变在中国古代思想史上具有划时代的意义，他说：

> 在这里重要的是，孔子没有把人的情感心理引导向外在的崇拜对象或神秘境界，而是把它消溶满足在以亲子关系为核心的人与人的世间关系之中，使构成宗教三要素的观念、情感和仪式统统环绕和沉浸在这一世俗伦理和日常心理的综合统一体中，而不必去建立另外的神学信仰大厦。这一点与其他几个要素的有机结合，使儒学既不是宗教，又能取代宗教的功能，扮演准宗

教的角色，这在世界文化史上是较为罕见的。不是去建立某种外在的玄想信仰体系，而是去建立这样一种现实的伦理——心理模式，正是仁学思想和儒学文化的关键所在。

……

也由于强调这种内在的心理依据，"仁"不仅仅得到了比"仪"远为优越的地位，而且也使"礼"实际从属于"仁"。孔子用"仁"解"礼"，本来是为了"复礼"，然而其结果却使手段高于目的，被孔子所发掘所强调的"仁"——人性心理原则，反而成了更本质的东西，外的血缘（"礼"）服从于内在的心理（"仁"）："人而不仁，如礼何？人而不仁，如乐何？"（《论语·八佾》），"礼云礼云，玉帛云乎哉？乐云乐云，钟鼓云乎哉？"（《论语·阳货》），"礼与其奢也宁俭，丧与其易也宁戚"（《论语·八佾》），"今之孝者，是谓能养，至于犬马，皆能有养，不敬，何以别乎？"（《论语·为政》）……不仅外在的形式（"仪"：玉帛、钟鼓），而且外在的实体（"礼"）都是从属而次要的，根本和主要的是人的内在的伦理——心理状态，也就是人性。后来孟子把这个潜在命题极大地发展了。

把"礼""仪"从外在规范转换成人的内在要求——与人性相关的心理原则，后者不仅具有伦理价值，而且具有富含情感的审美价值。这是孔子"仁"的文化—心理结构具有强大生命力的一个重要原因。对此李泽厚说：

毋宁说，中国民族及其文化之所以具有如此顽强的生命力量，历经数千年各种内忧外患而终于能保存、延续和发扬光大，在全世界独此一份（古埃及、巴比伦、印度文明都早已中断），与这个孔子仁学结构的长处也大有关系。那种来源于氏族民主制的人道精神和人格理想，那种重视现实、经世致用的理性态度，那种乐观进取、舍我其谁的实践精神……，都曾在漫长的中国历史上感染、教育、熏陶了不少仁人志士。它是在中国悠久历史上经常起着进步作用的传统。即使在孔学已与封建统治体系融为一体的后期封建社会，像范仲淹的"先天下之忧而忧，后天下之乐而乐"，张载的"民吾同胞，物吾与也"，文天祥的"孔曰成仁，孟曰取义"，顾炎武的"天下兴亡，匹夫有责"，王夫之的"六经责我开生面，七尺从天乞活埋"……，都闪烁着灿烂光华，是我们这个民族的基本观念、情感、思想和态度，而它们又都可以溯源于仁学结构。

综上所述，李泽厚对"仁"的文化—心理结构的发现非常精巧，很有说服力。儒家思想是中国文化的思想内核，中国的艺术包括文学，必然会受到儒家思想的影响——源于儒家的、以"仁"为核心的人道精神和人格理想是文学作品永远叙写的主题，其中缊含的追求与理想为文学作品注入澎湃的情感，铸就生生不息的动人力量。

这本书中"庄玄禅宗漫述"部分值得特别关注，从第一节的标题——"庄子的哲学是美学"能看出这部分与文艺审美关系密切。李泽厚指出，庄子第一次突出了个体存在，关心个体存在的身（生命）心（精神）问题，正视人在社会中所面临的种种困境，为人们心为物役而感到悲哀。庄子提倡恢复人的自然本性，最终获得真正的、完全的解放和自由，其中蕴含着人的觉醒、改变和超越，显现为对理想人格的追求——"个体存在的形（身）神（心）的问题最终归结为人格独立和精神自由，这构成庄子哲学的核心"。庄子思想因此而凸显个体在自我实现过程中的追求与向往、痛苦与失落、希望与解放，充满了浪漫精神，蕴含着浓厚的情意，从而具有强烈的审美意味。这部分将庄、玄、禅三者有机地整合在一起，进行整体浑融地阐发，而这三方面对文学艺术均有重大影响，建议读者仔细赏阅。

李泽厚在《中国古代思想史论》的后记中说：

从有关中国近代思想史的文章，到《美的历程》，到这本书，都是极为粗略的宏观框架。特别是后两书，上下数千年，十多万字就打发掉。而且，既无考证，又非专题；既无孤本秘笈，僻书僻典，又非旁征博引，材料丰多。我想，这很可能要使某种专家不摇头便叹气的。不过这一点，我倒是自甘如此，有意为之。

李泽厚对"有意为之"如此解释：

有一次与两位年青记者谈话时，我偶然说到，自己不写五十年前可写的书，不写五十年后可写的书。其实，人各有志，不必一样。我非常爱读那些功力深厚具有长久价值的专题著作，我也羡慕别人考证出几条材料，成为"绝对真理"或集校某部典籍，永远为人引用……；据说这才是所谓"真学问"。大概这样便可以"藏之名山，传之后世"了。但我却很难产生这种"不朽"打算，……我在另处介绍过，"对于创造性思维来说，见林比见树更重要"。

从大处着眼，着力勾勒中国古代思想的总体框架，刻画其内部多种因素的关联及其发展演进的线索，这是《中国古代思想史》的特点与价值，也体现李泽厚所说的"见林比见树更重要"。我们通过一个例子来看李泽厚如何基于一个更上位的视角勾勒中国古代思想的框架。李泽厚将"荀易庸"整合后在书中辟专章予以讨论，以"儒家世界观的建立"为切入点介绍《易传》。他在这部分的开头写道：

《易传》的最大特点，我以为，便是沿袭了荀学中刚健奋斗的基本精神，舍弃了"天人之分"、"制天命而用之"的具体提法或具体命题，把它们改造为"天行健（或作"天行，乾"），君子以自强不息"，赋予自然以人的品德色彩，提到"一阴一阳之谓道"的形而上学的明确高度，创造性地建构了一个完整的世界观。《易传》终于成为整个儒家最基本和最高的哲学典籍。

这样的写作方式，实现了李泽厚所说的"见林"。他用简洁明晰的文字展现其对中国古代思想的理解，并且在各个层面深度关联，形成一个清晰的结构。这避免了读者淹没在浩繁琐碎的知识材料中。更重要的是，这样的文字显现出明确的问题意识，在问题的驱动下提出观点，并将多层面的材料围绕观点聚合起来，读者在问题和观点的牵引下形成有目的的阅读，从而最大程度地优化阅读效果。

《中国现代思想史论》

《中国现代思想史论》共有八章："启蒙与救亡的双重变奏""记中国现代三次学术论战""胡适　陈独秀　鲁迅""青年毛泽东""试谈马克思主义

在中国""二十世纪中国（大陆）文艺一瞥""略论现代新儒家""漫说'西体中用'"。李泽厚在这本书的后记中说：

中国知识分子，如同古代的士大夫一样，确乎起了引领时代步伐的先锋者的作用。由于没有一个强大的资产阶级，这一点在近现代中国便更为突出。中外古今在他们心灵上思想上的错综交织、融会冲突，是中国近现代史的深层逻辑，至今仍然如此。……在这个近百年六代知识者的思想旅程中，康有为、鲁迅、毛泽东，大概是最重要的二位，无论是就在历史上所起的作用说，或者就思想自身的敏锐、广阔、原创性和复杂度说，或者就思想与个性合为一体从而具有独特的人格特征说，都如此。

从这段文字可知，李泽厚用"以点带面"的方式，以对中国近代思想有极大影响的思想家和时代主题为切入点，说明中国近代思想的基本形态与关键特征。其中"二十世纪中国文艺一瞥"一章应引起读者高度关注。在这一章中，李泽厚谈了六个方面："转换预告""开放心灵""创造模式""走进农村""接受模式""多元取向"。这部分内容对我们理解当代文学的基本形态和发展脉络很有价值——它分析了当代文学发展变化的思想基础和时代背景。例如，李泽厚在"转换预告"一书中写道：

本世纪初的好些留学生知识分子曾不惜个人生命，献身革命，其中有好几位知名人士蹈海自杀。他们之选择死亡，不是因为"不值得活下去"，也不是为了在自我的毁灭中求欢乐的疯狂，而是为了要把自己的死与民族国家的生联结起来。他们不是如现代海德格尔所说只有在死面前才知道生，而仍然是传统的"未知生，焉知死"（孔子），因为知道了生的价值才去死，即以一己的死来唤醒大众的生。

所以，尽管这批第一代中国近现代知识分子已经在政治上、思想上接受了西方的自由、民主和个人主义，但他们的心态并不是西方近现代的个体主义，而仍然是自屈原开始的中国传统的承续。在中国这一代近现代意义的知识分子身上所体现的，倒正是士大夫传统光芒的最后耀照。

"……吾至爱汝，即此爱汝一念，使吾勇于就死也。吾自遇汝以来，常愿天下有情人都成眷属；然遍地腥云，满街狼犬，称心快意，几家能够？司马春衫，吾不能学太上之忘情也。语云：仁者'老吾老以及人之老，幼吾幼以及人之幼'。吾充爱汝之心，助天下人爱其所爱，所以敢先汝而死，不顾汝也……"（林觉民:《与妻书》）

这是一封在起义前夕写在白布方巾上的真实的家书，并不是有意创作的文学作品。但是，今日读来，却仍然比许多文学作品要感人得多。那种在选择死亡面前凝聚着的夫妇伦常的真实情感，仍以一种传统的光辉感染着人们。此外，如谭嗣同"我自横刀向天笑，去留肝胆两昆仑"；秋瑾引古诗作绝笔的"秋风秋雨愁煞人"，黄兴吊刘道一的"……我未吞荒恢汉业，君先悬首看吴荒……眼底人才思国士，万方多难立苍茫"，宁调元辛亥后被杀前的"……死如嫉恶当为厉，生不逢时甘作殇；偶倚明窗一凝睇，水光山色剧凄凉"，以及名盖一时的南社诗人们的许多创作，……它们所构成的这个世纪初的悲壮的革命进行曲，基本上仍然是中国传统的士大夫家国兴亡责任感和人生世路凄凉感在新时代里的表现。

在说明了20世纪初中国文学所继承的千年传统之后，李泽厚说，"但是，毕竟在开始转换"——"新的情感"的书写——新的文学形式出现了。李泽厚以"拜伦热"、林纾翻译的小说和苏曼殊的文字为例，说明个体独立意识的觉醒是那时文艺发生转变最核心的动力——"新的情感"驱动人们用文字描摹新的生活图景，那时的文学开始重视基于个人感受的人生观念和情绪情感。李泽厚以苏曼殊的文字为例说明这一点：

苏曼殊描述的爱情已不复是《聊斋》里的爱情，也不再是《牡丹亭》、《红楼梦》里的爱情，当然更不是《恨海》里的爱情……苏作在情调凄凉、滋味苦涩中，传出了近现代人才具有的那种个体主义的人生孤独感与宇宙苍茫感。他把男女的浪漫情爱和个体孤独，提升为参悟那永恒的真如本体的心态的高度。它已不是中国传统的伦常感情（如悼亡），佛学观念（色空）或庄子逍遥。它尽管谈不上人物塑造、情节建构、艺术圆熟，却在这身世愁家国恨之中打破了传统心理的大团圆，留下了似乎无可补偿无可挽回的残缺和遗恨。这就是苦涩的清新所带来的近现代中国的黎明期的某种预告。

李泽厚在"开放心灵"这部分中指出，"辛亥"这一代的心态只开始转换，但传统还占压倒优势，"五四"这一代却勇敢地突破传统，正式实现着这一转换。几千年皇帝专制对知识分子主宰地位的消退，"学而优则仕"的传统科举道路的阻塞，西方文化如潮水般的涌进，这给新一代年轻知识者以从未曾有过的心灵的解放，展现在他们面前的图景和道路是从未曾有过的新鲜、多样、朦胧。李泽厚说：

> 作为个体的人在国家、社会、家庭里的地位和价值需要重新安放，这带来了对整个人生、生命、社会、宇宙的情绪性的新的感受、体验、思索、追求和探询。……经商、办报、工程师、教员、律师、医生……，多种多样的谋生途径和生活机会平等地展开在人们面前。社会生活开始具有了近代性，知识者们不必再把心灵寄托在读书做官这个固定的焦点上，人生目标不再有恒久不变的模式，包括济世拯民、救亡图存、田园隐逸、佛门解脱等传统模式，也不再是理想的高峰和意向的极致。多样化的人生和心灵之路在试探、蛊惑、引诱着人们。……与传统的告别，对未来的憧憬，个体的觉醒，观念的解放，纷至沓来的人生感触，性的苦闷，爱的欲求，生的烦恼，丑的现实，个性主义、虚无主义、人道主义……，所有这些都混杂成一团，在这批新青年的胸怀中冲撞着激荡着。……在文学上，抒发胸怀而不成系统，倾吐心臆而尚未定型，散文或散文似的新诗便成了此代心魂的最佳的语言寓所。如同它的新鲜形式一样，我总觉得，它的内容也带着少年时代的生意盎然的空灵、美丽，带着那种对前途充满了新鲜活力的憧憬、期待的心情意绪，带着那种对宇宙、人生、生命的自我觉醒式的探索追求。……这样一种对生命活力的倾慕赞美，对宇宙人生的哲理情思，便是中国现代的 Sentimental，是黎明期开放心灵的多愁善感。它具体表现为敏感性、哲理性和浮泛性的特征。

李泽厚以冰心和朱自清的作品为例，说明这种多愁善感的情感对中国文学超越传统的转折性意义：

> 你看，二十岁刚出头的女学生冰心的作品，她那几年的《繁星》《春水》《寄小读者》，便第一次以脱去传统框架的心态，用纯然娇弱的赤裸童心，敏

哲学与历史

感着世界和人生；憧憬着光明、生长、忠诚、和平。但残酷的生活、丑恶的现实、无聊的人世到处都惊醒、捣碎、威胁着童年的梦，没有地方可以躲避，没有东西可以依靠，没有力量可以信赖，只有逃到那最无私最真挚最无条件的母爱中，去获得温暖和护卫。这似乎才是真正的皈依和归宿，才是确实可靠的真、善、美。……这就不再是传统伦常的母爱，不再是"哀哀父母，生我劬劳""慈母手中线，游子身上衣"的古典咏叹，而是新时代新青年对整个宇宙人生多愁善感的母爱。……这种爱似乎毫无任何具体的社会、时代的内容，然而它却正好反射了那个觉醒的新时代的心声。对充满着少年稚气的新一代知识者来说，爱，总先是母爱，闪耀着近代泛神论的哲理光亮。……在充满柔情的"父亲、母亲的膝下怀前，姊妹兄弟的行间队里"（《寄小读者·通讯11》），冰心把中国传统的血缘伦常感情放大为"人类在母亲的爱光之下，个个自由，人人平等"（《寄小读者·通讯10》）的宇宙之光和心理本体了。

同样是二十年代的名篇朱自清的《背影》，是写父爱的。它现实、具体得多，渗入了社会生活的具体景象，它以其更可触摸的实在剪影，同样表现了新一代知识者在走上人生道中对传统的转换了的感受和体验：那就是摆脱了传统礼教观念（所以心中可以"暗笑"父亲），回到了真正原本的亲子之爱。读《背影》，谈冰心，直到今天，也仍然使人感到返朴归真、保存或回到那纯真无私、充满柔情人性的亲子之爱中的可贵。所以，尽管它们没有多少现实的内容或思想的深度，却可以长久打动人心，有益地培育着千万颗童心。它们几十年来成为中小学优秀教材，是有道理的。

李泽厚还以郁达夫和鲁迅的作品为例，说明母爱之外另一个重要的文学主题——性爱所体现的那个时代的文学追求和文学形态的转变，以及这种转变背后的思想基础。李泽厚以茅盾对庐隐、孙俍工等人的作品为例，展示那时的青年对"渺茫不可知的前途"的惶恐、困惑、寻觅、苦闷、彷徨——于是一切便都沉浸在当下纷至沓来、繁复不定的各种自我感受中，呈现为一种主观性的多愁善感主义即敏感主义（或伤感主义）。它既不是真正的浪漫主义，更不是现实主义，普遍显现出空灵、轻快，并无深意却清新可读的特点，就像徐志摩的诗《再别康桥》和许地山的散文《春底林野》那样。对于这一时期文艺的觉醒与转换，李泽厚总结道：

　　总之，无论是回到母亲的怀抱（冰心），或是"把日月来吞食"（郭沫若），无论是对母爱，对性爱，对强力的爱，对自然的爱，对哲理的爱，它们都以敏感和激情在创造性地转化传统的积淀。这是还未脱出古典传统的上一代和已卷入社会波涛的下一代所作不出的。他们在"思想情感的方式"（放大地说即文化心理结构）上，既承续了传统，例如前说的亲子之爱，同时又具有了近现代个性解放和自我独立的意识，那种种温柔、呼喊、苦闷、无聊、寻觅、伤感……，已是近现代的个体所具有的特征。他们所高举远慕的，不再是儒家、道家或佛学的乌托邦，而是充满着近现代人的追求意识了。

　　由此可见，李泽厚旁征博引、上下贯通地勾勒了中国现代思想的历史背景和框架，用细腻而充满情感的文字论述了中国现代文学发展演进的动力及路径。

　　综上所述，李泽厚的作品问题意识突出、指向性强、逻辑鲜明、文字简洁有力且清晰易懂，在中国古代及现代思想史方面勾勒出一个清晰的框架。李泽厚在写作时引用的材料极为丰富，这不仅提升了论证的说服力，更有助于读者以这些材料为线索进行更广泛、更深入的阅读。

　　与《中国古代思想史论》《中国现代思想史论》同属一个系列，李泽厚还撰写了《中国近代思想史论》，有兴趣的读者可参考阅读。

图书信息

李泽厚:《中国古代思想史论》，生活·读书·新知三联书店 2008 年版
李泽厚:《中国现代思想史论》，生活·读书·新知三联书店 2008 年版

《中国哲学史》导读

　　《中国哲学史》是一本教科书，介绍了中国自先秦至近代的哲学思想，内容丰富、条理清楚、语言流畅，有助于我们对中国哲学思想形成框架性的认识。

　　宗白华说："哲学求真，宗教求善。文艺从它的左邻'宗教'获得深厚热情的灌溉，第一流的文学作品也基于伟大的宗教热情；文艺从它的右邻'哲学'获得深隽的人生智慧、宇宙观念，使它能执行'人生批评'和'人生启示'的任务。"[①]哲学关注世界和人生的真相及价值，文学中有关世界本原、人生方向和心灵归宿等重大主题与哲学思考往往是相通的，富有哲学意味的文学表达更为深刻和隽永，生发更高层次的美感。例如，林如斯在其父林语堂的小说《京华烟云》的序中写道：

　　此书的最大的优点不在性格描写得生动，不在风景形容得宛然如在目前，不在心理描绘的巧妙，而是在其哲学意义。你一翻开来，起初觉得如奔涛，然后觉得幽妙，流动，其次觉得悲哀，最后觉得雷雨前之暗淡风云，到收场雷声霹雳，伟大壮丽，悠然而止。留给读者细嚼余味，忽恍然大悟：何为人生，何为梦也。……包括无涯的人生，就是伟大的小说。

　　《京华烟云》的开头引用《庄子·大宗师》中的话："大道，在太极之上而不为高，在六极之下而不为深。先天地而不为久，长于上古而不为老。"林如斯指出，《京华烟云》"全书受庄子的影响"。这个例子提示我们，读《中国哲学史》，要理解各种哲学思想的来龙去脉及其关联，要关注文学作品所体现的哲学思想。

[①]宗白华：《美学散步》，上海人民出版社2005年版，第41页。

我们以《中国哲学史》第十二章"慧能与禅宗"为例，尝试将多层面哲学思想关联起来，并显示其对中国文学的意义。

慧能（638—713），禅宗的第六祖。慧能禅宗的基本教义认为，人生来就有佛性却被遮蔽，需要通过禅定等修行除去情欲和烦恼，使"本心"显现出来。因此，慧能禅宗不追求烦琐的宗教仪式，不讲累世修行、布施、念经拜佛，不立文字甚至不讲坐禅，而是提出"顿悟成佛"说——凭自己本有的智慧（般若之知）一下子悟出佛理——"一闻言下便悟，顿见真如本性"。（此语及以下引自慧能的话均出自《坛经》，不再标注）这是对佛教传统教义的一次大变革。

在慧能看来，佛性不是某种心灵状态，而是"自性真空"，"无有一法可得"。这种"空"，不是空心静坐、念念思空，而是连"空"的观念甚至成佛的念头都没有。如何达到这种境界？要靠人生来就有的一种认识自己本性的"良能"，又称为"灵知"——"灵知不昧，即此空寂之知，是汝真性"，"一刹那间，妄念俱灭，若识自性，一悟即至佛地"，这即是"顿悟成佛"或"见性成佛"。据《坛经》记载，为了传法嗣，五祖弘忍叫寺中群僧各作一偈。神秀作："身是菩提树，心如明镜台，时时勤拂拭，勿使惹尘埃。"慧能则作："菩提本无树，明镜亦非台，本来无一物，何处惹尘埃。"慧能把佛性也看成是空的，比神秀空得彻底。

《中国哲学史》对慧能禅宗有两个重要评论：第一，慧能禅宗糅合了孔孟一派的人性论和老庄一派的崇无思想；第二，它对后来宋明道学中的心学一派产生了很大的影响。这两个评论启发我们将慧能禅宗与其他哲学思想关联起来。

首先来看慧能禅宗对心学的影响。

心学最重要的代表人物王守仁继承并发挥了陆九渊"心即理也"的见解，提出了"心外无理""心外无物"的主张。他说："夫万事万物之理不外于吾心"（《答顾东桥书》），"身之主宰便是心，心之所发便是意；意之本体便是知，意之所在便是物"（《传习录上》）。王守仁说，"盖天地万物与人原是一体"（《传习录下》），这是古已有之的"天人合一"思想的继承。同时，王守仁又强调"心""灵明"是万物统一的核心与主宰："其发窍之最精处，是人心一点灵明。"（同上）《传习录》载，王守仁问一个弟子，"你看这个天地中间甚么是天地的心？"弟子答："尝闻人是天地的心。"他问："人又甚么叫做心？"答："只是一个灵明。"王守仁说："可知充天塞地中间只有这个灵明，……我的灵明便是天地鬼神的主宰。天没有我的灵明，谁去仰他高？地没有我的灵明，谁去俯他深？……"弟子问："天地鬼神万物千古见在，何没了我的灵明便俱无了？"他答道："今看死的人，他这些精灵游散了，他的天地万物尚在何处？""我的灵明"是天地万物的"主宰"，天地万物都依靠"我"的知觉灵明而存在。"我"死了，我的"灵明""游散"了，我的世界也就没有了。

在人格修养方面，王守仁提出了"致良知"的理念。他认为，人生来便有分别是非善恶的良知，这是人的本性："知是心之本体，心自然会知。见父自然知孝，见兄自然知弟，见孺子入井自然知恻隐，此便是良知。"（《传习录上》）他认为良知是心的本质，进而对"格物致知"提出新的解释：致知不是寻求对于外在事物的认知，而是彰显本来固有的良知；格物不是考察客观的事物，而只是审视和修正自己的所思所念："凡意之所发必有其事，意所在之事谓之物。格者正也，正其不正以归于正之谓也。"（《〈大学〉问》）"所谓致知格物者，致吾心之良知于事事物物也。"（《答顾东桥书》）把心中固有的天理贯彻到事事物物中去，这与康德所谓"心为自然界立法"的思想相似。王守仁晚年曾将其主张概括为四句话："无善无恶是心之体，有善有恶是意之动，知善知恶是良知，为善去恶是格物。"（《传习录下》）习称"四句教"。由此可见，陆王心学受佛教禅宗的影响很深，这里所谓"无善无恶是心之体"更和禅宗高度一致。

《传习录》载，王守仁和他的弟子们游山，一个弟子指着山中的花树问道："天下无心外之物，如此花树在深山中自开自落，于我心亦何相关？"王守仁答辩："你未看此花时，此花与汝心同归于寂，你来看此花时，则此花颜色一时明白起来，便知此花不在你的心外。"慧能南行传法，见二僧争论风吹幡动问题。一僧说"是风动"，一僧说"是幡动"，慧能说："不是风动，不是幡动，仁者（指僧徒）心动。"慧能之意，只要人心不动，无论外界环境怎样，心都是清静空无的。由此可见，王守仁的主张与禅宗的理念——

"自心是佛"，"外无一物而能建立"，"心生种种法生，心灭种种法灭"——有很高的一致性。

再看慧能禅宗与孔孟人性论的关联。

孔子把"礼"以及"仪"从外在规范约束转换成人心的内在要求——与人性相关的心理原则："人而不仁，如礼何？人而不仁，如乐何？"（《论语·八佾》），"礼云礼云，玉帛云乎哉？乐云乐云，钟鼓云乎哉？"（《论语·阳货》），"礼与其奢也宁俭，丧与其易也宁戚"（《论语·八佾》）。外在的"礼""仪"服从于人的心理原则，也就是人性和人格。同时，孔子还强调通过努力与修为个体一定能达到"成仁"："为仁由己，而由人乎哉"（《论语·颜渊》），"仁远乎哉？我欲仁，斯仁至矣"（《论语·述而》），"当仁不让于师"（《论语·卫灵公》），"夫仁者，己欲立而立人，己欲达而达人。能近取譬，可谓仁之方也已"（《论语·雍也》）。

孟子极大地发展了孔子"仁"与"求仁"的命题，更将其与人格、人性紧密关联起来。孟子持"性善论"，认为人的天性里有四种善之心：恻隐之心、羞恶之心、恭敬之心、是非之心（《孟子·告子上》）。人最基本的四种道德品质——仁、义、礼、智——源自这四种天赋之"心"："恻隐之心，仁也；羞恶之心，义也；恭敬之心，礼也；是非之心，智也。"（同上）孟子于此得出结论："仁义礼智，非由外烁我也，我固有之也，弗思耳矣。"（同上）基于"性善论"，孟子提出了人格修养的途径："反求诸己而已"（《孟子·公孙丑上》）。个体要加强自身反省，同时要减少各种欲望："养心莫善于寡欲"（《孟子·尽心下》），还要培养一种充塞天地之间的"浩然之气"："我善养吾浩然之气"，"其为气也，至大至刚，……是集义所生者"（《孟子·公孙丑上》）。孟子认为道德观念都在人"心"中，都是人本性中固有的。他称这种不用学习、不用思虑就具有的知识、才能为"良知""良能"："人之所不学而能者，其良能也；所不虑而知者，其良知也。"（《孟子·尽心上》）孟子认为，人格修养就是把个体放弃（散失）掉的天性找回来。他说："尽其心者，知其性也；知其性则知天矣。"（同上）"尽心"也就是孟子所谓的"思诚"："诚者，天之道也；思诚者，人之道也。"（《孟子·离娄上》）"思诚"的重点是"明乎善"："不明乎善，不诚其身矣。"（同上）能够做到"尽心"，"诚其

哲学与历史

身"，也就可以达到"万物皆备于我矣。反身而诚，乐莫大焉"(《孟子·尽心上》)。

由上述分析可见，孔子提出的"仁"、孟子提出的"性善"、慧能禅宗所说的"自性（佛性）"都是人内在的品质。尤其是孟子的"性善"与慧能的"自性"都强调天赋的性质。慧能说成佛是抹去掩盖于自性之上的尘埃，孟子说尽其心而知其性，不同之处在于，慧能强调"一念成佛"，而孟子强调"思诚"，而"思诚"就要"明善"，这又回归孔子所讲的"仁"。

再来看慧能禅宗与老庄崇无思想的关联。

欲望可谓绑缚在人身上的枷锁，老庄痛陈欲望对人的束缚、扭曲、蛊惑："宠辱若惊，贵大患若身。何谓宠辱若惊？宠为下，得之若惊，失之若惊，是谓宠辱若惊。"(《老子》十三章）"五色令人目盲；五音令人耳聋；五味令人口爽；驰骋畋猎，令人心发狂；难得之货，令人行妨。"(《老子》十二章）"其耆欲深者，其天机浅"(《庄子·大宗师》)，"自三代以下者，天下莫不以物易其性矣"(《庄子·骈拇》)。老庄提倡人们要"见素抱朴，少私寡欲"(《老子》十九章），恢复人的本性，去掉各种束缚与诱惑，回到朴素而纯真的状态。这既是价值追求，也有审美意义。庄子提出"心斋""坐忘""丧我""形如槁木，心如死灰""苔焉似丧其耦"等种种生命形态，强调要把一切为仁为义为善为美为名为利等等所奴役所支配所束缚的"假我""非我"舍弃掉。只有"吾丧我"，才能回到自然、天放的状态，才能重拾真我、回归本我——就像"拂去明镜台上的尘埃"，这是佛禅的理念，也是庄子的期待。基于"空"的理念，慧能提出了"无念""无相""无住"的修行观："先立无念为宗，无相为体，无住为本。""无念"不是"百物不思"，而是说在与外物接触时心不受任何影响——"不于境上生心"；"无住"，即不执着于外物；"无相"即"外离一切相"。人们如果能做到这些，虽处于尘世之中却无染无杂，来去自由毫无滞碍，精神上得到了解脱。这不就是《庄子·逍遥游》所说的"至人无己，神人无功，圣人无名"吗？

基于上述分析，我们来看禅与中国传统哲学思想的关系及其对中国士人和文学的影响。

任继愈说："有五千年文明的中国，流传广泛的哲学流派不少，号称百家，其实只有两家，一个是儒家，一个是道家。"①徐复观持同样的观点，他指出②：

中国只有儒道两家思想。……印度佛教在中国流行后，所给与文学的影响，常在善恶因果报应范围之内，这只是思想层次的影响，不是由人格修养而来的影响。由人格修养而给文学以影响的，一般都指向佛教中的"禅"。但如实地说，禅所给与文学的影响，乃成立于禅在修养过程中与道家尤其是庄子两相符合的这一阶段之上。……所以日本人士所夸张的禅在文化中、文学艺术中的巨大影响，实质是庄子思想借尸还魂的影响。

禅宗思想是大众化的老庄哲学，它是纯粹中国化的，广泛地撷取了老庄思想，由道生、僧肇奠基，终至《坛经》而系统化、大众化的哲人智慧。③徐复观将道家中的庄子与禅宗中的《坛经》作了比较④：

	道	禅
动机	解脱精神的桎梏	因生死问题发心
工夫	无知无欲	去"贪、嗔、痴"三毒
进境	"至人之心若镜"	"心如明镜台"
归结	"胜物而不伤"	"本来无一物"

禅宗的核心是探讨人的存在及其解脱，给人指出一个安身立命之所，比起"因果报应"或"神仙世界"要高妙得多，这可能是士人亲近禅的原因。⑤慧能禅宗讲"运水搬柴，无非妙道"，人间世俗成为修行的道场，见性成佛与修身治国并行不悖，这无疑大大提升了知识分子修佛参禅的兴趣。

由上述分析可见，儒、道、禅有着多么紧密的关联。我们再通过一个具

---

① 任继愈：《老子绎读》，北京图书馆出版社 2006 年版，第 12-13 页。
②《徐复观文集（第二卷）》，湖北人民出版社 2009 年版，第 364-365 页。
③ 麻天祥：《中国禅宗思想史略》，中国人民大学出版社 2007 年版，前言第 1-2 页。
④ 同②。
⑤ 黄宝华：《禅宗与苏轼》，《上海师范大学学报》1989 年第 4 期，第 93 页。

体的例子来看儒、道、禅的密合及其对文学家和文学作品的影响。元丰七年（1084），苏轼即将离开黄州赴汝州时，应安国寺僧首继连之邀作《黄州安国寺记》。苏轼在记中说：

得城南精舍曰安国寺，有茂林修竹，陂池亭榭。间一、二日辄往，焚香默坐，深自省察，则物我相忘，身心皆空，求罪垢所以生而不可得。一念清净，染污自落，表里翛然，无所附丽，私窃乐之。

"物我相忘，身心皆空""一念清净""表里翛然，无所附丽"，这些语言显然蕴含着道禅意味。苏轼任杭州通判时，与钱塘僧官慧辩结交甚好，常听其宣讲佛理。苏轼在《海月辩公真赞并引》一文中说：

每往见师，清坐相对，时闻一言，则百忧冰解，形神俱泰。因悟庄周所言东郭顺子之为人，人貌而天虚，缘而葆真，清而容物，物无道正，容以悟之，使人之意也消，盖师之谓也欤？……人皆趋世，出世者谁？人皆遗世，世谁为之？爰有大士，处此两间。非浊非清，非律非禅。惟是海月，都师之式。庶复见之，众缚自脱。

苏轼"年壮气盛"时有功名之欲，官场"多事少暇"给苏轼带来压力和烦恼。而与慧辩的交流使其"百忧冰解，形神俱泰"。值得注意的是，苏轼问："人皆趋世，出世者谁？人皆遗世，世谁为之？"慧辩一方面做着世间俗事——"簿帐案牒奔走将迎之劳"，同时又能"众缚自脱"，从容地"处此两间"，"外涉世而中遗物"，在"趋世"和"出世"之间找到平衡。这是一种儒道的平衡，苏轼认为这很难得——"盖亦难矣"！

我们来看苏轼的两首诗词：

莫听穿林打叶声，何妨吟啸且徐行。竹杖芒鞋轻胜马，谁怕？一蓑烟雨任平生。

料峭春风吹酒醒，微冷，山头斜照却相迎。回首向来萧瑟处，归去，也无风雨也无晴。（《定风波》）

参横斗转欲三更，苦雨终风也解晴。云散月明谁点缀？天容海色本澄清。

空余鲁叟乘桴意，粗识轩辕奏乐声。九死南荒吾不恨，兹游奇绝冠平生！（《六月二十日夜渡海》）

从这两个作品中，我们能看到儒家的济世与刚健，也能看到道禅的空寂与超脱，这体现了多种哲学意味的融合。不同的哲学思想在文学作品中互相融合、互相激荡，生发出无尽的审美意味。这提醒我们，只有对中国传统哲学思想有深刻的、圆融的理解，才能理解中国士人的追求与向往，才能感受其文学作品深沉的美感。

需要指出的是，《中国哲学史》以辩证唯物主义为核心标准，评价自古至今的中国哲学思想。从科学认识论的角度看这没有问题，但是从文学艺术的角度来看，有些哲学思想的表达虽然不科学，但其中蕴含的向往与追求却值得被承认、理解乃至珍视——只用辩证唯物主义表达对世界、人生的理解与思考，世界上就不会有艺术了。例如，富有极大魅力的命运悲剧，有一个重要的视角即命运是不可抵抗的，如果用辩证唯物主义来衡量，这样的悲剧就应该被批判。还有前述《传习录》所载王守仁与其弟子的对话中，王守仁说："你未看此花时，此花与汝心同归于寂，你来看此花时，则此花颜色一时明白起来，便知此花不在你的心外。"这是主观唯心主义思想，但它却策动了非常感人的审美情思。再如，《中国哲学史》认为孔子"以不可认识的必然性去解释天的意志和主宰性，这样就留有天命论的尾巴，甚至把天命论引向一种神秘主义的命定论"，"贫富、贵贱，由天决定；死生、祸福，由命决定，如此而否定了人的主观努力的作用"。如何看待"天命论"对于文学艺术的意义？我们来看苏轼在《墨妙亭记》中的一段话：

或以谓余，凡有物必归于尽，而特形以为固者，尤不可长，虽金石之坚，俄而变坏，至于功名文章，其传世垂后，乃为差久。今乃以此托于彼，是久存者反求助于速坏。此即昔人之惑，而莘老又将深檐大屋以锢留之，推是意也，其无乃几于不知命也夫。余以为知命者，必尽人事，然后理足而无憾。物之有成必有坏，譬如人之有生必有死，而国之有兴必有亡也。虽知其然，而君子之养身也，凡可以久生而缓死者无不用；其治国也，凡可以存存而救亡者无不为，至于不可奈何而后已。此之谓知命。

苏轼认为，孙觉把这些古文遗刻等文物托给一座亭子来保存，这是保存久长的反而向坏得快的寻求帮助，这不是不知天命吗？苏轼进而指出，就像凡是可以保生缓老的方法都要尽力去做，凡是可以让国家免于衰亡的办法也要尽力去做，一直到无能为力才罢休——这就叫知天命。由此可见，苏轼的"知天命"与"尽人事"是融合的，如此而能"然后理足而无憾"——既顺其自然又积极进取。这是对世界和人生多么富有美感的理解！因此，我们建议读者在阅读《中国哲学史》时，要紧密地将其与文学关联起来，关注中国哲学思想因与文学联姻而产生的美的意蕴。

图书信息

北京大学哲学系中国哲学教研室编：《中国哲学史（第二版）》，北京大学出版社 2003 年版

《吕著中国通史》导读

  《吕著中国通史》（下称《通史》）不是一本典型的历史书，它将历史与文化整合起来——这是我们推荐此书的原因。

  《通史》是吕思勉在抗日战争时期，针对当时上海大学文科生学习的需要而编写的。这部书没有采用一般通史的体例，而是分上下两编，上编分析了中国诸多文化现象，包括婚姻、族制、政体、阶级、财产、官制、选举、赋税、兵制、刑法、实业、货币、衣食、住行、教育、语文、学术、宗教等；下编则按照时间顺序，清晰简练地阐明了中国各时期关键的历史事件，呈现了中国历史基本的发展脉络。

  一部历史书为什么要用超过一半的篇幅来写中国文化？作者在下编的开头写道：

  史事亡失的多了，我们现在对于各方面，所知道的多很模糊，不但古代史籍缺乏之时，即至后世，史籍号称完备，然我们所要知道的事，仍很缺乏而多伪误。用现代新史学的眼光看起来，现在人类对于过去的知识，实在是很贫乏的。贸贸然据不完不备的材料，来说明一时代的盛衰，往往易流于武断。而且从中学到大学，永远是以时为经、以事为纬的，将各时代的事情，复述一遍，虽然详略不同，而看法失之单纯，亦难于引起兴趣。所以我这部书，变换一个方法，上册先依文化的项目，把历代的情形，加以叙述，然后这一册依据时代，略述历代的盛衰。读者在读这一册时，对于历代的社会状况，先已略有所知，则涉及时措辞可以从略，不至有头绪纷繁之苦；而于历代盛衰的原因，亦更易于明瞭了。

  从这段话可以看到《通史》的特点——强化中国历史的文化内涵、凸显历史的文化意义。如作者在前言所说："这种体例的中国通史，对于初学者还是有一定用处的，它对帮助读者初步掌握中国历史的各个方面，特别是社会经济、政治制度以及学术文化等系统的历史有很大的好处。"这是《通史》的独特之处，也是其价值所在。

《通史》将历史与文化紧密结合，为我们更好地解读文学作品提供了双重视角。历史是文化的载体，同时为作者提供了写作的动力和素材；理解文学中的历史，不能只停留在史实的层面，而要参透其文化意味。例如，中国文学中有大量描写女性爱情及命运的作品，解读这些作品，就需要关注有关婚姻和两性关系的史实及其文化意蕴。作者在《通史》中的"婚姻"部分主要讲了两个问题，一是婚姻形态的发生发展，二是女性社会地位的演变。以西汉卓文君和司马相如的爱情为例，我们来看有关婚姻的历史与文化对理解文学作品中女性及其爱情的意义。

卓文君（公元前175年—前121年），蜀郡临邛巨商卓王孙之女。貌美秀丽，善诗歌音律，年轻丧夫，寡居父家。司马相如到卓家赴宴，席间弹奏《凤求凰》，表达对卓文君的倾慕之情："凤兮凤兮归故乡，遨游四海求其凰。时未遇兮无所将，何悟今兮升斯堂！有艳淑女在闺房，室迩人遐毒我肠。何缘交颈为鸳鸯，胡颉颃兮共翱翔……"文君为其才所倾倒，乃于当夜和相如私奔。《史记·司马相如列传》有载：

> 相如之临邛，从车骑，雍容闲雅甚都。及饮卓氏，弄琴，文君窃从户窥之，心悦而好之，恐不得当也。既罢，相如乃使人重赐文君侍者通殷勤。文君夜亡奔相如，相如乃与驰归成都。家居徒四壁立。卓王孙大怒曰："女至不材，我不忍杀，不分一钱也。"人或谓王孙，王孙终不听。

面对艰困的生活，文君做起酒肆老板，而"相如身自着犊鼻裈，与保庸杂作，涤器于市中"。张何的《蜀江春日文君濯锦赋》记述了卓文君及其工奴"鸣梭静夜，促杼春日""织回文之重锦，艳倾国之妖质"的辛勤劳作的情景。可悲的是，司马相如在显达（拜汉武帝中郎将）后喜新厌旧，"将聘茂陵人女为妾。卓文君作《白头吟》[1]以自绝，相如乃止"。（《西京杂记》）

---

[1]《白头吟》的作者存疑。

《白头吟》写道："……闻君有两意，故来相决绝。愿得一心人，白首不相离……"同时卓文君又写了诀别信给司马相如：

> 春华竞芳，五色凌素，琴尚在御，而新声代故。锦水有鸳，汉宫有水，彼物而新，嗟世之人兮，瞀于淫而不悟！朱弦断，明镜缺，朝露晞，芳时歇；白头吟，伤离别，努力加餐毋念妾。井水汤汤，与君长诀！

看了这凄婉动人的言辞，相如痛悔而打消了纳妾念头，和文君复归于好。

司马相如和卓文君的爱情故事最初记载于司马迁的《史记》，后经《西京杂记》以及各种民间传说不断丰富和完善，发展成一个曲折生动的才子佳人的传奇故事，后世才子佳人小说便是在其基础上发展起来的。从文学的角度来看，为什么这样的故事能够发展为一个文学母题长久流传而感动千千万万的人——因为卓文君的遭遇反映了中国古代女性普遍的困境。她大胆地追求爱情，珍视爱情的纯洁，看重自己的尊严而不能忍受爱人纳妾，其所做所为太不容易、太不寻常，寄托着世世代代千千万万中国女性要求平等、独立、尊严的期望——她值得被讴歌。要理解这些，必须关注中国文化中的婚姻制度，以及女性在两性关系和婚姻中地位的历史演变。

《通史》简述了五种婚姻形态：杂婚、血缘婚（母系社会时期）、多偶婚、对偶婚（母系向父系社会过渡时期）、父权家族和一夫一妻制。女性在不同婚姻形式中的生活形态及其在两性关系中的地位有很大的差异。[1] 从原始杂婚发展到对偶婚，显示母系社会向父系社会转变的完成。恩格斯说，父系社会的形成"乃是女性的具有世界历史意义的失败"（《家庭、私有制和国家的起源》）。总的说来，在父权制的背景中，女性地位及婚姻状态有三个特点：（1）女性在家庭中处于从属乃至奴仆地位；（2）男性可以娶妻纳妾；（3）女性成为物品和财富被抢夺、买卖。当男性的社会经济地位变得更加突出，又为了把聚积的财富传给亲生子女时，便要求妻子单方面守贞。家庭中丈夫高居于统治者地位，女子已变成了生育的工具和从事家务的奴隶。《仪礼》说，"父者子之天也，夫者妻之天也"，"父"是"斧"的本字，代

---

[1] 以下有关婚姻的内容参见汪玢玲：《中国婚姻史》，武汉大学出版社2013年版。

表手上持握的石斧或石凿之类的工具。《说文解字》说："父，矩也，家长率教者，从又（《说文》：'又，手也'）举杖。"这代表了"父"的力量与权威，与《尔雅》释"妇"为"妇之言服也，服事于夫也"形成对照。恩格斯在《家庭、私有制和国家的起源》中指出："在历史上出现的最初的阶级对立，是同个体婚制下的夫妻间对抗的发展相一致的，而头一个阶级的压迫是与男性对女性的奴役相一致的。"家庭（Familia）一词在罗马人中间，当初并不是用于夫妻及其子女，只是用于奴隶。Familia 是指属于一个人的全体奴隶。这些奴隶和仆人共同处于家长（父权）统治之下，妻子不过是其中之一员。在中国，夏代已有一夫多妻，正如恩格斯所说："一夫多妻制显然是奴隶制度的产物，多妻制是富人和显贵人物的特权。"西周和春秋时期已形成完整的后妃和媵妾制度。《春秋公羊传·庄公十九年》载："诸侯一聘九女。"《诗·大雅·韩奕》云："诸娣从之，祁祁如云。"从《孟子》所记"齐人有一妻一妾"看，民间一夫多妻也非特例。妾的地位更为低下，甲骨文中"妾"字象征头上有罪人记号下跪的女子。《左传·僖公十七年》云："男为人臣，女为人妾。"《说文解字》释"妾"："有辠（同'罪'）女子，给事之得接於君者。从辛从女。"奴隶主在战争中俘虏的女性即被纳为妾。《礼记·内则》有言："聘则为妻，奔则为妾。"即通过"六礼"程序、媒妁之言明媒正娶的女子才能作嫡妻，而相约私奔跟男子苟合的女子只能为妾。《汇苑》则说："妾，接也，言得接见君子而不得伉俪也。"当女性成为财产和男性的附庸，暴力抢婚就出现了。周代和春秋时期即有大量抢婚现象，仅《周易》及《春秋》所载抢婚、杀人夺妻就不下十数起。《左传·庄公十四年》所记最有代表性的抢婚事件要数楚王发兵灭息国夺取息侯夫人息妫和晋伐骊戎夺取骊姬的史实了。

宗法制和男权制下，无论政权和家业都是父子相继，男子不但是国家的统治者，也是家庭的统治者，这样势必形成重男轻女、男尊女卑的思想。例如，《诗经·国风·螽斯》祈愿多子多孙如蝗虫一样"振振""绳绳""蛰蛰"，而女子一生下来就受到社会和家庭的轻视，《诗经·小雅·斯干》有两段写得很露骨：

乃生男子，载寝之床。载衣之裳，载弄之璋。其泣喤喤，朱芾斯皇，室家君王。

乃生女子，载寝之地。载衣之裼，载弄之瓦。无非无仪，唯酒食是议，无父母诒罹。

如果生的是男孩，就让他睡到檀木雕的大床上，穿漂亮衣裳，玩精美的玉圭，嘹亮的哭声预示他将来定会成为周室的君主或侯王。如果生的是女孩，就让她睡到宫殿屋脚地上边，穿上普通的裼衣，玩陶制的纺锤，但愿她不招惹是非，每天安排酒饭，知理知法不给父母添麻烦。

女性不但被歧视，还要承担莫须有的罪责。《尚书·牧誓》说："牝鸡司晨，惟家之索。"母鸡在清晨打鸣，这个家庭就要破败，比喻女性掌权则阴阳颠倒，会导致家破国亡。武王伐纣，后者头一条罪状就是"惟妇言是用"；周幽王亡国也被归于褒姒之祸："赫赫宗周，褒姒灭之。"（《诗经·小雅·正月》）"懿厥哲妇，为枭为鸱。妇有长舌，维厉之阶。乱匪降自天，生自妇人。匪教匪诲，时维妇寺。"（《诗经·大雅·瞻卬》）亡国之罪被强加于被蹂躏被玩弄的妇女，认为"哲夫成城，哲妇倾城"，男人有才能则成城，女人有才貌则倾城——弃家丢国！

经过上述有关婚姻的历史与文化分析，我们能够更好地理解司马相如与卓文君爱情故事的动人之处——在中国传统女性被物化乃至奴化的环境中，卓文君敢于在严酷的男权、宗法环境中追求爱情、独立、平等与尊严，这需要多大的勇气，又是多么可贵！以这样的视角看《诗经·卫风·氓》《孔雀东南飞》《长恨歌》《琵琶行》《杜十娘怒沉百宝箱》《牡丹亭》《梁山伯与祝英台》……，我们就会对其中的女性产生深切的同情与共鸣。

《通史》下编是简略的中国通史，以时间为线索呈现重要的历史事件。这部分内容对文本解读同样有重要价值——"文史不分家"——了解历史才能读懂文学作品。以《通史》中"北宋的积弱"这一部分为例，我们来了解这段历史对理解如陆游、辛弃疾这样的爱国诗人作品的价值。陆游的《示儿》："死去原知万事空，但悲不见九州同。王师北定中原日，家祭无忘告乃翁。"在一个教学实录中，老师让学生闭上眼睛想象：

你仿佛看到了什么？听到了什么？你的心情怎样？这是怎样的泪呀，这是老人失去孩子的泪，是妻子失去丈夫的泪……生灵涂炭，妻离子散，家不成家，国不成国，这是人民的血泪。宋高宗赵构建立南宋，为官者贪图荣华富贵，对外求合，大好河山落于金兵铁蹄之下，难以收复。

这些语言太抽象、太概念化，很难引起学生真正的感动，甚至可能讲这首诗的老师也不会感动。我们需要仔细审视这一段历史，回到陆游、辛弃疾所生活的年代，从历史中体验他们的经历，才能深刻理解其所思所感。

先来看宋人长期经历的屈辱。王安石在《河北民》诗中写道："家家养子学耕织，输与官家事夷狄。"这是怎样的心酸和屈辱！从北宋到南宋，宋不断与金签订丧权辱国的条约：

1004 年，宋辽订立澶渊之盟，二国约为兄弟之国，以白沟河为界，宋每年向辽提供"助军旅之费"银十万两，绢二十万匹。

1042 年，辽乘北宋同西夏交战的机会，向北宋勒索土地。北宋增给辽岁币银十万两，绢十万匹。

1074 年，辽借口北宋在山西边境增修堡垒破坏边界，迫使宋政府又放弃一些土地。

1120 年，宋金订海上之盟（共同灭辽复燕的军事合作盟约，由于双方地理上受辽阻隔而需要海上经渤海往来而得名）。宋攻辽失败，而金军顺利攻下辽上京、辽中京及辽南京。金方事后指责宋未能兑现承诺而拒绝还燕云。经交涉，北宋允以二十万两银、三十万匹绢给金，并纳燕京代租钱一百万贯，金才交还燕云六州及燕京。金军撤出城前将燕京城内财物和人口搜刮一空，宋接收的只是一座"城市丘墟，狐狸穴处"的空城。

1126 年，金兵包围北宋首都汴京，完颜宗望提出议和条件：一次支付金五百万两，银五百万两，马驴骡各一万头匹，绢帛百万匹；割让太原、中山、河间三镇；宋主尊金帝为伯父，并以亲王、宰相作人质，送金军北渡黄河，宋钦宗全盘答应完颜宗望的要求。

1141 年，绍兴和议。宋高宗向金国纳贡称臣，宋金两国以淮水至大散关为界。宋割让从前被岳飞收复的唐州、邓州以及商州、秦州的大半，每年向金进贡银二十五万两，绢二十五万匹。

1164年，宋与金重新议和。两国皇帝以叔侄相称；改"岁贡"称"岁币"，银、绢各减五万，为二十万两匹；宋割唐、邓、海、泗四州外，再割商、秦二州与金。

1208年，嘉定和议。宋上国书称金主为伯父，岁币银绢各三十万，又以三百万缗钱赎回淮、陕两地。

宋人的耻辱与苦难至靖康之变达到了无以复加的地步。游彪在《靖康之变：北宋衰亡记》的自序中说[①]：

> 毫无疑问，靖康耻不止是宋人无法治愈的伤痛。两个皇帝同时成为女真人的俘虏，这在中国历史上可以说是绝无仅有的。更严重的是，无数无辜百姓或死或伤，或是颠沛流离，骨肉分离。这种无比巨大的打击对于享受过文明富庶生活的宋人而言，无异于灭顶之难。

"靖康之变"是对陆、辛等士人影响最深刻的历史事件，是我们理解那段历史重要的切入点。我们来看其中的若干细节[②]：

靖康元年（1126）八月，金太宗下诏再次伐宋。太原自宣和七年十二月已被金军围困八个多月，在知府张孝纯、副都总管王禀的带领下，军民同仇敌忾，多次击退金军的猛烈进攻。以一孤城固守如此之久，在宋金战争史上确实是个奇迹。为补充兵员，太原百姓自十五以上、六十以下都加入军队；为通行便利，他们拆掉自己的房屋；存粮用尽后，三军将士先宰杀牛羊牲畜，后来只好煮弓弩筋甲以充饥，而百姓则只能以树皮、糠秕、干草果腹。太原军民矢志不渝，对粘罕的多次劝降不予理睬。其团结一致、保家卫国的气概，与朝廷内外那些为私利而勾心斗角的官员们相比，何止是天上地下。到九月三日，坚守了二百五十多天的太原终因弹尽粮绝而失陷。王禀率士兵巷战，身中数十枪，最后背负供奉于太原祠庙中的宋太宗御容与其子王荀投

---

① 游彪：《靖康之变：北宋衰亡记》，中华书局2007年版，自序第1页。

② 以下有关靖康之变的材料参见《靖康之变：北宋衰亡记》178-199页；任崇岳：《宋徽宗宋钦宗》，吉林文史出版社2004年版，第九章第一节和第三节。

汾河殉国。粘罕对他恨之入骨，指着王禀的尸体破口大骂，并将其剁为肉泥，暴之荒野。太原通判王逸义不肯受辱，在府邸中怀抱宋太宗画像自焚而死。太原三十余名被俘官员无人屈服，尽被杀死。宁死不降的太原军民也未能幸免于难，金兵为图报复，无论老幼一概屠杀，焚烧屋舍，夷平城墙，太原变为一片废墟。

金兵于靖康元年冬闰十一月二十五日攻下开封外城。金人"请求"太上皇徽宗到金营谈判。钦宗以太上皇受惊过度、痼疾缠身为由，自己代为前往。宋钦宗到金营后，金人索要降表，宋钦宗慌忙令人写降表献上，金人却命令须用四六对偶句。宋钦宗迫于无奈，说事已至此，其他就不必计较了。大臣孙觌反复斟酌，改易四遍方令金人满意。接着，金人在斋宫里向北设香案，令宋朝君臣面北而拜，宣读降表。钦宗君臣受此凌辱，皆暗自垂泪。投降仪式完毕，金人心满意足，便放宋钦宗返回。行至南熏门，前来迎接的百姓和太学生在泥雪中夹道山呼，哭喊声远近相闻，宋钦宗悲痛难抑而掩面大哭，行至宫前仍哭泣不止。

靖康二年（1127）二月六日，金人废宋徽宗、宋钦宗为庶人。当钦宗被迫脱去龙袍时，随行的李若水抱着宋钦宗不让他脱去帝服，斥骂金人为狗辈，被金人以刀裂颈断舌，至死方绝声。当晚粘罕派宋臣入城，宣布别立异姓为帝，示钦宗御笔："今日在金人元帅府接受大金皇帝诏书，因我屡次败盟毁约，失信于金人，对金人别立异姓做皇帝深表赞同。大金国还准许另立贤人为帝，对于普天之下的百姓来说，实属最大的幸运。"

三月底，金军开始撤退，并将徽、钦二帝等人分为七批先后押解北上。三月二十九日，对于宋的君臣和子民来说，是一个刻骨铭心的耻辱日。当日，包括徽宗、郑皇后及亲王、皇孙、驸马、公主、妃嫔等人，由完颜宗望监押沿滑州（今河南滑县）北上。三日后，包括钦宗、朱皇后、太子、宗室及孙傅、张叔夜、秦桧等几个不肯屈服的官员，由粘罕监押，沿郑州（今河南郑州）北上。被金人掳去的还有朝廷各种礼器、古董文物、图籍、宫人、内侍、倡优、工匠等等，被驱掳的百姓男女不下十万人。

四月二十三日，完颜宗望派人请徽宗看球。徽宗原本喜欢看球，高俅就是因为善踢球而得到他的提拔，但如今情势下看球又是怎样心情？看完球后，完颜宗望请徽宗作诗，徽宗说自己早已不写诗词，今天有幸蒙二太子厚意，非常乐意接受。在这冠冕堂皇背后又是怎样的无奈和无助！徽宗提笔用瘦金体写下一首七绝："锦袍骏马晓棚分，一点星驰百骑奔。夺得头筹须正过，无令绰拨入斜门。"侍中刘彦宗用女真话翻译给完颜宗望，完颜宗望点头称好，并致谢徽宗，徽宗连忙作揖答谢。

钦宗出发时，被迫头戴毡笠，着青布衣骑黑马，每过一城情不能己而仰天号泣，辄被呵止。夜晚宿营时，金兵将钦宗、祁王赵莘、太了赵谌及内人等手足捆绑在一起，以防逃跑。张叔夜自离京即绝食不语，每天以饮水为生。四月十日，张叔夜听车夫说将过原宋辽界河白沟，不禁悲愤难以控制，惊惶站立，仰天大呼而死。七月十日，钦宗也到达燕京，十二日，徽宗与钦宗终于相见，父子两人抱头痛哭。

随徽、钦二帝北迁的女性在押解途中的遭遇尤为悲惨。邢朱二妃、二帝姬因坠马而损胎，徽宗妃嫔曹才人如厕时被金兵奸污。徽宗到达真定府的当天晚上，金兵逼迫朱皇后、朱慎妃为他们填词演唱以助酒兴。朱皇后被迫填词："昔居天上兮，珠宫玉阙，今居草莽兮，青衫泪湿。屈身辱志兮，恨难雪，归泉下兮，愁绝。"此后不久，朱皇后不堪受辱，自缢不死，又投水而毙。

建炎二年（1128）八月二十四日，金太宗命徽、钦父子拜祭阿骨打庙。金人命二帝、二后除去袍服，余人皆脱去上衣，身披羊裘，腰系毡条，入庙行牵羊礼，然后又逼着徽、钦父子到乾元殿，跪拜金太宗。次日，金太宗封徽宗为昏德公，钦宗为昏德侯。[①]

建炎四年（1130）七月，徽、钦又被迁至荒凉偏僻的边陲小镇——五国城（今黑龙江依兰）。在此期间徽宗写诗较多，但流传下来的仅有十几首，其中《在北题壁》流传最广：

> 彻夜西风撼破扉，萧条孤馆一灯微。
> 家山回首三千里，目断天南无雁飞。

---

① 这原本是中原皇帝玩过的把戏，隋文帝灭陈，封陈叔宝为长城公；宋太祖灭南唐，封李煜为违命侯。

徽宗在五国城生活了三年，于绍兴五年（1135）四月二十一日殁。绍兴十二年（1142）三月，宋金关系有所缓和，韦后由五国城归宋，离开时，钦宗挽住她的车轮，请她转告高宗，若能归宋，自己当一太乙宫主足矣。然而高宗担心其兄回来后威胁自己的帝位，未理睬钦宗的要求，终生都在与金人议和，根本无心恢复中原。

当我们了解这些具体的史实之后，一定会对陆游的《示儿》形成深刻的认识、产生真挚的情感共鸣，理解诗人是在怎样的背景下，以怎样的心情写下这千古传诵的作品。此时再看陆游 67 岁时写的《秋夜将晓出篱门迎凉有感》："三万里河东入海，五千仞岳上摩天。遗民泪尽胡尘里，南望王师又一年"，以及《十一月四日风雨大作》中的"夜阑卧听风吹雨，铁马冰河入梦来"，我们一定会生发更多的感动。还有辛弃疾的名作《破阵子·为陈同甫赋壮词以寄之》："醉里挑灯看剑，梦回吹角连营。八百里分麾下炙，五十弦翻塞外声，沙场秋点兵。　　马作的卢飞快，弓如霹雳弦惊。了却君王天下事，赢得生前身后名，可怜白发生！"在"北宋的积弱"这一历史背景之下，结合辛弃疾的生平，我们一定能够看到作品中每个字词背后的血泪，感受到词人的痛楚、屈辱、无奈、愤懑……

综上所述，解读文学作品既要关注中国的历史——它为文学提供了素材，也要关注中国的文化——它构成文学的背景。《通史》给我们提供了历史和文化的双重线索，我们可在此基础上寻找更多相关资料，在历史和文化交织的背景中更好地理解文学作品。

图书信息

吕思勉:《吕著中国通史》，华东师范大学出版社 1992 年版

《士与中国文化》导读

屈原面对楚国的衰败，发出"长太息以掩涕兮，哀生民之多艰""岂余身之惮殃兮，恐皇舆之败绩"的慨叹。贾谊鉴于秦亡的教训为汉初局势"痛哭者一""流涕者二""太息者三"，慨言"为人臣者主而忘身，国而忘家，公而忘私，利不苟就，害不苟去，唯义所在"。汉末党锢领袖如李膺，史书言其"高自标持，欲以天下风教是非为己任"，又如陈蕃、范滂皆"有澄清天下之志"。北宋范仲淹"居庙堂之上则忧其民，处江湖之远则忧其君""先天下之忧而忧，后天下之乐而乐"，以及陆游的"位卑未敢忘国忧""身为野老已无责，路有流民终动心"。如何理解中国士人的思想、行为、情怀，如何理解他们的言论与作品？余英时的《士与中国文化》提供了非常有价值的参考。

余英时，1930 年生于天津，当代华人世界历史学家、汉学家。1950—1955 年就读于香港新亚书院，师从钱穆。1956—1961 年就读于哈佛大学并获博士学位，后曾任密歇根大学、哈佛大学、耶鲁大学教授，香港新亚书院院长兼香港中文大学副校长，普林斯顿大学讲座教授。著作凡数十种，较为重要的有《士与中国文化》《中国近世宗教伦理与商人精神》《朱熹的历史世界》《方以智晚节考》《论戴震与章学诚》等。2006 年，余英时荣获有"人文诺贝尔奖"之称的克鲁格人文与社会科学终身成就奖。

上起春秋，下迄清代，《士与中国文化》呈现了长达两千多年里中国士人在不同时代的生命形态与核心特质。《士与中国文化》包括引言《士在中国文化史上的地位》和正文十二章："古代知识阶层的兴起与发展""道统与政统之间——中国知识分子的原始型态""中国知识分子的古代传统——兼论'俳优'与'修身'""汉代循吏与文化传播""东汉政权之建立与士族大姓之关系""汉晋之际士之新自觉与新思潮""名教思想与魏晋士风的演变""中国近世宗教伦理与商人精神""宋代士大夫的政治文化概论""士商互动与儒学转向——明清社会史与思想史之一面相""曾国藩与'士大夫之学'""中国知识人之史的考察"。

余英时在《士与中国文化》的引言中说:"文化和思想的传承与创新自始至终都是士的中心任务","士在每一时期的变异也就是中国史进入一个新阶段的折射"。历史是人的历史,思想是人的思想,理解中国的历史和思想,就要理解历史与思想的创造者——人,尤其要关注中国的"士"。更因为中国文学作品大多出自士人之手,理解士人的追求与情怀,对我们解读文学作品很重要。

《士与中国文化》借助多个专题凸显"士"在某一历史阶段的特定风貌,显现"士"随时代而不断变动的轨迹。关于"士"之研究,一个关键的问题是:中国"士"是否有一个明确、稳定的传统?这关系到中国"士"是否有一个特定的品质和风貌。余英时在此书的新版序中分析了宋、明士风之间明显的"断裂",但对于中国"士"存在一个一贯的传统,余英时持肯定态度。他说:

> 我可以毫不迟疑地说,这里所谓"断裂"都是指"传统"内部的"断裂",因此是局部的而不是全面的。事实上,每经过一次"断裂","士"的传统也随之推陈出新一次,进入一个不同的历史阶段。而连续性则贯穿在它的不断的内部"断裂"之中。西方学者曾将基督教的"传统"形容作"永远地古老,永远地新颖"(ever ancient , ever new)。这句话的意思和古语"与古为新"很相近,也可以一字不易,移用于"士"的传统。

余英时认为,"中国有一个两千多年的'士'的传统","中国'士'的传统自先秦以下大体上没有中断,虽则其间屡有转折"。同时,我们也"不能不在整体连续之中,特别注意个别时代之间'士'传统所呈现的变异或断裂的一面"。余英时引杜牧《注孙子序》"盘之走丸"说:"丸之走盘,横斜圆直,计于临时,不可尽知。其必可知者,是知丸不能出于盘也。"因此,"士"的传统可比之于"盘",而"士"在各阶段的活动,特别是那些"变异和断裂",则可比之于"丸",过去两千多年中国之所以存在着一个源远流长的"士"的传统，正是因为"士"的种种思想与活动并没有越出"传统"的大范围。如此看来，中国的"士"有一以贯之的传统，这种传统会体现在他们如何为人处世，会蕴藉在他们的诗文中，读《士与中国文化》要关注和理解这个传统，并以此为线索将中国士人在不同时代的行为表现串联起来。

总的说来，中国"士"一贯的传统及核心品质是知"道"、守"道"、求"道"。余英时在"古代知识阶层的兴起与发展"中说，"士从最初出现在历史舞台那一刹那起便与所谓'道'分不开，尽管'道'在各家思想中具有不同的涵义"；"中国知识阶层刚刚出现在历史舞台上的时候，孔子便已努力给它贯注一种理想主义的精神，要求它的每一个分子——士——都能超越他自己个体的和群体的利害得失，而发展对整个社会的深厚关怀。这是一种近乎宗教信仰的精神"。孔子明确指出"士"是"道"的承担者：

士志于道，而耻恶衣恶食者，未足与议也。（《论语·里仁》）

士而怀居，不足以为士矣。（《论语·宪问》）

笃信好学，守死善道。危邦不入，乱邦不居。天下有道则见，无道则隐。邦有道，贫且贱焉，耻也。邦无道，富且贵焉，耻也。（《论语·泰伯》）

《说文解字》说，"士，事也"，指有特定职事的人。这个定义已无法表达士的本质，而"以道自任"则是定义士的核心概念，强调士的生存与追求必须以"道"为最重要的依据。《论语》说："为仁由己，而由人乎哉"（《颜渊》）；"仁远乎哉？我欲仁，斯仁至矣"（《述而》）；"当仁不让于师"（《卫灵公》）；"夫仁者，己欲立而立人，己欲达而达人。能近取譬，可谓仁之方也已"（《雍也》）；"天生德于予，桓魋其如予何"（《述而》）；"文王既殁，文不在兹乎"（《子罕》）；"天将以夫子为木铎"（《八佾》）；"约之以礼""克己复礼"（《颜渊》）。这些都显现了士在守道、求道过程中的主动性、独立性和使命感。《孟子》则说："天下有道，以道殉身；天下无道，以身殉道。"（《尽心上》）"王子垫问曰：'士何事？'孟子曰：'尚志。'曰：'何谓尚志？'曰：'仁义而已矣。'"（同上）孔子的弟子曾参更把"士"对道的追求提升到前所未有的高度："士不可以不弘毅，任重而道远。仁以为己任，不亦重乎？死而后已，不亦远乎？"（《论语·泰伯》）

上述内容呈现的是儒家之道，这是中国"士"追求和践行的主流。余英时在引言中指出，"士"的传统并非一成不变，而是随着中国历史各阶段的发展以不同的面貌显现于世。概略地说，"士"在先秦是"游士"，秦汉以后则是"士大夫"。秦汉时代，"士"的活动比较集中地表现在以儒教为中心的"吏"与"师"两个方面。魏晋南北朝时期儒教中衰，"非汤、武而薄周、孔"的道家"名士"（如嵇康、阮籍等人）以及心存"济俗"的佛教"高僧"（如道安、慧远等人）反而更能体现"士"的精神。隋唐时代的诗人、文士如杜甫、韩愈、柳宗元、白居易等人更足以代表"社会的良心"。宋代儒家复兴，范仲淹所倡导的"以天下为己任"和"先天下之忧而忧，后天下之乐而乐"的风范，成为此后"士"的新标准。一直到近代的梁启超，我们还能在他的"世界有穷愿无尽"的诗句中感到这一精神的跃动。总的说来，张载所说"为天地立心，为生民立命，为往圣继绝学，为万世开太平"，鲁迅所说"我们自古以来，就有埋头苦干的人，有拼命硬干的人，有为民请命的人，有舍身求法的人"，可谓是对中国两千年来士人风貌与风骨的总结。

士人知"道"、守"道"、求"道"的过程同时也是"修身"的过程，"士"的人格修养是践行"道"的保证。余英时指出，《论语》中有一段孔子关于君子修身的话值得注意："子路问君子。子曰：'修己以敬。'曰：'如斯而已乎？'曰：'修己以安人。'曰：'如斯而已乎？'曰：'修己以安百姓。修己以安百姓，尧、舜其犹病诸！'"（《宪问》）孔子还说，"仁者其言也讱"（《颜渊》），"刚毅木讷近仁"（《子路》）。荀子则言："闻修身，未尝闻为国也"，"臣下百吏至于庶人莫不修己而后敢安正"。（《荀子·君道》）管子于《心术下》篇有云："气者，身之充也，行者，正之义也。充不美则心不得，行不正则民不服。……心安是国安也，心治是国治也。"《内业》篇则说："心静气理，道乃可止。……修心静音，道乃可得。"墨子同样讲修身，他说："士虽有学，而行为本焉"，他认为"故君子力事日强，愿欲日逾，设壮日盛。君子之道也：贫则见廉，富则见义，生则见爱，死则见哀；四行者不可虚假，反之身者也"。（《墨子·修身》）这很接近孟子所说的"反身而诚"，墨子论不"修身"的弊病，其中有一项便是"守道不笃"："今士之用身，不若商人用一布之慎也。……世之君子欲其义之成，而助之修其身则愠。是犹

欲其墙之成，而人助之筑则愠也，岂不悖哉！"（《墨子·贵义》）

"士"的寻道、求道与其人格塑造和人生追求关联起来就会充盈美学意味，反映这种塑造和追求的文学则具有动人的美感。《孟子》高度赞美与强调个体的人格力量，包括恒心、毅力、坚强、无私、舍己等等：

无恒产而有恒心者，惟士为能。（《梁惠王上》）

故士穷不失义，达不离道。穷不失义，故士得己焉；达不离道，故民不失望矣。古之人，得志，泽加于民；不得志，修身见于世。穷则独善其身，达则兼善天下。（《尽心上》）

守约而施博者，善道也……君子之守，修其身而天下平。（《尽心下》）

如欲平治天下，当今之世，舍我其谁也？（《公孙丑下》）

《孟子》提出"大丈夫"说，为士之修身提供了一个具体而动人的形象：

景春曰："公孙衍、张仪岂不诚大丈夫哉？一怒而诸侯惧，安居而天下熄。"孟子曰："是焉得为大丈夫乎？……居天下之广居，立天下之正位，行天下之大道；得志，与民由之；不得志，独行其道。"（《滕文公下》）

孟子认为像张仪、公孙衍这样声名显赫、权势倾天的人物不是大丈夫，因为他们朝秦暮楚，巧舌如簧，玩弄权术，唯利是图，是没有操守的人物。真正的大丈夫"富贵不能淫，贫贱不能移，威武不能屈"（《孟子·滕文公下》）。《孟子》指出，要培养大丈夫人格，重要的是"善养浩然之气"：

其为气也，至大至刚，以直养而无害，则塞于天地之间。其为气也，配义与道，无是，馁也。是集义所生者，非义袭而取之也。（《公孙丑上》）

"浩然之气"就是高尚的人格、美的人性，"至大至刚"而充塞于天地之间，这体现孟子所说"充实而有光辉"的"大"，是一种壮美。《孟子》认为培养"大丈夫"人格需要艰苦的锤炼，提出了"砥砺说"：

舜发于畎亩之中，傅说举于版筑之间，胶鬲举于鱼盐之中，管夷吾举于士，孙叔敖举于海，百里奚举于市。故天将降大任于是人也，必先苦其心

哲学与历史

志，劳其筋骨，饿其体肤，空乏其身，行拂乱其所为，所以动心忍性，曾益其所不能。(《告子下》)

孟子提出了完整的基于"仁"的儒家人格学说。以修身实现人格修养，走"内圣"之路，使其成为践行"道"的保证。对此余英时指出：

一方面中国的"道"以人间秩序为中心，直接与政治权威打交道；另一方面，"道"又不具备任何客观的外在形式，"弘道"的担子完全落到了知识分子个人的身上。在"势"的重大压力之下，知识分子只有转而走"内圣"一条路，以自己的内在道德修养来作"道"的保证。所以"中庸"说"修身则道立"。

士之守道是一个艰苦乃至艰险的过程，士必须修身以自强才能得君行道。《荀子·修身》说："志意修则骄富贵，道义重则轻王公；内省而外物轻矣。……士君子不为贫穷怠乎道。"《战国策》载，齐宣王召见颜斶，曰："斶前!"斶亦曰："王前!"宣王不悦。左右曰："王，人君也。斶，人臣也。王曰'斶前'，亦曰'王前'，可乎?"斶对曰："夫斶前为慕势，王前为趋士。与使斶为趋势，不如使王为趋士。"余英时指出，以道自任的士不论穷达都以道为尊，只有人格独立才能抗礼王侯，不为权力所屈，这必须也必然发展出一种尊严感。《孟子》有言：

以位，则子君也，我臣也，何敢与君友也? 以德，则子事我者也，奚可以与我友? (《万章下》)

古之贤王好善而忘势，古之贤士何独不然? 乐其道而忘人之势，故王公不致敬尽礼，则不得亟见之。见且由不得亟，而况得而臣之乎? (《尽心上》)

曾子曰："晋楚之富，不可及也；彼以其富，我以吾仁；彼以其爵，我以吾义，吾何慊乎哉?" (《公孙丑下》)

由此可见，政统与道统显然成为两个相涉而又分立的系统。以政统言，王侯是主体；以道统言，则师儒是主体。后来"德"与"位"相待而成的观念即由此而起。

综上所述，读《士与中国文化》要抓住中国士人的"求道"和"修身"，二者决定了士人的行为模式与思想方式，这是理解中国文学和哲学作品的重要基础。当然，在不同的时代，处于不同的政治经济背景，中国士人也会面临不同的挑战，表现出不同的行为方式和精神风貌，余英时在《士与中国文化》中对此进行了深刻的分析，这是值得我们关注的。

图书信息

余英时：《士与中国文化》，上海人民出版社 2003 年版

原典

这部分推荐的《论语》《庄子》《诗经》《楚辞》是中国文化的奠基性作品，它们开发了中国哲学和美学的处女地，对其进行了原发性探索，完成了极为重要的基础性建设，提出了有关世界、人生、情感的核心命题，成为后世文艺作品持续关切的内容；同时，这些作品还用精妙的方式表情达意，显示了中国文艺审美的基本取向，为后世文学作品设定了写作技法的基础框架。

《唐诗》《宋词》《古文观止》《世说新语》是四部体现中国文学艺术特色的经典读物。《唐诗》《宋词》是中国文学的双璧，用独特而精美的形式传递丰富、细腻的情感，全面而深刻地展现着中国人的审美意志。《古文观止》是优秀古文的集合，是最流行的古文选本，从中我们能够看到古人在多个层面的向往与追求、欢喜与悲伤，以及为表达这些情意而使用的颇富审美意味的写作技巧。《世说新语》可谓一本"奇书"，它有意识地运用多种形式提升文字的艺术魅力，同时又以生动有趣的方式表情达意，这使得它成为寻常百姓也能欣赏的文学作品并得到广泛传播；同时，这本书集合的多种写作技法成为后世文学尤其是小说的滥觞。

《论语》导读

　　承载中国文化核心——儒家思想的《论语》是一本以记录孔子及其弟子、再传弟子言行为主的汇编。其中蕴含着世界观、价值观和方法论，了解儒家思想以及深受其影响的中国士人及其文学作品，必须理解《论语》。

　　两千多年前，孔子找到了中国文化的核心——"仁"，围绕它提出了若干重要理念并以此设定了儒家思想的基本框架。"仁"就像圆心，儒家理念围绕着它形成一个圆。《论语》只有一万五千多字，但它涵盖面非常广——涉及了治世、伦理、修身、审美等方方面面。就像人体的"干细胞"具有强大的分化能力，《论语》的生发功能也特别强大，后世可以对其进行无尽地延展与阐释，这使得由《论语》生发的"中国文化的圆"越来越大且延绵不绝，正如颜回所说："仰之弥高，钻之弥坚。瞻之在前，忽焉在后。"（《论语·子罕》）《论语》因此而让人"读之愈久，愈觉意味深长"（朱熹引程颐语）。

　　司马迁在《史记·孔子世家》中借《诗经》的话——"高山仰止，景行行止"表达对孔子的崇敬，说自己"虽不能至，然心向往之"。他称孔子为"至圣"："孔子布衣，传十余世，学者宗之。自天子王侯，中国言六艺者折中于夫子，可谓至圣矣！"事实上，以孔子学说为核心的儒家思想对中国文化产生了最深刻、最持久的影响。徐复观指出，"中国文化的精神，亦即儒家的精神"。[1]唐君毅认为，中国文化以儒家文化为主导，中国人文精神，不管就其起源与自觉而言，还是就其发展与形态而言，都是以儒家为核心的。[2]

---

[1] 李维武编：《中国人文精神之阐扬——徐复观新儒学论著辑要》，中国广播电视出版社1996年版，第198–199页。

[2] 唐君毅：《中国人文精神之发展》，广西师范大学出版社2005年版，第8页。

原　典

李泽厚说，《论语》是有关中国文化的某种"心魂"所在，孔子和《论语》在塑建、构造汉民族文化心理结构的历史过程中，起到了无可替代、首屈一指的"严重作用"，成为士人言行思想的根本基础。[1]

明末清初学者冯班说："最难读者《论语》，圣人说话简略，说得浑融，一时理会不来，是难读也。"（《钝吟杂录》）《论语》的字面意思不难理解，但其中蕴含的思想可能相当复杂。如何读《论语》？我们给出四个建议。

第一，了解《论语》的背景。

德国哲学家雅斯贝尔斯提出了"轴心期"这一概念。公元前 800 年至公元前 200 年之间，尤其是公元前 600 年至公元前 300 年间，是人类文明的"轴心期"。这一时期出现了人类文明的重大突破，同时出现了许多伟大的思想家，古希腊有苏格拉底、柏拉图，中国有老子、孔子，印度有释迦牟尼，以色列有犹太教的先知，从而形成不同的哲学思想和文化传统。这些思想经过两三千年的发展，已经成为人类文化的主要精神财富，其光芒一直照耀到今天——"直至今日，人类一直靠轴心期所产生、思考和创造的一切而生存，每一次新的飞跃都回顾这一时期，并被它重新燃起火焰"[2]。

余英时分析了"轴心期"哲学思想的突破，他指出希腊的"突破"以荷马史诗中的神话世界为背景，以色列的"突破"源于《旧约》的宗教启示，春秋战国是文化秩序"礼崩乐坏"的时代，古代中国"哲学的突破"就是对于"礼崩乐坏"的一种直接或间接的反应。[3]儒家与礼乐传统的关系最为密切而直接，孔子一生尊崇三代相传的礼乐，自称"述而不作"。他一方面对"礼崩乐坏"极为不满，另一方面也不满当时的礼乐僵死的形式。孔子要为礼乐寻求一个新的精神基础，焕发其内在生命力。他慨叹道：

礼云礼云，玉帛云乎哉？乐云乐云，钟鼓云乎哉？（《论语·阳货》）

林放问礼之本。子曰：大哉问！礼与其奢也宁俭，丧与其易也宁戚。

① 李泽厚：《论语今读》，安徽文艺出版社 1998 年版，前言第 3 页。
② 卡尔·雅斯贝斯：《历史的起源与目标》，魏楚雄等译，华夏出版社 1999 年版，第 8-9，14 页。
③ 余英时：《士与中国文化》，上海人民出版社 2003 年版，第 82-87 页。

（《论语·八佾》）

礼只是一种象征，它的"本"则是深藏在人内心的情感与意志，离开了这个"本"，礼便失去其意义了——"人而不仁，如礼何？人而不仁，如乐何？"（《论语·八佾》）"仁"是孔子思想的核心，他终于在这里找到了礼乐的内在根据。孔子以"仁"来重新解释礼乐，礼乐的含义遂焕然一新。颜渊问"仁"，孔子说：

克己复礼为仁。一日克己复礼，天下归仁焉。为仁由己，而由人乎哉？
（《论语·颜渊》）

孔子要人自觉人之所以为人的内心德性，使人自身能够真正成为礼乐之"文"所依凭的内在之"质"。[①]孔子在礼乐文化世界的底层发现了人"内心的德性世界"，将礼乐之"文"建立在"人"的"德性"之上，开启了中国文化"文质彬彬"的德性追求。[②]这个儒家精神的核心可以概括为——"内圣外王"，这个说法虽最早见于《庄子·天下篇》，但它很适合于表达儒家的理想。

第二，理解《论语》的核心思想——"仁"。

《论语》记载的孔子言行表明了他的追求——恢复周礼及社会秩序。恢复的不仅是外在的礼仪，更重要的是个体内在的精神，这就是孔子在《论语》中提到的"仁"。孔子在《论语》中讲"仁"109次，理解《论语》就要理解其核心思想——"仁"。孔子对曾参说，"吾道一以贯之"，这"一以贯之"的便是"仁"。在此我们采纳李泽厚的研究结论："仁"是由四个方面——血缘基础、心理原则、人道主义、个体人格——构成的思想模式和文化心理结构。[③]

首先来看"仁"强调的血缘基础。孔子讲"仁"是为了解释、维护、恢

---

① 唐君毅：《中国人文精神之发展》，广西师范大学出版社 2005 年版，第 9 页。

② 何仁富：《唐君毅人文人生思想研究——儒家人文与中国人生》，中国文史出版社 2006 年版，第 6 页。

③ 参见李泽厚：《孔子再评价》，《中国社会科学》1980 年第 2 期，第 82—89 页。

复"周礼"，而"礼"是以血缘为基础的氏族统治体系。在《论语》中多处出现孔子论孝悌的重要性及其与施政的关系，如：

> 有子曰："其为人也孝弟，而好犯上者，鲜矣；不好犯上，而好作乱者，未之有也。君子务本，本立而道生。孝弟也者，其为仁之本与？"（《学而》）

> 或谓孔子曰："子奚不为政？"子曰："《书》云：'孝乎惟孝，友于兄弟，施于有政。'是亦为政，奚其为为政？"（《为政》）

> 子曰："弟子，入则孝，出则弟，谨而信，泛爱众，而亲仁，行有余力，则以学文。"（《学而》）

> 子贡问曰："何如斯可谓之士矣？"……曰："宗族称孝焉，乡党称弟焉。"（《子路》）

> 子曰："……君子笃于亲，则民兴于仁。"（《泰伯》）

强调血缘关系是"仁"的基础。"孝""悌"通过血缘从纵横两个方面把氏族关系和等级制度结合起来。这是从远古到殷周的宗法统治体制（亦即"周礼"）的核心，亦即儒家所谓"修身齐家治国平天下"。[①]

再看与"仁"相关的心理原则。这个心理原则与人性密切相关。换言之，儒家倡导的人性有赖于人们坚持某些心理原则。"礼"本是对个体成员具有外在约束力的一套习惯法规、仪式、礼节、巫术，孔子作了一个重要的转换，将"礼"与"人性"紧密关联起来。《论语·阳货》中，宰我认为"三年之丧"时间太长，守孝一年就可以了。孔子质问宰我：这样会心安吗？要是能心安你就这么去做吧。宰我离开后，孔子说："予之不仁也！子生三年，然后免于父母之怀。夫三年之丧，天下之通丧也。予也有三年之爱于其父母乎？"孔子把"三年之丧"的传统礼制，归结为亲子之爱的生活情理，把"礼"的基础直接诉之于心理依靠。这样，既把整套"礼"的血缘实质规定为孝悌，又把孝悌建筑在日常亲子之爱上，这就把"礼"以及"仪"

---

① 春秋时代儒家所讲的"家"不是现在所谓的家庭，而是与"国"同一的氏族、部落。所谓"平天下"，指的也是氏族—部落（诸侯）—部落联盟（天子）的整个系统。只有清楚这一点，才能理解孔子所谓"迩之事父，远之事君"，孟子所谓"天下之本在国，国之本在家，家之本在身"。

从外在规范约束转换成人心的内在要求——与人性相关的心理原则。这一转变在中国古代思想史上具有划时代的意义——基于人性的、体现心理原则的"仁"成为比"礼""仪"更本质的东西："人而不仁，如礼何？人而不仁，如乐何？""今之孝者，是谓能养，至于犬马，皆能有养，不敬，何以别乎？"（《为政》）外在的"礼""仪"服从于人的心理原则，也就是人性和人格，后来孟子极大地发展了这一命题。

人道主义在"仁"的体系中只有重要地位，儒家思想最根本的一条就是"仁者爱人"（《论语·颜渊》）。在上述心理原则的基础上，"仁"突出了原始氏族体制中的民主性和人道主义，即以血缘宗法为基础，在整个氏族、部落成员之间建立一种既有等级秩序又"博爱"的人际关系，强调氏族人们之间的秩序、团结、互助、协调。《论语》说，"老者安之，朋友信之，少者怀之"（《公冶长》），"子为政，焉用杀？子欲善而民善矣"（《颜渊》），"宽则得众，信则人任焉，敏则有功，惠则足以使人"（《阳货》），"不教而杀谓之虐，不戒视成谓之暴"（《尧曰》），"近者悦，远者来"（《子路》），"远人不服，则修文德以来之"（《季氏》），等等。大量这样的记述即表现了有助于实现"仁"的人道主义，将温情与相互的扶助从有血缘关系的群体扩展到社会群体，使得"仁"具有了更为普遍的社会意义。

最后是个体人格。"仁"最终的实现要依靠个体的努力与修为，而这也是人格塑造的过程。《论语》再三强调"为仁由己，而由人乎哉"，"仁远乎哉？我欲仁，斯仁至矣"（《述而》），"当仁不让于师"（《卫灵公》），"夫仁者，己欲立而立人，己欲达而达人。能近取譬，可谓仁之方也已"（《雍也》）等等，表明"仁"既非常高远又切近可行，既是理想人格又是个体行为："其身正，不令而行；其身不正，虽令不从"（《子路》），"苟子之不欲，虽赏之不窃"（《颜渊》）。《论语》极大地高扬了个体人格，提高了它的主动性、独立性和历史责任性："天生德于予，桓魋其如予何"（《述而》），"文王既殁，文不在兹乎"（《子罕》），"天将以夫子为木铎"（《八佾》）。人格的塑造需要克制和锻炼，主动而严格地约束自己，如"约之以礼""克己复礼""仁者其言也讱"（《颜渊》），"刚毅木讷，近仁"（《子路》）等等。

综上所述，理解"仁"是读懂《论语》的关键，而上述四个方面是解

原　典

读"仁"的核心线索。血缘基础强调慈、孝、悌；心理原则强调明辨是非、善恶；人道主义强调慈悲、亲善、友爱；个体人格强调个人的修为，如温、良、恭、俭、让等。个体通过修身以"求仁""得仁"，进而实现"内圣外王"。"仁""求仁"的这套思想逻辑既是实践理性的，又是理想主义的；既是实用的，又是浪漫的。秉承儒家精神，对外经世济国，对内修身养性，这使得儒士既可以在现实社会安身立命，又能够获得心灵的安宁与皈依。因此，以"仁"为核心的儒家思想对于中国士人有特别强大的说服力和吸引力，这也是它能够成为中国文化核心的原因。

第三，带着感情读《论语》。

孔子是圣人——高高在上，《论语》是经书——微言大义，这可能成为读《论语》的障碍——像捧着一本教科书在听孔子训话。但事实上《论语》以形象生动的方式讲述重要的道理、表达深刻的思考，这是因为孔子的言行蕴含着情感，他的弟子也是怀着感动记录其言行。正如李贽读《论语》的心得："何有于我哉，都是家里话。"[1] 理解《论语》、亲近《论语》要关注其情感内涵，要带着感情去读。要做到这一点首先要了解孔子其人，我们通过《史记·孔子世家》中有关孔子的故事来看他是一个怎样的人[2]：

> 叶公向子路问孔子的情况，子路不回答。孔子听说这件事后就对子路说："仲由，你为什么不对他说：'他这个人呀，学习起道理来不知疲倦，教导人全不厌烦，发愤学习时忘记了吃饭，快乐时忘记了忧愁，以至于连老之将至也不知道。'"

> 桀溺对子路说："你是孔丘的门徒吗？"子路说："是的。"桀溺说："天下到处都动荡不安，谁能改变这种现状呢？你还不如跟着我们这些躲避乱世的人呢！"子路把此话告诉了孔子，孔子茫然自失地说："如果天下有道，我也用不着到处奔走去改变它了。"

> 佛肸反叛了赵简子，派人招请孔子。孔子打算去。子路说："我听老师说过，'做坏事的人那里，君子是不去的'。现在您为何想去佛肸那里？"孔

---

[1]《李贽文集（第五卷）》，社会科学文献出版社 2000 年版，第 41 页。
[2] 由《孔子世家》中的文言文翻译的白话文。

子说："我是说过这样的话，但我不也说过，坚硬的东西是磨不薄的，洁白的东西是染不黑的。我难道是只匏瓜吗，怎么可以老挂在那里却不给人吃呢？"

公山不狃派人召请孔子。孔子探索治国之道很久了，但无处施展，就说："周文王、周武王兴起于丰、镐而成就王业，现在费城虽小，或许也可以施行治国之道吧！"

陈国、蔡国派人把孔子围困在野外，粮食断绝了，跟从的弟子饿病了，孔子却还在不停地给大家讲学、诵诗、歌唱、弹琴。子路满腹牢骚地说："君子也有困窘的时候吗？"孔子说："君子在困窘时能坚守节操，人小遇到困窘就会胡作非为了。"

孔子被匡人围困，弟子们都很害怕。孔子说："周文王已死，周的礼乐制度不还在吗？上天如果要毁灭这些制度，就不会让我们这些后人来维护它。上天没有消灭这些礼乐，匡人又能把我怎么样呢！"

孔子问："难道是我们的学说有什么不对吗？我们为什么会落到这种地步呢？"子贡说："老师的学说博大到极点了，所以天下没有一个国家能容纳老师。虽然是这样，老师还是要推行自己的学说。一个人不研修自己的学说，那才是自己的耻辱。至于已下大力研修的学说不为人所用，那是当权者的耻辱了！"孔子听了欣慰地笑着说："是这样的啊。"

孔子说："不成啊，不成啊！君子最担忧的就是死后没有留下好的名声。我的主张不能实行，我凭什么给社会留下好名呢？"于是就根据鲁国的史书作了《春秋》。

宋国的司马桓魋想杀死孔子，弟子们劝他赶紧离开。孔子说："上天赋予我传道的使命，桓魋又能把我怎么样！"

孔子到郑国，与弟子们走散了，一个人站在外城东门下。有个看见孔子的人对子贡说："东门有个人，一副狼狈不堪、没精打采的样子，像一条丧家狗。"子贡把这番话告诉了孔子。孔子欣然说："他形容我的相貌不一定对，但说我像条丧家狗，倒是对极了，对极了！"

通过孔子的这些言行，我们可以看到孔子的坚强、乐观、立身用世、不

原典

甘沉沦、永不言弃。更重要的，我们看到孔子是一个有情有义、有血有肉的人。我们读《论语》时，要关切文字背后的鲜活的生命，关切他们从心底流露的真挚的情感，这样才能真正理解其言行背后的意义与动力。

孔子"夫子风采，溢于格言"（刘勰《文心雕龙·征圣》）。《论语》中不仅有关于他的仪态举止的静态描写，也有对其个性气质的传神刻画。《论语·雍也》载："子见南子，子路不说。孔子矢之曰：'予所否者，天厌之！天厌之！'"孔子此时看来真是憨态可掬，根本不像后世把他抬入神龛内的那副完美无瑕却完全失去活人气息的木偶面目。[1]《论语》中的孔子情感丰富，诚恳真挚。他常常是温柔敦厚的儒者，但也有时怒不可遏：面对季氏"八佾舞于庭"，孔子怒曰"是可忍也，孰不可忍也"；面对宰予昼寝，孔子斥其"朽木不可雕也，粪土之墙不可圬也"；面对子路的指责——"有是哉，子之迂也！奚其正？"，孔子气得回击"野哉由也！"；面对懦弱胆小的冉有，孔子大骂其"非吾徒也，小子鸣鼓而攻之可也！"而面对勤奋好学的颜回，他掩饰不住自己内心的称许："贤哉，回也！一箪食，一瓢饮，在陋巷，人不堪其忧，回也不改其乐。贤哉，回也！"颜回死，孔子痛呼："天丧予！天丧予！"这些都表现了孔子真挚的情感，显现了《论语》生动活泼的一面。此外，《论语》还成功地刻画了一些孔门弟子的形象，如子路的率直鲁莽，颜回的温雅贤良，子贡的聪颖善辩，曾皙的潇洒脱俗等等。我们应当看到，世世代代的人们奉《论语》为经典，不仅在理智上认可其思想，也在情感上被其打动。我们只有关注《论语》的情感元素，亲近其中的人物并产生情感共鸣，才能真正读懂《论语》。

第四，关注《论语》的审美观。

《论语》对中国的文艺审美产生了重大影响。《论语》记载了许多孔子有关审美的言行：

子语鲁大师乐。曰："乐其可知也：始作，翕如也；从之，纯如也，皦如也，绎如也，以成。"（《八佾》）

---

[1] 李泽厚：《论语今读》，安徽文艺出版社 1998 年版，第 165 页。

子在齐闻《韶》，三月不知肉味，曰："不图为乐之至于斯也。"（《述而》）

子与人歌而善，必使反之，而后和之。（《述而》）

子曰："知者乐水，仁者乐山；知者动，仁者静；知者乐，仁者寿。"（《雍也》）

孔子迷恋音乐，爱好诗歌，喜欢游山玩水，从自然美中得到精神享受。《论语·先进》中，孔子问四位弟子的志向，曾点说："莫春者，春服既成，冠者五六人，童子六七人，浴乎沂，风乎舞雩，咏而归。"孔子听后喟然叹曰："吾与点也！"这是多么浪漫而唯美的生活画面，既是生活艺术化，也是艺术生活化。

《论语》充满了富有美感的文字。《子罕》篇中，孔子说："岁寒，然后知松柏之后凋也"；孔子站在河边说："逝者如斯夫，不舍昼夜"。这两则语录被钱穆赞道："是诗人吐属，只是以散文方式写出，大可说其是一种散文诗。"[①] 为了表达感情，《论语》中运用了诸多排比、对偶、押韵，读起来朗朗上口，给人以美感，如：

知者不惑，仁者不忧，勇者不惧。

君子和而不同，小人同而不和。

兴于诗，立于礼，成于乐。

不学诗，无以言；不学礼，无以立。

君使臣以礼，臣事君以忠。

名不正则言不顺；言不顺则事不成；事不成则礼乐不兴；礼乐不兴则刑罚不中；刑罚不中则民无所措手足。

《论语》中的审美取向对后世文学产生了重要影响。"知者乐水，仁者乐山"（《雍也》）以自然比德，体现了"天人合一"的思想。孔子区分了善与美："子谓《韶》：'尽美矣，又尽善也。'谓《武》：'尽美矣，未尽善也。'"（《八佾》）好的艺术品美善兼具，即尽善尽美。孔子肯定了美的相

---

① 钱穆：《中国文学论丛》，生活·读书·新知三联书店 2002 年版，第 80 页。

原　典

对独立性，但总的来看他还是认为美从属于善，《里仁》篇中他说"里仁为美"，"仁"是美的灵魂。美不同于善，美又从属于善，这蕴含着一个十分重要的审美指向——内容决定形式。孔子说："质胜文则野，文胜质则史。文质彬彬，然后君子。"（《雍也》）"质"可以说是内容，"文"可以说是形式，"文质彬彬"可以视为"美善结合"的另一种表述。孔子虽强调内容的决定作用，也并未轻视形式的价值。如前所述，孔子讲究仪态、穿着、饮食等方面的各种礼制，这种礼制又显然包含有形式美的规律。《八佾》篇有言：

子夏问曰："'巧笑倩兮，美目盼兮，素以为绚兮。'何谓也？"子曰："绘事后素。"曰："礼后乎？"子曰："起予者商也，始可与言诗已矣。"

如果说素白的底子是"仁"，那么其上绘制的美丽图画就是"礼"和"乐"。《论语》所强调的"礼"就是表达"善"和"仁"的形式。《颜渊》篇中有这样一段对话：

棘子成曰："君子质而已矣，何以文为？"子贡曰："惜乎，夫子之说君子也！驷不及舌。文犹质也，质犹文也。虎豹之鞟犹犬羊之鞟。"

棘子成认为君子只要有优良的品德就行了，不必讲究文采风度，子贡说，如将虎豹与犬羊身上的毛都拔掉，它们就没有区别了，斑斓的毛皮正体现了虎豹的威武雄壮。《论语》肯定了形式美的独立地位，阐明了形式美和内容美的关系，奠定了文质统一、形质兼美的思想基础，成为中国美学世代传承的基本审美理想。

孔子对后世文艺审美还有一个重要影响——确立了一个具体的审美指向——"中"。孔子说："中庸之为德也，其至矣乎！民鲜久矣。"（《雍也》）"中"的基本含义是"正"，不偏不倚。《尧曰》篇说，"咨，尔舜！天之历数在尔躬，允执其中"；《子路》篇中出现"中行"这一概念："不得中行而与之，必也狂狷乎！狂者进取，狷者有所不为也"；《先进》篇中有一段子贡与孔子的对话，虽没有"中"这个字，但实际上说的是"中"："子贡问：'师与商也孰贤？'子曰：'师也过，商也不及。'曰：'然则师愈与？'子曰：'过犹不及。'"中"就是为了避免"过犹不及"的现象，"恰如其分"是"中"的本质。事物往往是多个因素的整合，每个因素必须符合"中"的特征，才能够被调和在一起，事物的总体才能显现"中和"状。"中和"观对中国艺术审美产生了重要影响：它要求文艺表现中的每一个因素不能过分突出，注重多个因素的调和与相互作用，追求文艺作品整体的"中和"意味。《八佾》篇中孔子说："《关雎》乐而不淫，哀而不伤"，快乐过分和悲伤太甚都是不好的，艺术抒情要有所节制，这显然对中国文艺追求含蓄和调和之美产生了重要影响。

还有，孔子充分肯定了文艺的社会功能。他说："兴于诗，立于礼，成于乐"（《泰伯》）；"诗可以兴，可以观，可以群，可以怨。迩之事父，远之事君。多识于鸟兽草木之名"（《阳货》）。文艺作品有"立人""成人"即教化的功能，兴、观、群、怨具体说明了文艺如何发挥其社会功能，这塑造了中国文艺注重社会担当、承担社会责任的品格，是后世文学"载道""贯道""明道"的思想基础，中国文学史上的"文道之辨"以及历次的文学复古运动与此思想基础不无关系。基于文道合一的文学观阻击空洞无物、矫饰藻丽的文字，这是有意义的，但过分强调文道统一，压抑文字的抒情功能，就有扼杀文学独立性、抹杀文学抒情功能的危险。如《卫灵公》篇有载："颜渊问为邦。子曰：'行夏之时，乘殷之辂，服周之冕，乐则韶舞。放郑声，远佞人。郑声淫，佞人殆。'"郑卫之声本是民间新起的音乐，曲调轻松婉转，富有表现力和感染力，孔子却认为郑卫之声侈溺讹滥，有违典重高华、和正闳广之旨，故应予以废斥。因此，有必要关注文道统一思想对文学的影响，尤其要注意将文艺仅当作社会教化工具、批判和压抑文艺娱情功能的比较极端的观点。

如前所述，孔子的言行有一个重要的目的：恢复周代礼仪和社会秩序。《史记·孔子世家》载，孔子非常重视礼仪，包括在什么场合演奏什么音乐，如何行礼、走路、祭祀、配饰，不同等级的人享用怎样的待遇等等。歌伎、杂技艺人、侏儒在两国会晤的仪式中表演，孔子认为这些匹夫犯了"营惑诸侯罪"，让有司按照刑法腰斩了他们。晏婴对景公说，孔子讲究仪容服饰、繁琐的上下朝礼节，这些繁文缛节，就是毕生也搞不清楚，几代人也学习不

原　典

完。如果想用这套东西来改变齐国的风俗恐怕不行。①晏婴的说法有道理，不改变人心只规定形式上的礼节是没有意义的，由"礼"致"仁"才是《论语》的意义所在，这一点读《论语》时应予以关注。

此外，从汉代开始，儒家思想被历代君王作为执政工具，突出乃至扭曲了《论语》中的某些内容。如孔子虽然在《论语》中多处论孝悌对施政的重要性，还是从人之常情、家庭伦理的角度出发，认为君主和臣民的关系与亲子关系的本质是一样的，其"亲民如子"的思想是温暖的、有积极意义的。然而完成于春秋末期的《孝经》，第一次论述了"移孝作忠"的思想，把孝提升为政治化的孝伦理："君子之事亲孝，故忠可移于君；事兄悌，故顺可移于长；居家理，故治可移于官"；"能孝于亲，则必能忠于君矣，求忠臣必于孝子之门也"。②以孝劝忠，以孝治天下，这是统治者宣扬孝道的根本目的。被政治化的孝道强调个体对老人的绝对尊重和服从，并且泛化到对权威、对政权的无条件服从。元代郭居敬，选了二十四个他认为最感动的孝子故事编成《二十四孝》一书，成为民间流传甚广的宣传孝道的读物。其中不少故事面目可憎："鹿乳奉亲"荒诞虚假，"亲尝汤药"缺乏常识，"卧冰求鲤""恣蚊饱血"残忍乖张，"埋儿奉母"恐怖异常，"怀橘遗亲"更像是一个贪心馋嘴的小孩偷东西被捉后公然撒谎。鲁迅曾对《二十四孝》进行过无情的讽刺："请人讲完了二十四个故事之后，才知道'孝'有如此之难，对于先前痴心妄想，想做孝子的计划，完全绝望了！"③

因此，读《论语》要有"沉淀"意识，要与其中陈腐的内容作切割，尤其要警惕后世为了各种目的而与《论语》捆绑在一起的私货，警惕其打着儒家旗号所做的浅薄庸俗的勾当。我们应当看到，儒家思想历经两千多年仍有强大的生命力，并不源于孝道、等级、礼节——这些往往被统治者利用以实现其阶级统治，而是"刚健""进取""责任""使命""操守""自尊""自强"。儒家思想中的济世精神、理想主义乃至浪漫情怀富有强烈的

---

① 参见《史记·孔子世家》相关内容。
② 张晓松：《"移孝作忠"——〈孝经〉思想的继承、发展及影响》，《孔子研究》2006年第6期，第87页。
③ 鲁迅：《二十四孝图》，《鲁迅全集（第二卷）》，人民文学出版社1981年版，第261页。

美感，对中国人有巨大的感召力。《论语》提出"仁"这一核心思想，并且与人性、人格关联起来，使得"仁""求仁""成仁"成为中国人认可的人生观和方法论。儒家不只讲秩序、讲服从、讲礼仪，更讲自我修为，并将这种修为与社会责任统一起来。外界的压迫、困难、艰险成为"求仁"和个体修为的过程，困厄不是被动承受的苦难，而是实现理想、自我完善的磨砺。其中充满着"知其不可为而为之""不怨天不尤人""舍我其谁""当仁不让于师""择善而固执之"的高昂坚定的精神气质，充满着责任感、道义感和使命感。

图书信息

李泽厚:《论语今读》，安徽文艺出版社 1998 年版［包括白话翻译，历史名家经典评注[①]，李泽厚本人的评论（记）］

张燕婴译注:《论语》，中华书局 2006 年版（包括白话翻译和字词注解）

[①] 作者说明：注主要取自程树德的《论语集释》，特别是其中的何晏的《论语集解》和皇侃的《论语义疏》。朱熹《四书章句集注》、刘宝楠《论语正义》、康有为《论语注》均摘自原书。杨伯峻《论语译注》也摘了好些。朱熹的《集注》简明精锐，极有深度，是摘录的重点。《论语今读》没有字词注解，李泽厚对为何不作字词注解进行了说明（见《论语今读》前言）。

《庄子》导读

    《庄子》的导读最难写，因为它博大精深，无论怎么写都会挂一漏万，只能触及其皮毛而已。但是，无论多么难写，都必须将《庄子》推荐给读者。闻一多说，"中国人的文化上永远留着庄子的烙印"①，《庄子》影响了无数的中国文人，为其提供了修身养性、安身立命、为人处世的思想方式与精神家园。

    读《庄子》要注意两个方面：一是其寻求人的自由与解放的哲学思想；二是其动人的艺术之美。

    庄子住在穷街僻巷之中，以打草鞋糊口度日，有时甚至还粮米不济，要"贷粟于监河侯"。②"楚威王闻庄周贤，使厚币迎之，许以为相"，面对一国之君的招揽，庄子的反应是：

    庄周笑谓楚使者曰："千金，重利；卿相，尊位也。子独不见郊祭之牺牛乎？养食之数岁，衣以文绣，以入大庙。当是之时，虽欲为孤豚，岂可得乎？子亟去，无污我！我宁游戏污渎之中自快，无为有国者所羁，终身不仕，以快吾志焉。"（《史记·老庄申韩列传》）

    "终身不仕，以快吾志"！这是追求自由的呐喊。在庄子眼里，身居高位、看似尊贵的生活实际上很可怜——如"郊祭之牺牛"。《秋水》篇中有一段庄子与楚臣的对话，表达了同样的意思：

    庄子钓于濮水。楚王使大夫二人往先焉，曰："愿以境内累矣！"庄子持竿不顾，曰："吾闻楚有神龟，死已三千岁矣。王以巾笥而藏之庙堂之上。

---

① 闻一多：《古典新义》，生活·读书·新知三联书店1982年版，第280页。
② 见《庄子》《列御寇》篇和《外物》篇。

此龟者，宁其死为留骨而贵乎？宁其生而曳尾于涂中乎？"二大夫曰："宁生而曳尾涂中。"庄子曰："往矣！吾将曳尾于涂中。"

在庄子看来，一个活生生的、在泥涂中自在摆尾的龟，要比死掉而被供奉于庙堂之上的龟强多了。《秋水》篇中庄子再次表达了他对名利的鄙视与厌恶：

惠子相梁，庄子往见之。或谓惠子曰："庄子来，欲代子相。"于是惠子恐，搜于国中三日三夜。庄子往见之，曰："南方有鸟，其名为鹓鹐，子知之乎？夫鹓鹐发于南海而飞于北海，非梧桐不止，非练实不食，非醴泉不饮。于是鸱得腐鼠，鹓鹐过之，仰而视之曰：'吓！'今子欲以子之梁国而吓我邪？"

"非梧桐不止，非练实不食，非醴泉不饮"的鹓鹐根本看不上因为吃了腐鼠而得意的鸱。在庄子看来，一个对官位孜孜以求的人可怜又可鄙。《庄子·列御寇》中，宋国有个叫曹商的出使秦国，去时获得车辆数乘，回宋国时秦王又给他车辆百乘。曹商对庄子炫耀其所得，庄子回应：

秦王有病召医。破痈溃痤者得车一乘，舐痔者得车五乘，所治愈下，得车愈多。子岂治其痔邪？何得车之多也？子行矣！

庄子对那些因得了名利而洋洋得意的人简直厌恶到极点。他回击曹商的炫耀：舐秦王的痔疮一次能得到五辆车，得了这么多车，得舐秦王的痔疮多少次啊！

庄子之所以如此"避世""避仕"，根本原因是他认为世俗名利需要用珍贵的东西作交换。《庄子·让王》说："今世俗之君子，多危身弃生以殉物，岂不悲哉！"看来这珍贵的东西首先就是生命，庄子认为这种交换是不明智的、可悲的。《庄子·骈拇》有言：

自三代以下者，天下莫不以物易其性矣。小人则以身殉利，士则以身殉名，大夫则以身殉家，圣人则以身殉天下。故此数子者，事业不同，名声异号，其于伤性以身为殉，一也。

原典

名、利、家、天下，虽然命号不同，却都是"致命的诱惑"，无数人为了这些诱惑而殉身卖命。庄子看不起追求名利的人，这个容易理解，可为什么为了家国、天下殉身庄子同样认为不值得、不应该呢？

《庄子·马蹄》里的马原本保有自己的本性，可是"善治马"的伯乐出现了，"烧之，剔之，刻之，雒之，连之以羁馽，编之以皂栈"，这造成十之二三的马死去；又"饥之，渴之，驰之，骤之，整之，齐之，前有橛饰之患，后有鞭筴之威"，此时已有过半的马死去。马原先吃草饮水，高兴时颈交相摩，生气时相互踢撞。后来把车衡和颈轭加在它身上，把配着月牙形佩饰的辔头戴在它头上，马此时侧目怒视，暴戾不驯，或拼命吐出嘴里的勒口，或偷偷摆脱头上的马辔，最终形成了与人对抗的态度和智巧。除了如此对待马，人工对自然的改变还表现在其他方面：做陶器的说他善于加工陶土，使之"圆者中规，方者中矩"；木匠说他善于加工木材，使其"曲者中钩，直者应绳"。庄子对此发出疑问：粘土和木材的本性难道就是去迎合圆规、角尺、钩弧、墨线吗？

《庄子·马蹄》指出，人们有自己的天性，最初过着"天放"的生活："织而衣，耕而食，是谓同德；一而不党，命曰天放"。那时的社会是"至德之世"，人们过着自然和谐的生活——"其行填填，其视颠颠"，哪里知道什么君子和小人啊！可是，就像马、陶土、树木被人工改变，"天放"之人也被改变了！道家认为圣人倡导的所谓"仁、义"及相应的礼仪就是约束、改变人的"钩""绳""规""矩"，人们要符合"仁、义"的要求，就要遵守规范、改变自我——"中钩""应绳"——因此而变得"中规""中矩"，而这也意味着一个人被"变形""扭曲"。如此看来，社会就像一个大机器，人们在其中被物化成一个个的零件。为了让每个人安心、称职地执行自己的功能，所谓的"仁、义"刻画了人的坐标，标定了生命价值，确定了发展方向，提供了追求动力，个体被物化、工具化。

由此我们可以理解，庄子认为"家国""天下"都是被炮制出来的扭曲了人的天性、与人的本性相悖的东西。老庄鼓吹"离圣去知"，强调要把一切为仁为义为善为美为名为利等等所奴役所支配所束缚的"假我""非我"

舍弃掉，让人们回到无知无欲的"素朴"状态。"不尚贤，使民不争"（《老子》三章），尚贤会让人们"争做"贤人，达到贤的标准、维护贤的名节，这就有可能使人性扭曲，人丧失其本性乃至自由与自主的人生，可谓"夫残朴以为器，工匠之罪也；毁道德以为仁义，圣人之过也"，"同乎无知，其德不离；同乎无欲，是谓素朴"（《庄子·马蹄》）。

从表面看，庄子在消极地"保生""避世"，实际上他在积极地追求自由与解放。庄子深刻体验到人类面临的困境及其所引发的痛苦与悲哀，他构建的理想人生是乌托邦，他提出的解决问题的建议也许不可行，但其中却蕴含着真挚的向往，从而使其思想具有强烈的美学意蕴。庄子构建了一方天地，希望人们能够恢复自然而美好的天性。当然，社会的发展不以人的意志为转移，这一方天地永远不可能出现。但它可以生发、存驻于我们的心中，那是"广莫之野"，是"无有乡"，是"桃花源"。因为有了庄子，中国文人有了一个可以栖身的精神家园，无数身处逆境、志不获骋的文人在庄子思想里得到休养生息。正如被贬谪的白居易在《读庄子》中慨叹："去国辞家谪异方，中心自怪少忧伤。为寻庄子知归处，认得无何是本乡。"

下面我们来赏析《庄子》的艺术性。

李泽厚指出："庄子哲学并不以宗教经验为依归，而毋宁以某种审美态度为指向。就实质说，庄子哲学即美学。"[①] 我们来看《庄子·逍遥游》中的一段文字：

> 惠子谓庄子曰："吾有大树，人谓之樗。其大本拥肿而不中绳墨，其小枝卷曲而不中规矩，立之涂，匠人不顾。今子之言大而无用，众所同去也。"庄子曰："子独不见狸狌乎？卑身而伏，以候敖者；东西跳梁，不辟高下；中于机辟，死于罔罟。……今子有大树，患其无用，何不树之于无何有之乡、广莫之野，彷徨乎无为其侧，逍遥乎寝卧其下。不夭斤斧，物无害者，无所可用，安所困苦哉！"

在庄子看来，作一棵"无用"之树，自由地生活在"无有乡""广莫之

---

① 李泽厚：《漫述庄禅》，《中国社会科学》1985 年第 1 期。

野"不是很好吗？在名利场中像狸狌一样上蹿下跳的人，最终只会落得可悲的下场。这样的文字既是深刻的哲学思考，又是充满美学意味的文学艺术，这是《庄子》独特而迷人的风格。

如何"返朴归真""回归自然"？庄子提出"丧我""坐忘""心斋"等极富美感的精神追求。

《庄子·齐物论》中子綦与颜成子游对话中的"丧我"：

南郭子綦隐机而坐，仰天而嘘，荅焉似丧其耦。颜成子游立侍乎前，曰："何居乎？形固可使如槁木，而心固可使如死灰乎？今之隐机者，非昔之隐机者也？"子綦曰："偃，不亦善乎，而问之也！今者吾丧我，汝知之乎？女闻人籁而未闻地籁，女闻地籁而不闻天籁夫！"

《庄子·大宗师》中颜回和孔子对话中的"坐忘"：

颜回曰："回益矣。"仲尼曰："何谓也？"曰："回忘仁义矣。"曰："可矣，犹未也。"他日复见，曰："回益矣。"曰："何谓也？"曰："回忘礼乐矣。"曰："可矣，犹未也。"他日复见，曰："回益矣。"曰："何谓也？"曰："回坐忘矣。"仲尼蹴然曰："何谓坐忘？"颜回曰："堕肢体，黜聪明，离形去知，同于大通，此谓坐忘。"仲尼曰："同则无好也，化则无常也，而果其贤乎！丘也请从而后也。"

《庄子·人间世》中颜回和孔子对话中的"心斋"：

颜回曰："吾无以进矣，敢问其方。"仲尼曰："斋，吾将语若！有心而为之，其易邪？易之者，皞天不宜。"颜回曰："回之家贫，唯不饮酒不茹荤者数月矣。如此，则可以为斋乎？"曰："是祭祀之斋，非心斋也。"回曰："敢问心斋。"仲尼曰："若一志，无听之以耳而听之以心，无听之以心而听之以气。听止于耳，心止于符。气也者，虚而待物者也。唯道集虚。虚者，心斋也。"

"丧我""坐忘""心斋"——消解、湮灭各种贪欲、妄动、智巧，我执而净、静、空、虚、寂，从而达致"至人无己""神人无功""圣人无名"

（《庄子·逍遥游》）的境界。这些概念指向了"修心"，与人格修养关联起来。更重要的，这些概念成为庄、禅结合的载体，"丧我""坐忘""心斋"无论从内容上还是形式上都与参禅有相当高的一致性。正如徐复观所说，"由人格修养而给文学以影响的，一般都指向佛教中的禅"，"禅所给予文学的影响，乃成立于禅在修养过程中与道家尤其是庄子两相符合的这一阶段之上"，"禅在文化中、文学艺术中的巨大影响，实质是庄子思想借尸还魂的影响"。①散发着禅意的《庄子》充满了美学意味，庄子追求的境界与参禅得"道"高度一致，朝向超脱、静空（返朴归真）、自在、圆满的心灵诉求蕴含着巨大的美感。

　　《庄子》是哲学，也是散文，因为它充满了情感。李泽厚指出②：

　　表面来看，庄、老并称，似乎都寡恩薄情，其实庄、老于此有很大区别。老子讲权术，重理智，确乎不动情感；……庄子则"道是无情却有情"，外表上讲了许多超脱、冷酷的话，实际里却深深地透露出对人生、生命、感性的眷恋和爱护。……他似乎看透了人生和生死，但终于并没有舍弃和否定它。"与物为春"（《德充符》），"万物复情"（《天地》），"喜怒通四时，与物有宜而莫知其极"（《大宗师》），"与天和者，谓之天乐"（《天道》），……谈"春"、说"情"、重"和"，都意味着并不把自然、世界、人生、生活看作完全虚妄和荒谬。……庄子对大自然的极力铺陈描述，他那许多瑰丽奇异的寓言故事，甚至他那洸洋自恣的文体，也表现出这一点。

　　《庄子》的内容因表达真挚的情感而有明显的文学性。在形式上，《庄子》使用了虚构、象征、寓言；在文字上，它使用了排比、夸张、对偶等手法。这些都是文学的要素，体现了文学的特质与美感。我们来看《庄子·徐无鬼》中一则动人的故事：

　　庄子送葬，过惠子之墓，顾谓从者曰："郢人垩慢其鼻端若蝇翼，使匠人斫之。匠石运斤成风，听而斫之，尽垩而鼻不伤，郢人立不失容。宋元君

①《徐复观文集（第二卷）》，湖北人民出版社 2009 年版，第 364-365 页。
② 李泽厚：《漫述庄禅》，《中国社会科学》1985 年第 1 期。

闻之，召匠石曰：'尝试为寡人为之。'匠石曰：'臣则尝能斫之。虽然，臣之质死久矣！'自夫子之死也，吾无以为质矣，吾无与言之矣！"

郢人和匠人之间该有多么相互信任和了解，郢人才会让匠人用挥动得呼呼生风的斧子削掉自己鼻尖上的白灰！匠人从容不迫了不起，郢人不动声色同样了不起！这是多么动人的故事，又反映了多么深刻的道理！庄子用这个故事将他对惠子的感情及二人的关系形容得无比精妙。

《庄子》为无数的文学作品提供了精妙的意象和素材，以李白对庄子的继承为例，有研究者统计了李白诗歌与《庄子》有关的诗句，发现李白诗歌存世九百余首，其中与《庄子》有关联的就有一百余首。[①] 以下是部分内容：

李白诗歌	《庄子》原文
挥剑决浮云，诸侯尽西来。	天子之剑，……上决浮云。
安得郢中质，一挥成风斤。	运斤成风。
直木忌先伐，芳兰哀自焚。	直木先伐，甘井先竭。
吾亦洗心者，忘机从尔游。	有机事者必有机心。
愿逢田子方，恻然为我悲。	田子方
蟪蛄蒙恩，深愧短促。	蟪蛄不知春秋。
邈仙山之峻极兮，闻天籁之嘈嘈。	地籁则……敢问天籁。
墨池飞出北溟鱼，笔锋杀尽中山兔。	北溟有鱼，其长不知几千里。
大鹏一日同风起，扶摇直上九万里。	鹏……水击三千里，抟扶摇而上者九万里。
我本楚狂人，凤歌笑孔丘。	孔子适楚，楚狂接舆游其门，曰凤兮凤兮。

由此可见，庄子思想之深刻、意象之精美、情意之绵密世之罕见，即使是李白这样的文学天才，也乐于从《庄子》中获得灵感与素材。正如郭沫若所说："庄子在中国文化史上的确是一个特异的存在，他不仅是一位出类的思想家，而且是一位拔萃的文学家。……秦汉以来的一部中国文学史差不多

---

① 窦可阳：《李白诗对〈庄子〉文学接受论稿》，吉林大学硕士学位论文 2005 年，第 57 页。

大半是在他的影响之下发展。"① 总的来说,《庄子》对后世文学有三方面的影响:(1)提供了永恒的主题;(2)示范了独特的写作技法与风格;(3)提供了非常多的典故。这值得我们在读《庄子》时细细体会。读《庄子》时可将其中的成语、典故、富有文采的词句摘抄下来,这样做一方面有助于我们更好地理解《庄子》,另一方面也有助于我们面对后世文学作品时,能够敏感地"识别"出其中《庄子》的痕迹,从而更好地体会《庄子》的精妙。

图书信息

孙海通译注:《庄子》,中华书局 2007 年版

---

① 郭沫若:《庄子与鲁迅》,《郭沫若全集(文学编 第 19 卷)》,人民文学出版社 1992 年版,第 64 页。

原　典

《诗经楚辞鉴赏辞典》导读

《诗经楚辞鉴赏辞典》(以下简称《辞典》)的编者在前言中说:

(中国诗)的长河向上追溯可达两大源头,即以"风骚"并称的诗经和楚辞。这两部诗集从诞生之日起,便如江河行地,日月经天;历代诗人,没有不受其甘泉之滋润,没有不被其光辉所照耀者。

《诗经》是中国文学史上最早的一部诗歌总集,内容十分丰富,打开《诗经》,就好像展开一幅巨大的历史画卷,让我们看到一部周民族从后稷到春秋中叶的发展史,看到先民们生动的生活、劳动的情景,听到先民们或愉悦或凄婉或悲凉或慷慨的歌声。[①]《诗经》被孔子推崇,在那时就成为济世修身的教材,孔子说:"小子何莫学夫诗? 诗可以兴,可以观,可以群,可以怨。迩之事父,远之事君。"(《论语·阳货》)近人梁启超说:"现存先秦古籍,真赝杂糅,几乎无一书无问题;其真金美玉、字字可信者,《诗经》其首也。"(《要籍解题及其读法》)《诗经》对后世文学产生了极其深远的影响,主要表现在:第一,《诗经》中大部分都是抒情诗,设定了中国诗歌以抒情为主的基本形态;第二,《诗经》以反映社会现实、反映人民日常生活为主,这为后世文学定下了日常性、现实性的基调;第三,《诗经》具有鲜明的社会批判色彩,后世文学继承这一传统,成为宣扬美德、抒发政见、进行讽谏的一个重要工具;第四,《诗经》在表情时总体上是克制与平和的,"哀而不伤,乐而不淫",而这正是中国文学含蓄慰藉的滥觞。[②]

《诗经》以后整整三百年,历史散文和诸子散文兴起,诗歌则陷于沉寂,

---

① 陈节注译:《诗经》,花城出版社 2002 年版,前言第 2 页。
② 《线装经典》编委会编:《诗经》,晨光出版社 2014 年版,前言第 4 页。

天才诗人屈原及其后学宋玉打破了这样的局面，他们创造了一种具有楚国鲜明地方特色的新诗体——楚辞：

《楚辞》和《诗经》迥然不同，它不是集体的歌唱，而是个人的创作；不是现实主义的，而是浪漫主义的；不重自然的写实，而重主观的抒情；不是表现的北国风光，而是表现的南方景象；不是单一的比兴，而是整体的象征；句式不是板滞的四言，而是灵动的杂言；篇章不是回环复沓的短章，而是结构宏大的巨制；风格不是自然质朴，而是弘博丽雅。[①]

楚辞的代表作是"逸响伟辞，卓绝一世"（鲁迅语）的《离骚》，故后人又称楚辞为骚体诗。刘勰在《文心雕龙·辨骚》中赞誉楚辞"气往轹古，辞来切今，惊采绝艳，难与并能"；"自风雅寝声，莫或抽绪，奇文郁起，其《离骚》哉！……昔汉武爱骚，而淮南作传，以为国风好色而不淫，小雅怨悱而不乱。若《离骚》者，可谓兼之。蝉蜕秽浊之中，浮游尘埃之外，皭然涅而不缁，虽与日月争光可也。"

《诗经》与《楚辞》是中国诗歌乃至中国文学最重要的源头，为后世文学提供了无数的意象和典故，塑造了基本的文学审美追求，示范了精妙的写作技法与风格。关于《诗经》与《楚辞》的渊源、社会意义、审美价值、写作技法、对后世文学的影响，在文学理论、文学史、哲学与审美等方面的书籍中有非常多的论述，读者可自行参阅，本书不再赘述。

《辞典》编者在前言中说：

鉴赏辞典是一种融文艺鉴赏与工具书为一体的新型辞书。……这种"辞典"确乎与传统观念不符：它所提供的知识，固然必须准确，却又远不那么标准化和规范化。另一方面，它又具有一般辞典不曾具备的启发性。这些差异，正是由于它的文学鉴赏性质所决定的。"诗无达诂"，作品有多义性，同一诗作的赏析，可以从不同角度进行。好比四面开扇的房间，打开任何一扇窗户，都可以起到流通空气、览观外景的作用。而每位鉴赏辞条的撰稿人，

---

① 吴广平：《楚辞全解》，岳麓书社 2008 年版，前言第 1 页。

又都是取其主观会心较深的某个角度来阐幽发微的，正如就近凑手打开一扇两扇窗户一样，其随意性在所难免。其好处似乎也正在这里，他为读者提供了如何打开窗扇、尽情观赏外景的启示，以便读者自行从其它方位打开窗扇，自行去领略更多的美境。一般辞典是灌输知识的老师，鉴赏辞典则是引发你交谈兴味的朋友。……鉴赏辞典与读者的关系，是双向反馈，损益互补的关系。它之所以受到读者的青睐，原因之一便在于它不是单向灌输，而是"奇文共欣赏，疑义相与析"（陶潜）。撰者的启，或可引读者之发，由此得到新意和胜境。文学鉴赏实践告诉我们，越是杰作，其结构层面越多，象征意蕴越难穷尽。

这段话提示我们《辞典》的特点、价值及如何用好它——在编者的启发下能够"自行"从多个角度领略《诗经》和《楚辞》"更多的美境"。这部《辞典》包含了注、译、评，帮助我们了解《诗经》《楚辞》的内涵与背景，而我们更应当从"鉴赏"的角度亲近《诗经》《楚辞》，感受它们带给我们的心灵触动，关注诗辞中蕴含的美的意味。

以《辞典》主编周啸天的几篇评析为例，我们来看《辞典》对于启发读者欣赏《诗经》《楚辞》的价值。周啸天在《诗经·关雎》的评析中写道：

"作诗必此诗，定知非诗人"（苏轼）。若下一转语，便有"说诗必此诗，定知非解人"。懂得这番道理，来看《关雎》诗中的单相思，又不仅是单恋而已。诗人于爱的对象"寤寐求之"式的执着追求，及其在现实中"求之不得"，便于理想（幻梦）中"友之""乐之"的实现方式，均构成一种境界，一种超越本文的象征意蕴。从而能够兴发读者引譬连类的联想。我们不由会联想到风诗中的其它作品如《汉广》、《蒹葭》，联想到《离骚》，其中所写的"汉有游女，不可求思"的苦恼，"所谓伊人，在水一方"的迷惘，及"路曼曼其修远兮，吾将上下而求索"的执着劲头；不由会联想到古代神话对世界的浪漫征服和把握的方式，甚而联想到人类在漫长的历史中，不安现状，通过心灵与思辨追求美与自由、自我实现、自我完善的历程。诗情一旦与哲理结合，便给世代读者以回味无穷的审美愉快。这或许就是包括《关雎》在内的风诗名篇的艺术奥秘所在。

这就是"鉴赏"！我们从这样的鉴赏中"得到新意和胜境"。《关雎》这样的作品正如编者所说，"越是杰作，其结构层面越多，象征意蕴越难穷尽"。正是通过这样的鉴赏，《诗经》中经典作品所缊藉的无穷的意味被解析出来，让我们可以体验诗歌多向、多层的美感。

下面是周啸天对《诗经·卷耳》的分析：

诗的首章写女方，二三四章写男方。唯于后三章，多数人认为是怀人者（即诗中思妇）想象所怀之人，一如《陟岵》，乃"己思人乃想人亦思己"。影响后世，就有"故乡今夜思千里，霜鬓明朝又一年"（高适《除夕》）、"想得家中夜深坐，还应说着远行人"（白居易《至夜思亲》）、"遥知湖上一樽酒，能忆天涯万里人"（欧阳修《春日西湖寄谢法曹歌》）等机杼相同、波澜莫二的诗词名作。

钱钟书独不以为然，他说：夫"嗟我怀人"而又称所怀之人为"我"，葛龚莫辨，扞格难通。实则涵咏本义，意义豁然。男女两人处两地而情事一时，批尾家谓之"双管齐下"，章回小说谓之"话分两头"，《红楼梦》第五四回凤姐仿说书所谓："一张口难说两家话""花开两朵，各表一枝"。（见《管锥篇》）

周啸天指出，按照第一种理解，诗中的征夫上山过冈，马病人疲，饮酒自宽，皆出于女子想象，乃虚境。思妇采卷耳老采不满，是因为心不在焉，浮想联翩，其情之真挚足感人矣。而按钱氏解会，又别有意趣。征夫上山过冈、马病人疲、饮酒自宽，皆实有其事，"话分两头"恰形成对比，表明女方不能确知对方劳顿之苦，方才一味嗟怨一己怀思之苦。从对《卷耳》的鉴赏我们可以看到，诗有别趣、多义多解是很正常的现象，不必务是此而非彼；而且基于不同的视角形成对诗歌不同的理解，这本身也是一种富有趣味的审美，给人以"横看成岭侧成峰"之感。

再看周啸天评析《兔罝》。在这个鉴赏中他提出一个重要的问题，即如何看待诗歌中的"道"：

全诗洋溢着饱满的赞美，根本看不出一点讽刺。可也有人认为是讽刺

原　典

奴隶主阶级豢养鹰犬犬牙，说"他们正是奴隶大众的死敌"。用阶级斗争观点读《诗经》，必然处处得到这样的结论。但历史地予以分析，阶级仇恨在《诗经》不能说没讲，但远不是篇篇讲。如这首本意在赞扬猎人，因而设想推论其美好前程的诗，原是深刻反映着古代社会下层人士的普遍观念，即"士为知己者死"的怀才待贾的思想的。"伯也执殳，为王前驱"（《卫风·伯兮》）、"祈父，予王之爪牙"（《小雅·祈父》），这种"名编壮士籍"的际遇，是家属和本人都引以为光荣的。英雄如《水浒》中渔猎于江湖的三阮，也逃不出这种观念的范畴，"这腔热血只要卖与识货的"。即便上了梁山，日后还被集体招安，作了"公侯干城"去。至于杨志之流就更甭提了，才从狱中放出，便因表现突出，成了梁中书的"好仇""腹心"。但读者何必对他们表示义愤呢。

"文以载道"是中国文学的传统，很多时候我们会"主动"乃至"强迫"地从文学作品中发现其"道"之所在，进而发挥其教化作用——就像从《关雎》中发现"后妃之德"一样。但从文学审美的角度，恰恰需要有意识地屏蔽作品可能产生的教化意味，从感情、感动出发，品味文学作品中美的意味。

最后看周啸天对《离骚》的部分评析：

《离骚》有如一部大型交响乐，它的情感内容丰富、复杂、矛盾而又统一。其中最突出的情调是深切的乡土之爱及植根其上的爱国主义激情。诗人被楚国（楚王）遗弃，然而"落红不是无情物"，他本人却无法离弃他的故土。这在士无祖国的战国时代，是一个奇特的例子，而对后世的民族志士则成为一个楷模。……当然，仅仅看到《离骚》中的爱国主义激情，还是不够的，还须看到主人公的爱国主义情感与一种伟大的政治理想是统一的。他的誓死不仅是殉国，也是殉情（即殉自己的理想）。诚如郭老指出的：屈原也是主张大一统的人，他所怀抱的是儒家思想的大一统，想以德政让楚国完成统一，而反对秦国以刑政征服天下。所以他眷爱楚国又不纯因它是父母之邦，更不因自己是楚国的公族而迷恋着"旧时代的魂"。（郭沫若《屈原研究》）故《离骚》中最后毁灭的不仅是一个爱国者的屈原，同时也是一个理想家的屈原。

"屈平辞赋悬日月，楚王台榭空山丘。"（李白）《离骚》流芳千古，引起世世代代读者的激情和共鸣，其奥妙又并不在诗中反映的历史的容貌，而在于作品深层结构中生生不息历久弥新的象征意蕴。它的审美教育作用远大于认识功能。……诗人将自己特有的政治哀痛，与宇宙人生、社会历史中恒有的悲剧性现象的普遍感喟结合在一起，从情感上超越一己而勾通了上下古今（所谓"气往轹古，辞来切今"，刘勰语）。有人认为可以把《离骚》看成是历史性悲剧人物的人性、人情的一次比较全面、综合的再现，是很中肯的。单就这个方面的象征意蕴而言，便有不可穷尽性。诗中主人公那独立不迁、举世无朋的伟大孤独者（《远游》所谓"往者余弗及兮，来者吾不闻"）形象，就在后代不少高蹈者、先驱者如阮籍（"去者余不及，来者吾不留"）、陈子昂（"前不见古人，后不见来者"）以及鲁迅（"两间余一卒，荷戟独彷徨"）的心中激起过同情。在历史长河中任何时代那些坚持真理，不容当世的少数派，忠而见疑，婞直杀身的殉道者，以及为数甚多的不合时宜，生不逢辰的失意之士，都或多或少能从《离骚》找到共同语言和精神安慰。《离骚》在伦理、道德、精神、情操上，对中华民族曾经起过而且仍将发挥巨大的陶冶作用。

多么好的评析，多么好的鉴赏——基于审美的视角，激发起人内心深处的共鸣，显现千百年来人们永恒不变的向往、追求、苦闷、孤独……这些是与人类命运息息相关的母题，《诗经》《楚辞》因为切近这些有重大意义的母题而具有强大的生命力和永恒的魅力——它们总能拨动世世代代人们的心弦，它们是响彻历史时空的人们共同的歌唱。

总的来看，《辞典》带给我们的，不仅是对《诗经》《楚辞》的了解，更是感受和体会中国文学源头所蕴藉的惊人的美。因为这种美而感动，进而欣然探究蕴含这种美的文学技法与风格，这是我们能从这本辞典中获得的最大收益。

图书信息

周啸天主编：《诗经楚辞鉴赏辞典》，四川辞书出版社 1990 年版

《唐诗鉴赏辞典》《宋词鉴赏辞典》导读

　　唐诗宋词是中国文学皇冠上的明珠，可以和世界上任何优秀的文学媲美。唐诗宋词最全面、最精微、最深刻地显现了中国文化的审美趣味和中国人内心或磅礴或精微的情意。

　　莫砺锋在中央电视台《百家讲坛》的"莫砺锋说唐诗"讲座中谈到一个问题："唐诗究竟好到什么程度，又是怎么个好法？"他如此回答[①]：

　　北宋三大诗人之一的王安石评价唐朝诗歌："世间好语言，已被老杜道尽；世间俗语言，已被乐天道尽。"事实是不是这样呢？我们来看一个例子。

　　北宋诗人王禹偁被贬商州，做"团练副使"的闲差。他心情郁闷，生活也过得不太好。王禹偁在院子里种了一棵桃树、一棵杏树。到了春天，两棵树都开花了，不料一夜大风，把树枝刮断了，但是树皮还连着树干，树枝的末梢靠在地上，断枝上依然繁花怒放，还有一只黄莺站在上面。王禹偁见此景诗兴大发，他写诗说："两株桃杏映篱斜，妆点商州副使家。何事春风容不得，和莺吹折数枝花。"这首诗应该说是一首很不错的诗，通过一个独特的富有韵味的意象寄托了自己一份无奈的伤感。几天以后，王禹偁的儿子说："父亲大人，你前几天写的这首诗，好像是从杜甫的诗里偷来的！"他儿子拿出一本杜甫的诗集翻给他看。果然，杜甫在成都草堂时写的一首诗叫《绝句漫兴》。杜诗说："手种桃李非无主，野老墙低还似家。恰似春风相欺得，夜来吹折数枝花。"两首诗的构思、内容、句子，都非常接近。王禹偁虽被指"偷"诗，不但没有生气，反而非常高兴。他说："哎呀，我的诗写得这么好了，都接近杜甫的水平了！"

---

① 转引自莫砺锋讲座，有删减。

从这个例子里我们看到了什么？就是优美的诗句，差不多被杜甫写完了。当然，唐朝的伟大诗人不仅仅是杜甫和白居易，还有李白、王维、李商隐，还有很多优秀的诗人，他们写出了那么多的好诗。我们确实可以说，唐代的诗人已经把古代生活中所能看到的景象，所能感受到的喜怒哀乐，差不多都写过了，而且都写得非常好。

　　到了现代，鲁迅给杨霁云写了一封信，说到唐诗。鲁迅说：我以为一切好诗到唐已被做完，就是世界上的好诗，都被唐人写光了。他下面又说：假如你没有齐天大圣，就是没有孙悟空那样的本领，你不能七十二变，你不能一个跟头翻几千里路，跳出如来佛的掌心，没有这个本领，"大可不必再写诗"。所以说，唐代绝对是中国古典诗歌史上的黄金时代、鼎盛时代，我们甚至可以说，整个唐代就是一个诗歌的朝代。闻一多说过：人家都说唐诗，我偏要倒过来说，我要说诗唐。什么叫"诗唐"？就是诗歌的唐朝，唐朝这个时代的最大特点，就是诗歌，它是一个诗歌的时代。

　　这样看来，唐诗不仅精美，而且完美！宋词同样是这样的啊！了不起的是，唐诗宋词不是博物馆里的展品，它们出现在现代人生活中的每一个角落，我们任何一个细微的情感都能在唐诗宋词中找到回应。但这有个前提，对唐诗宋词要足够熟悉，要懂得欣赏唐诗宋词——这当然是语文教学的一个重要目标。

　　《唐诗鉴赏辞典》《宋词鉴赏辞典》是两部经典之作。辞典收集了大量诗词，并对这些诗词的背景、主题、艺术手法等进行了分析。辞典为诗词解读提供了非常丰富的资料，我们要在语文课上讲某一首诗词时，可查阅这两本辞典，从中获得关于诗词基本的信息。值得指出的是，唐诗宋词的赏析不能只是客观的分析和评论，情感上的触动与共鸣对唐诗宋词的欣赏来说最为关键。而诗词教学缺乏真挚的感动，这可能是一个亟待改变的现状。我们来看语文课堂中分析杜甫的《江南逢李龟年》的一段实录[①]：

　　师：这首诗，写于安史之乱之后，经过安史之乱繁荣的唐王朝家将不

———————————

[①] 从网络上摘录的教学实录。

家，国将不国，在风雨中摇摇欲坠，杜甫和李龟年都逃难流落到今湖南长沙一带并在此相遇，诗人有感而发，写下了这首诗。

师：我们先看诗的题目《江南逢李龟年》，大家看注释，这里的"江南"是指现在湖南长沙一带，而不是我们现在所说的江南水乡的"江南"，"李龟年"是唐朝著名的歌手，经常为皇家贵族演出。首先，我们来理清诗歌的大意，哪位同学愿意用自己的话来给我们阐述这首诗？

生：当年在岐王宅里经常见你演出，在崔九堂前也几次听到你的歌声。现在正是"江南"风景绝好之际，在这落花的时节又与你重逢。

师：好，那老师现在问一个问题，这首诗的前两句写了什么，从全诗来看有什么作用？

生：是诗人对当年与李龟年交往情景的回忆。"岐王宅里""崔九堂前"是开元盛世时期两个有名的文艺名流聚集之地。而今，这已经成为了可望而不可及的梦境，只能在回忆中重温当年的美好时光。这番对往昔的追忆，流露出诗人对开元盛世的深深眷恋和怀念，为下文做铺垫。

师：我们接着往后边看，"正是江南好风景，落花时节又逢君"。"正是"一词把我们从过往的回忆里边瞬间拽到现实当中。那现实又是怎样的呢？

生：如今正是江南大好风光之时，置身其中，原本应该流连于美景之中，但现在看到的却是凋零的落花。

师：大家想一下为什么在这春光大好之际诗人的眼里只有凋零的落花？

生：因为诗人想到时世凋敝之丧乱，艺人之颠沛流离，人生之凄凉飘零。

师：诗的后边本是写景，但"身世之感，时代之痛"无不尽显于"落花时节"之中。这里的"落花时节"哀景衬出悲情。诗人借"落花"之景抒发了对世事无常、人生多变、国事凋零、艺人颠沛流离的感慨。

这是"讲道理"、"堆概念"、展示"标准答案"，不是诗歌赏析，因为没有真正的感动。下面以《江南逢李龟年》为例来看怎样才是好的诗词赏析：

> 岐王宅里寻常见，崔九堂前几度闻。
> 正是江南好风景，落花时节又逢君。

诗的意思明白简单:"我在岐王和崔涤那里经常看到你,听到你歌唱,现在,在晚春,我在江南又遇到你了。"诗里没有值得注意的词句,看不到特殊而精致的形象,诗人也没有用什么新奇的方式来描写,但这首诗为何被人们交口称誉?我们来看宇文所安对此诗的分析[①]:

如果我们知道这首诗作于770年,我们就会由此想到杜甫一生的流离颠沛,想到安禄山之乱和中原遭受的蹂躏,想到失去的安乐繁华。我们想到,这是一首杜甫作于晚年的诗,该诗游子此时终于认识到,他再也回不了家乡,回不了京城。与此同时,我们也记起在我们头脑中李龟年是什么样的形象,他是安史之乱以前京城最有名的歌手,是最得玄宗宠幸的乐工之一。乐工在安史之乱中四散逃亡,李龟年的声望和特权也随着丧失了,年入暮龄的他流落到江南,靠在宴会上演唱为生。《明皇杂录》说:"唐开元中,乐工李龟年、彭年、鹤年兄弟三人皆有才学盛名……特承顾进。……其后龟年流落江南,每遇良辰胜赏,为人歌数阕。座中闻之,莫不掩泣罢酒。"在江南宴游者眼里,李龟年就是杜甫所说的"余物"——他站在他们面前不仅仅是为他们歌唱,同时也使他们想起他的往昔,想起乐工们的境遇变迁,想起世事沧桑。他站在我们面前歌唱,四周笼罩着开元时代的幽灵,一个恣纵耽乐、对即将降临的灾难懵然无知的时代。

诗意的生发在于:诗的文字把想象力调动起来,随着想象的展开,文字逐渐隐退。在这首诗中,文字使失落的痛苦凝聚成形,可是又作出想要遮盖它们的模样。这些文字犹如一层轻纱而徒有遮盖的形式,实际上,它们反而更增强了在它们掩盖之下的东西的诱惑力。

杜甫现在这副模样或许不会让李龟年想到,这样一个人以前在官宦士绅和骚人墨客的美事纷陈的聚会上是常客——然而,当时谁又能料到李龟年今日的遭遇?杜甫"认出了"李龟年,从李龟年的眼中看出了自己目前的境况,他希望李龟年也能认出他,能知道他与他曾经是同一种人。

没有付诸文字的东西给能够体会出这层诗意的读者留下深刻的印象。杜

[①] 宇文所安:《追忆——中国古典文学中的往事再现》,郑学勤译,生活·读书·新知三联书店2004年版,第4-8页。引用时有删减。

原 典

甫没有直抒表现在感遇诗中最常见的情感："你我何日再相会？"杜甫没有讲到这件事，相反，他挥手指向展现在我们眼前的美丽景色，把我们的注意力从对消逝的时间的追忆上引开，或许还从未来上引开。然而，这个姿态是一种面纱，它是这样透明，以致使我们更加强烈地感受到我们所失去的东西。当我们说"让我们别再谈它了"，并且试图转移话题时，我们所处的正是个令人痛苦的时刻，它说明了一个真情，标志着我们的思想难以摆脱我们想要忘掉的东西，而且现在比以前更难摆脱了。尽管景色是迷人的，可以让我们暂时忘掉或忽略一些什么，但这景色是同末日、凋落和消逝相呼应，似乎更加强了悲伤的气氛。

诗的结束是现实场景的开始："我又碰到你了"（"又逢君"），这好像在说"我以前见过你好多次，现在又碰到你了"，似乎只不过在相逢的总数上又加上一次。然而，毋庸置疑，这次相逢与开元年间经常发生的相遇不一样。诗人把它说成是普通的重复——"我又碰到你了"——有一半是为了装样子，装作他想要掩饰由这次相逢而承受到的重量，以及从中感受到的独特的欢愉和痛苦，而它们恰恰是因为这次相逢同以往的相逢全都不同而造成的。这个姿态又是一层透明的面纱：他通过无言而喊出想说又没有说的东西。

多美的赏析！只有这样美的赏析才配得上唐诗！这也是赏析唐诗最值得赞赏的方式。这样的赏析充分地释放了诗歌动人的力量，我在读完这样的赏析后久久失神，有很多话想说却又哽在咽喉，它调动了我们极多的思绪却又难以言表，而这恰是"此时无声胜有声"的高级审美样态。最好的语文教学就是引导学生用这样的方式赏析唐诗，这是和唐诗美的"邂逅"，对唐诗和欣赏者来说都是一种幸运。唐诗不是等待理性加工的材料，而是作者和读者生命欣喜的相遇，是二者情感美妙的和谐共振。我相信，在这样的赏析背后是深深的感动，宇文所安在把这些文字写下来之前，在其生命中的好多瞬间一定无数次地被这首诗感动。

梁元帝萧绎《金楼子·立言》中有一段非常动人的话："至如不便为诗如阎纂，善为章奏如柏松，若此之流，泛谓之笔。吟咏风谣，流连哀思者谓之文。……至如文者，惟须绮縠纷披，宫徵靡曼，唇吻遒会，情灵摇荡。"

萧绎指出"文"和"笔"不同，诗词"吟咏风谣，情灵摇荡"，诗词存在的必要性和价值就在于它的抒情、它的动人。苏轼在《读孟郊诗（之二）》中说："诗从肺腑出，出辄愁肺腑"，读唐诗宋词就要体会和感悟作者内心的那份情意，并把这份感动传递给学生、引发学生的共鸣。

唐诗宋词的写作手法和艺术特色的分析也要建立在情感共鸣的基础上。"他挥手指向展现在我们眼前的美丽景色，把我们的注意力从对消逝的时间的追忆上引开，或许还从未来上引开。"——多么动人从而给人带来美感的解析！杜甫在《江南逢李龟年》中勾起人们带着伤感的回忆之后，轻轻地、看似不经意地把我们的情绪引向远方。这是一个怎样的远方呢？中国文论里有一个极为重要的概念——"意境"，这是由意象生发的、超越了具体意象的一处所在。这个所在极为迷人、极为动人，却无法用言语表达，可谓"此中有真意，欲辨已忘言"。只有高级的艺术作品才能把人引向这样一处所在，只有高明的艺术家才能将人的精神提升到这样一个境地。

最后需要指出的是，唐诗宋词最终能发展为具有顶级审美意味的艺术品，是若干因素交互作用的结果，要真正理解唐诗宋词，就要从前面介绍的文学史、文学理论、历史与哲学等书籍中关注唐诗宋词生发的历史与文化背景，关注其文化意蕴与审美取向，关注唐诗宋词与其他文学作品的关联。因此，我们建议读者在阅读《唐诗鉴赏辞典》《宋词鉴赏辞典》时，要与本书推荐的《中国文学史》《中国历代文论选》《唐宋词艺术发展史》等进行关联阅读。此外，也要多参看高水平的、充满感动的诗词赏析，如上述宇文所安对《江南逢李龟年》的赏析，以及本书推荐的叶嘉莹《迦陵文集》对诗词的解读。

图书信息

萧涤非等撰：《唐诗鉴赏辞典》，上海辞书出版社 1983 年版
夏承焘等撰：《宋词鉴赏辞典》，上海辞书出版社 2003 年版

原　典

《古文观止》导读

　　《曹刿论战》《烛之武退秦师》《邹忌讽齐王纳谏》《出师表》《陈情表》《兰亭集序》《归去来兮辞》《桃花源记》《五柳先生传》《滕王阁序》《陋室铭》《师说》《岳阳楼记》《醉翁亭记》《秋声赋》……这些中学课本里的精品篇目，早在清代就在一个古文选本中被辑选，它便是《古文观止》——清人吴楚材、吴调侯于康熙三十三年（1694）选定的古文选本。《古文观止》所选之文上起先秦，下至明末，共有222篇文章。王汝弼评价《古文观止》："真正是在二百二十二篇的较少篇幅之内，撷取了两千多年散文的大部分精华"。① "观止"，指看到这里就可以休止了，出自《左传·襄公二十九年》中的《季札观周乐》："观止矣，若有他乐，吾不敢请已。"《古文观止》编者以"观止"命名，凸显其选文的思想内涵和艺术价值之高，也是对这一选本的自信。《古文观止》之前及同时代有许多古文选本，能在众多选本中脱颖而出且获得最广泛的传播，足以证明其魅力和价值。

　　在几千年的时间长河中，中国人绝大部分时间用古文表情达意，理解中国文化、了解中国人的情意、欣赏中国人的审美，就要亲近中国经典古文。清代吴兴祚为《古文观止》作序，称此书"正蒙养而裨后学"②，它确实是学习古文很好的启蒙材料。古文的价值是什么，如何读《古文观止》？张中行在《文言和白话》中说③：

　　文言简直像个罕见的怪物，它几乎没有什么变化地活动了三千年上下。记得法国哲学家笛卡尔说过："读好书如同和高尚的古人谈话。"这种享受，

---

① 王汝弼：《〈古文观止〉评介》，《语文学习》1958年第4期，第17页。
② 吴楚材、吴调侯：《古文观止》，中华书局1959年版，第1页。
③《张中行作品集（第一卷）》，中国社会科学出版社1995年版，第30页。

用汉语的人显然最容易获得，因为我们有贯通古今的文言。正如司马迁《报任安书》中所说："亦欲以究天人之际，通古今之变，成一家之言。……藏之名山，传之其人。""藏之名山"还可以下传，就是因为把精义付托给文言，而文言是有打破时间限制的魔力的。

古文有"打破时间限制的魔力"，这种"魔力"主要体现在以下三个方面：古文中的"道理""情感""文法"。这也是读《古文观止》的三个切入点。

第一，古文中的道理。

《古文观止》中相当多的选文是论说文，包括治国理政的建议、解决困难的办法、为人处世的原则、修身养性的追求、世风时俗的评论等等。这些文章显示了作者的眼光、勇气、智慧、责任感，其中的很多道理我们现在读来仍有意义。需要指出的是，古文"讲道理"的背景远离现实，理解这些道理需要将其中的实质抽取出来，并与当下的情境相关联，这样就会发现古文中的道理是鲜活的、有生命力的。例如，韩愈的《原道》以攘斥佛老、恢复儒家道统为主旨，我们在读这篇文章的时候可以想一想，当下的社会虽然与韩愈所生活的时代迥异，但是否也有一些消极的思潮需要抵制，是否也有一些传统需要坚守或恢复呢？经过这样的比较和迁移，我们就会对《原道》的意义和价值产生共鸣。

古文中的道理不只是经世济国，《兰亭集序》《归去来兮辞》《桃花源记》《五柳先生传》《滕王阁序》《陋室铭》《醉翁亭记》等等都包含了很多有关人生的思考与感慨。如二吴对《兰亭集序》的末评："通篇着眼在'死生'二字。只为当时士大夫务清淡，鲜实效，一死生而齐彭殇，无经济大略，故触景兴怀，俯仰若有余痛。但逸少旷达人，故虽苍凉感叹之中，自有无穷逸趣。"[①]有关经世济国的道理说明了我们如何构建一个更好的国家和社会；有关人生的道理则让我们思考如何构建一个更好的人生，如何面对人生的困惑，如何为心灵找到一个彼岸。《古文观止》中诸多选文直面人类永远需要思考的重大人生命题，这是《古文观止》所选文章能够长久流传的一个重要原因。

---

① 韩欣整理：《汇评详注古文观止（上卷）》，天津古籍出版社 2010 年版，第 390 页。

第二，古文中的情感。

清代过珙评《陈情表》"直摅真情，声泪俱下"，他还说："读《十二郎文》而为之呜咽，读《出师表》而为之感悟。呜咽，其动乎情者也；感悟，其发乎性者也。斯文历叙生平辛苦，亦呜咽，亦感悟，其入人之性情者深欤！"我们相信，深沉而动人的情感，是某些古文得以恒久流传的一个重要原因。《古文观止》中的部分选文有很强的抒情性，这是文学的核心价值，应当成为品赏的重点。即使是论说文，从文学欣赏的角度来看，也要将情感共鸣作为重点。因为文章的情、意紧密关联，意是论说文的观点，受到情的驱动；同时，作者因为希望自己的观点能够获得读者的认同，在晓之以理的同时往往伴随着动之以情。以韩愈的《原道》为例，作者在这篇论说文中使用了大量的对偶与排比，如"仁与义为定名，道与德为虚位"，"彼以煦煦为仁，孑孑为义"，"其所谓道，道其所道，非吾所谓道也。其所谓德，德其所德，非吾所谓德也"，"入者主之，出者奴之；入者附之，出者污之"，"不塞不流，不止不行"等等。这些富有文学意味的文字由强烈的情感驱动，这里面蕴含了韩愈怎样的情感呢？韩愈出身低微，自陈"布衣之士，身居穷约，不借势于王公大人，则无以成其志"（《与凤翔刑尚书书》）。他在思想上排斥佛老，推崇儒家学说，企图用孔孟之道来对抗佛、道两教。他说："释老之害过于扬墨，韩愈之贤不及孟子"，"虽然，使其道由愈而粗传，虽死万万无恨"（《与孟尚书书》）。《旧唐书·本传》称韩愈"发言真率，无所畏避"，"性弘通，与人交，荣悴不易。……而观诸权门豪士，如仆隶焉，瞪然不顾"。《新唐书·本传》也写他"操行坚正，鲠言无所忌"。韩愈反对宪宗"事佛求寿"，上书《谏迎佛骨表》，列举历代帝王的例子说明"事佛求福，乃更得祸"。宪宗为此大怒，因宰相求情韩愈才得以免死，但被远贬至潮州。此前韩愈因写《御史台上论天旱人饥状》，与权臣李实上奏的谎言针锋相对，已经有过一次被贬官的经历。被贬到潮州后，韩愈曾写诗说："欲为圣明除弊事，肯将衰朽惜残年"（《左迁至蓝关示侄孙湘》），表现了他无悔而坚强的意志。韩愈在《谏迎佛骨表》中说："佛如有灵，能作祸祟，凡有殃咎，宜加臣身，上天鉴临，臣不怨悔。"这种"死谏"的态度显现了韩愈率直、刚强的儒士品格。那种"天将降大任于斯人"的使命意识和矢志不渝、百折不挠的气概真是"障百川而东之，回狂澜于既倒"（韩愈《进学解》）。

　　韩愈在《原道》中提出，寺院僧尼大量增加、从事生产的人数减少是造成人民贫困和社会秩序混乱的原因之一。同时，韩愈对佛道提倡的泯灭君臣父子感到忧虑："今其（指佛家）法曰，必弃而君臣，去而父子，禁而相生相养之道，以求其所谓清净寂灭者""今也欲治其心，而外天下国家，灭其天常，子焉而不父其父，臣焉而不君其君，民焉而不事其事"。他认为那些"欲治其心的人"（信奉佛道思想修身养性的人）将"外天下"（置天下国家于不顾），如此一来"天常"毁灭，父子、君臣关系将大乱。韩愈在《原道》中说："是故君者，出令者也；臣者，行君之令而致之民者也；民者，出粟米麻丝，作器皿，通货财，以事其上者也。……民不出粟米麻丝，作器皿，通货财，以事其上，则诛。"从当前我们对人民与政府、人民与官员的关系的理解来看，韩愈的这个观点是有问题的，我们大多数人会反对这个观点。严复早在1895年就于天津《直报》发表《辟韩》，他批驳了韩愈在《原道》中的观点，猛烈抨击自秦以来的封建君主专制的制度。对此，我们要考虑韩愈表达此观点时的社会背景，同时也要看到，虽然这个观点值得商榷，但韩愈在这篇文章中所表达的情感是发自肺腑的，是真挚的。再结合上述韩愈的人格、经历、思想基础，我们可以感受作者忠于社稷、心怀天下的拳拳之心，这是永远打动人心的力量，这种力量使得《原道》能够流传千古。正如韩愈在《奉酬振武胡十二丈大夫》中所说，"自笑平生夸胆气，不离文字鬓毛新"，我们要感受韩愈说理文中真挚的情感，以及文章所展现的人格力量，这样的文学审美是《原道》的核心价值，是其永远动人之处。

　　第三，古文中的文法。

　　孔子说："言之无文，行而不远。"（《左传·襄公二十五年》载孔子语）《古文观止》的选文能够千古流传，与其富有文采密不可分。"文不备则理不明"（章学诚《辨似》），文章的内容和形式紧密关联，相辅相成，无论是抒情文还是论说文，都需要技法把自己的情意鲜明、充分地表达出来。因此，从文学赏析的角度，欣赏古文要着力理解作者是如何用优美、有力、恰当的文辞表达自己的情意的。再以韩愈的文章为例，擅长写论说文的韩愈非常重视文辞，他说，"愈之志在古道，又甚好其言辞"（《答陈生书》），"体不备不可以为成人，辞不足不可以为成文"（《答尉迟生书》）。在创作技法上，韩愈主张复古而不拟古："师其意，不师其辞。"（《答刘正夫书》）韩愈的文章摆脱了骈文的束缚，以散句单行为主，同时也不排斥骈骊的句式，通过对仗之句疏宕文气，开阖自如。苏洵说韩愈的文章"如长江大河，浑灏流转"（《上欧阳内翰书》），可谓确评。

文章的文法与作品的风格、气势有很大的关系，欣赏古文的文法，不是总结或记住若干名词概念就可以了，而是要在体会文字表达效果的基础上体会古文手法。我们来看历代文人对《古文观止》中文章的评点：

评《曹刿论战》："远谋"二字，是一篇之骨，前后一问一对，及战时之审量，总莫非"远谋"也。通篇一冒三截，其中自具起伏照应之妙，如"何以"、"可以"、"未可"、"可矣"、"故克"、"故逐"等句，章法极细。（清·唐介轩《古文翼》卷一）

评《邹忌讽齐王纳谏》：此文大有惜墨如金之意，前五段不过是引入讽齐王伏笔。"王曰善"以下，又皆写齐王之能受善。其讽王处，惟在臣诚知不如徐公美数语。即此数语中，亦并无讽王纳谏字句，只轻轻说个"王之蔽甚矣"，便住。何等蕴藉，何等简峭。至其通体文法，每一层俱用三叠。变而不变，不变而变，更如武夷九曲，步步引人入胜。（清·余诚《重订古文释义新编》卷四）

评《过秦论》：《过秦论》乃论秦之过。三篇中此篇最为警健。秦之过，止在结语"仁义不施"而"攻守之势异"二句。通篇全不提破，千回万转之后，方徐徐说出便住。从来古文无此作法。尤妙在论秦之强处，重重叠叠，说了无数才转入陈涉，又将陈涉之弱处，重重叠叠说了无数，再转入六国。然后以秦之能攻不能守处作一问难，迫出正意。段段看来，都是到山穷水尽之际得绝处逢生之妙。此等笔力，即求之西汉中，亦不易得也。（清·林云铭《古文析义》卷七）

评《师说》：此文于劈首即提明，下只发明道与惑，或只单言道，至篇末又以道与业言，又不言惑，此变化错综处。至畅发"师"字，前虚后实，反正互用，波澜层出，此韩文之所以如潮也。若入庸手，理学腐语满篇，能生一波、纵一笔哉！然惟能作古文者，方知古文也。此及下首为"正大"之目，以题固正大，文亦正大也。正大之文，岂必语语端庄，不事艳情丽句乎？看《师说》则笔势纵横，《正气歌》则词华古藻，益信文之为文，无奇不传也。（清·李扶九原编，黄仁黼重订《古文笔法百篇》卷九）

由这些经典评点可见，将古文写作手法与其表达效果关联起来是古文审美的关键。清代余诚评《陈情表》时说："读者须细玩其词旨，及其转落承接，方不辜负作者苦心，而得此文之益。若徒随人道好，何以读为？"（《重订古文释义新编》）张中行指出，修辞讨人喜爱，有如看演出，到神乎其技的时候，我们禁不住要拍案叫绝。古文的修辞就是"少花钱多办事"——少花钱容易，语言简练，多办事不容易，因为外有物、事、理等，内有情、意、境等，将自己的所知所感告诉他人，因为能修辞，他人的所得能够同于己甚至更真切。[1] 因此，分析、欣赏古文的修辞是一种审美享受——为作者能用那么巧妙的方式真切、生动地表达自己的心意而感动、欢喜。通过对古文写作手法的分析而"知其然，更知其所以然"——不仅更深刻地感受古文之美，而且能够知道它为何而美，从而更好地赏析古文。

古文毕竟离我们太遥远了，如何接近与学习古文？我们有两个建议：熟练和带着感情朗读。

熟练，就是通过熟读古文而熟悉古文，尤其是古文的表达方式和表达策略。张中行提出"以熟为本"的学习古文的方法[2]：

学文言，过去几乎都是用传统的办法，多读，以熟求通；甚至由浅入深的原则也不大管，如《三字经》开头"人之初，性本善"，其微言大义是连大儒也感到深奥的。可是这样随着旧格调吟诵，有不少人渐渐也就会了。这方法，就是晚到鲁迅先生弟兄也仍在用。他们是白日在三味书屋，随着老师读，放了学，杂览，读得更多。学通了，用的只是一个处方，多读。这很费

---

[1] 张中行：《文言和白话》，《张中行作品集（第一卷）》，中国社会科学出版社1995年版，第33页。
[2] 同上，第155–156页。

时间，很费力量。有没有省时省力的近路？近年有不少人设想，有近路，办法是以知为本。所谓知，是了解文言的词汇和句法的规律，以纲统目，一通百通。这想得很好，如果真能行之有效，那就更好。但是这条路像是并不平坦。如所谓规律，即使大家都认为正确，也总是烦琐的，枯燥的，记住，尤其搞清楚，很不容易。还有更严重的，是规律都是概括的，而面对的词句总是具体的，以概括绳具体，就会苦于鞋太大，脚太小，沾不上边。这表现为现实就是，读过一篇，可以用规律的术语说得清清楚楚，如某字是词类活用，某词组是宾语提前，等等，可是翻开另一篇，常常感到茫然。这是因为只记了术语，而没有熟悉文言的表达习惯；而某词某句在某处表达什么意义，是由表达习惯决定的。这表达习惯，用《荀子》的话说是"约定俗成"。

熟，意味着熟悉古文的表达习惯，这是接近乃至亲近古文最重要也最有效的途径。这意味着我们要大量地、反复地阅读古文，在现象层面与古文"亲密接触"，通过熟悉古文的表达方式，进而理解和欣赏古文的美。

带着感情朗读对赏析古文非常重要。周振甫在《因声求气》中说[1]：

从前人讲究诵读，从诵读声调的高下、缓急、顿挫、转折里面，可以体会到原文的声情，所以听了读书的声调，就可测知读者对原文的理解程度。……古文的写作讲气，词句的短长与声调的高下，说话时的婉转或激昂，都是由气势决定的。读者则从言之短长与声之高下中去求气，得到了气，就能体会到作者写作时的感情，这就是因声求气。作者用文辞来表达情意时，需要凭着说话时的气势或语气的声情来表达，自然地形成高下、缓急、顿挫、转折的声调。

曾国藩在《家书·字谕纪泽儿》中说："如'四书'、《诗》、《书》、《易经》、《左传》诸经，《昭明文选》，李杜韩苏之诗，韩欧曾王之文，非高声朗读则不能得其雄伟之概，非密咏恬吟则不能探其深远之韵。"清人姚鼐说："大抵学古文者，必要放声疾读又缓读，久而自悟，若但能默看，即终身作

---

[1]《周振甫文集（第三卷）》，中国青年出版社1999年版，第77-78页。

外行也是。"(《惜抱轩尺牍》卷六）古人把他们的情感置入古文的音韵中，音韵成为古文表情达意的重要载体。张中行指出，文人作诗词、写韵文习惯了，成为癖好，有时写照例应该用散体的文章，也会忽而兴之所至，用几句韵语。最突出的例子是范仲淹的《岳阳楼记》"若夫霪雨霏霏"一段。[1] 押韵是文言的一种重要修辞方法，其作用就是让文章读起来好听，使文字具有音乐性、歌唱性，不同的韵还可以唤起不同的情调。意义方面，对偶的两部分互相衬托、互相照应，所表达的意思就会显得更加充沛，更加明朗，更加精确；声音方面，对偶的两部分此开彼合，此收彼放，显得抑扬顿挫，节奏鲜明，和谐悦耳。由此可见，古文一定要朗读，要关注其中的韵语，读出其中蕴含的情感。

谭家健在《历代古文选本与〈古文观止〉》的序中说，《观止》选文以短篇为主，数量简繁适中，便利初学。这一点看起来是小问题，其实会大大影响一本书的流行和传播。不但在古代印刷条件差时是如此，即使在现代，卷帙太大的书也是难于普及的。[2] 但古文观止也有明显的不足：一是完全不收先秦诸子，未能摆脱《文选》的束缚；二是对叙事文重视不够，选史部之文字多取其中议论文字，可能是因为明清科举考试重视议论之故；三是南北朝文只选一篇，金元文完全阙如。基于此，我们同时推荐郭预衡主编的六册《中国历代散文精品》（时代文艺出版社 1995 年版），这套书包含的内容非常丰富和全面，是学习和欣赏中国历代散文的好材料。

图书信息

钟基等译注：《古文观止》，中华书局 2009 年版 [3]

朱一清等主编：《古文观止鉴赏集评》，安徽文艺出版社 1997 年版 [4]

---

[1] 张中行：《文言的特点》，《张中行作品集（第一卷）》，中国社会科学出版社 1995 年版，第 81 页。

[2] 关永礼主编：《古文观止·续古文观止鉴赏辞典》，上海同济大学出版社 1990 年版，代序第 5 页。

[3] 此版包括字词注释、译文和题解（说明每一篇选文的背景、主要内容和行文特点）。

[4] 此版对字词有非常详细的注释，有相当详尽的赏析，同时整合了历代名家对文章的评点。

《世说新语》导读

　　《世说新语》是一本奇书。

　　《世说新语》主要记载了东汉末年至东晋末年二百多年间士族阶层的琐闻轶事，其中魏晋，尤其是东晋时期的内容占主要部分。书中所记人物上至帝王将相，下至士庶僧徒，其言行凡有值得称述者都有记载。全书涉及人物达五六百人，记言记事一千一百余则，分为德行、言语、政事、文学等三十六门，或谈玄析理、遗世高蹈，或纵情山水、放浪形骸，显现出魏晋士人的精神风貌与人生追求。以下是后人对《世说新语》的评价：

　　清微简远，居然玄胜。……有味有情，咽之愈多，嚼之不见。（宋·《刘应登序》）

　　简约玄澹，尔雅有韵。（明·袁褧，嘉趣堂本《世说新语序》）

　　读其语言，晋人面目气韵，恍忽生动，而简约玄澹，真致不穷。（明·胡应麟《少室山房笔丛》）

　　至于《世说》之所长，或造微于单辞，或征巧于只行，或因美以见风，或因刺以通赞，往往使人短咏而跃然，长思而未罄。（明·王世贞《世说补序》）

　　晋人雅尚清谈，风流暎于后世，而临川王生长晋末，沐浴浸溉，述为此书，至今讽习之者，犹能令人舞蹈，若亲睹其献酬。（明·《王世懋序》）

　　"有味有情""简约玄澹""短咏而跃然"，这是《世说新语》带给人的奇妙的阅读体验，而这种体验源自"造微于单辞，征巧于只行"。鲁迅所撰《中国小说史略》设专章论《世说新语》，赞其"记言则玄远冷俊，记行则高简瑰奇"。[1]基于文学视角，《世说新语》有一个重大突破——它开始"有意

---

[1]《鲁迅全集（第九卷）》，人民文学出版社1981年版，第61页。

识"地运用文学技巧表情达意，这使得《世说新语》不仅为后世文学创作提供了范式和技巧，还设立了一种写作态度——文字可以不再服务于传道与教化，甚至可以用于"取悦"读者了。由此，文章的意义、形态及其与读者的关系发生了重要的变化。鲁迅称魏晋时期为"文学的自觉时代"，《世说新语》的突破就是这种"自觉"的典型表现。

我们先来看《世说新语》中的几则"奇人奇事"：

魏武将见匈奴使。自以形陋，不足雄远国，使崔季珪代，帝自捉刀立床头。既毕，令间谍问曰："魏王何如？"匈奴使答曰："魏王雅望非常，然床头捉刀人，此乃英雄也。"魏武闻之，追杀此使。（《容止》第十四）

郗太傅在京口，遣门生与王丞相书，求女婿。丞相语郗信："君往东厢，任意选之。"门生归白郗曰："王家诸郎亦皆可嘉，闻来觅婿，咸自矜持，唯有一郎在东床上坦腹卧，如不闻。"郗公云："正此好！"访之，乃是逸少，因嫁女与焉。（《雅量》第十九）

刘伶病酒，渴甚，从妇求酒。妇捐酒毁器，涕泣谏曰："君饮太过，非摄生之道，必宜断之！"伶曰："甚善。我不能自禁，唯当祝鬼神自誓断之耳。便可具酒肉。"妇曰："敬闻命。"供酒肉于神前，请伶祝誓。伶跪而祝曰："天生刘伶，以酒为名；一饮一斛，五斗解酲。妇人之言，慎不可听。"便引酒进肉，隗然已醉矣。（《任诞》第三）

鸿胪卿孔群好饮酒。王丞相语云："卿何为恒饮酒？不见酒家覆瓿布，日月糜烂？"群曰："不尔。不见糟肉，乃更堪久？"（《任诞》第二十四）

有人讥周仆射：与亲友言戏，秽杂无检节。周曰："吾若万里长江，何能不千里一曲！"（《任诞》第二十五）

《世说新语》为什么要记载这些故事？一个重要的原因是"有趣"。因为"有趣"而成文，这与中国文学"诗教""文以载道"传统大相径庭，是一个重要的突破。元代胡祗遹说：

百物之中，莫灵贵于人，然莫愁苦于人，……于斯时也，不有解尘网，消世虑，熙熙皞皞，畅然怡然，少导欢适者，一去其苦，则亦难乎其为人矣。此圣人所以作乐以宣其抑郁，乐工伶人之亦可爱也。（《赠宋氏序》）

原 典

胡祗遹强调艺术的宣泄、怡情作用，艺术能让人动情从而纾解愁闷，感觉畅然怡然，这突出了艺术的核心价值——基于抒情而获得美感。《世说新语》用美的、富有情感的文字安慰、愉悦人们的心灵，实现了文学的自觉与独立，让我们看到文学美好、独特而有价值的一面——它不再意欲教化读者，而是分享有趣的情意。文学阅读不再只是有文化的士大夫的专利，贩夫走卒也可以从中获得阅读的乐趣，这使得文学有了更广阔的受众，文学的独立有了更坚实的基础。

《世说新语》也讲道理，也意欲激发读者的思悟，但它将"情"与"意"紧密整合在一起，这使得其文学意味大大增强了。我们来看以下几则故事：

> 晋简文为抚军时，所坐床上，尘不听拂，见鼠行迹，视以为佳。有参军见鼠白日行，以手板批杀之，抚军意色不说。门下起弹，教曰："鼠被害尚不能忘怀，今复以鼠损人，无乃不可乎？"（《德行》第三十七）

> 王恭从会稽还，王大看之。见其坐六尺簟，因语恭："卿东来，故应有此物，可以一领及我。"恭无言。大去后，即举所坐者送之。既无余席，便坐荐上。后大闻之，甚惊，曰："吾本谓卿多，故求耳。"对曰："丈人不悉恭，恭作人无长物。"（《德行》第四十四）

第一则故事中，简文帝喜欢看老鼠的脚印——这真是够"奇"！门客批评打死老鼠的参军，简文帝说："老鼠被打死，尚且不能忘怀；现在又为一只老鼠去伤人，恐怕不好吧？"——这还是一则充满了禅意的故事。第二则故事中，王恭将自己仅有的一张席送给他人，自解"作人无长物"，真是洒脱无碍，这不就是"物物而不物于物"、摆脱"心为物役"最生动的表现吗？这两个故事都在提醒我们在生活中如何取舍，如何才能不舍本逐末。这些都是人生的大道理，《世说新语》用文学的形式在"讲道理"，从而生发了无限趣味。

再看《任诞》第三十记载的一个故事：苏峻发动叛乱，时任吴郡内史的庾冰只身逃亡，一个差役用小船载他到钱塘口。苏峻集众搜捕庾冰，差役醉酒回来挥舞着船桨说："还到哪里去找庾吴郡，这里面就是！"捕手以为差役醉酒胡说，遂离开。庾冰被差役送过浙江，寄住在山阴县魏家。叛乱平定后庾冰要报答差役，差役说："我不羡慕那些官爵器物，只是从小就当奴仆，经常发愁不能痛快地喝酒，让我后半辈子有酒喝就行了。"庾冰给他修了一所大房子，买来奴婢服侍他，让他家里总是有酒，如此供养了他一辈子。这个故事在讲"智、仁、勇"，在讲"达观""不贪""洒脱"，充满了人生况味，它符合王世贞对《世说新语》的评价——让人"长思而未罄"。

《世说新语》能够"有味有情""短咏而跃然"地写人叙事，有赖于其高明的写作技巧。我们看以下两则故事：

> 顾彦先平生好琴，及丧，家人常以琴置灵床上。张季鹰往哭之，不胜其恸，遂径上床鼓琴，作数曲竟，抚琴曰："顾彦先颇复赏此不？"因又大恸，遂不执孝子手而出。（《伤逝》第七）

> 王子猷、子敬俱病笃，而子敬先亡。子猷问左右："何以都不闻消息？此已丧矣！"语时了不悲。便索舆来奔丧，都不哭。子敬素好琴，便径入坐灵床上，取子敬琴弹，弦既不调，掷地云："子敬，子敬，人琴俱亡！"因渤绝良久。月徐亦卒。（《伤逝》第十六）

在这两则故事中，作者基于语言、动作的描写，以寥寥数语将主人公面对朋友、亲人去世的哀痛表现得那么鲜明和动人。两则故事中都有"弹琴"这个元素——"顾彦先颇复赏此不？""取子敬琴弹，弦既不调，掷地云：'子敬，子敬，人琴俱亡！'"——多么高明的写作手法！可惜啊，顾彦先再也听不到这琴声了！可悲啊，子敬亡去，琴也弹不成调，似乎和自己的主人一起亡去了！此外，还有"遂不执孝子手而出""语时不悲""奔丧不哭"等细节描写都蕴含着极为感人的力量。

再看两则刻画了鲜活人物形象的故事：

> 王平子年十四五，见王夷甫妻郭氏贪欲，令婢路上儋粪。平子谏之，并言不可。郭大怒，谓平子曰："昔夫人临终，以小郎嘱新妇，不以新妇嘱小郎。"急捉衣裾，将与杖。平子饶力，争得脱，逾窗而走。（《规箴》第十）

原　典

王蓝田性急。尝食鸡子，以箸刺之，不得，便大怒，举以掷地。鸡子于地圆转未止，仍下地以屐齿蹍之，又不得。瞋甚，复于地取内口中，啮破，即吐之。(《忿狷》第三十一)

郭氏面对王平子的劝阻，竟然大怒说："婆婆临终的时候，把你托付给我，并没有把我托付给你。"这句话好像很不合逻辑，托付、被托付和劝谏有什么关系呢？但这恰恰与郭氏的性急、霸道很匹配。王蓝田同样是一个性子急躁的人，吃鸡蛋戳不住便大怒，把鸡蛋扔到地上不解恨，还要用脚踩，没料想却踩不住，竟然从地上捡起来塞到口中咬破它再吐掉。这两则故事塑造了多么生动的人物形象！这样的技法对后世小说的写作有非常重要的影响。

总之，读《世说新语》要关注它在文学方面的突破，欣赏其文艺之美。我们来看《世说新语》中一则唯美的文学之作——"子猷访戴，不遇而返"的故事：

王子猷居山阴。夜大雪，眠觉，开室，命酌酒。四望皎然，因起彷徨，咏左思《招隐》诗。忽忆戴安道，时戴在剡，即便夜乘小船就之。经宿方至，造门不前而返。人问其故，王曰："吾本乘兴而行，兴尽而返，何必见戴！"(《任诞》第四十七)

多美的文字！王世懋评："大是佳境"，凌濛初评："读此每令人飘飘欲飞"。这就是纯文学给人带来的极大的美的享受！钱穆说："至如子猷之访戴，其来也，不畏经宿之远，其返也，不惜经宿之劳，一任其意兴之所至，而无所于屈。"他进一步分析了这种"无所于屈"："夫所谓'我'者，或羁扼于外物，或牢锢于宿习，于是而有环境，于是而有趋向，而自我之表现，常为其所摧抑而窒绝。王子猷之到门即返，庶乎可以忘我。忘人是无环境也，忘我是无趋向也，若是而见其自我之真焉。此晋人之意也。"(《国学概论·魏晋清谈》)由此可见，这样的文字蕴含着多么精微幽眇的情意，有穿越千年永远动人的力量。

读《世说新语》还有一点需要注意，要充分收集相关背景资料，才能真正理解其中的故事。如《德行》第二十八记载了邓攸的一则故事：

邓攸始避难，于道中弃己子，全弟子。既过江，取一妾，甚宠爱。历年后，讯其所由，妾具说是北人遭乱，忆父母姓名，乃攸之甥也。攸素有德业，言行无玷，闻之哀恨终身，遂不复畜妾。

虽然文字不多，却是一个很曲折、让人感受很复杂的故事。我们先来看人们对这个故事的评价 ①：

按邓攸弃儿全侄，局于势之不可两全耳。儿追及之，系之而去，毋乃无人心天理乎？不复有子，于此见天道之不诬也。（刘应登）

谓系儿树上者，喜谈全侄而甚之也。使其追及，任所能行，何事于系？言系者谬，罪系又非。（刘辰翁）

呜呼！可与同行，而又系之树，有人心者可忍之耶？此所以伯道无儿。何天道无知哉？噫！晋之好名，至此极矣！（郎瑛）

世难万不两全，势不周旋，则可；何为苦系之于树，必欲杀之？本欲颂邓公高谊，乃令成一大忍人，《中兴书》于是为不情矣。（王世懋）

伯道之事，无所不取，复弃其子，天亦厌之矣。（方苞）

攸弃己子，全弟子，固常人之所难能，然系儿于树则太残忍，不近人情。（余嘉锡）

这些评价大多对邓攸提出了非常严厉的批评，王世懋称其为不近人情的"忍人"（出自《左传·文公元年》，指残忍的人，硬心肠的人）。邓攸"弃儿全侄"是被理解的，被批评的是"系儿于树上"这一行为，而此情节在《世说新语》中并未出现，我们来看相关背景资料。《晋书·邓攸传》载：

永嘉末，没于石勒。然勒宿忌诸官长二千石，闻攸在营，驰召，将杀之。攸至门，门干乃攸为郎时干，识攸，攸求纸笔作辞。干候勒和悦，致之。勒重其辞，乃勿杀。勒长史张宾先与攸比舍，重攸名操，因称攸于勒。勒召至幕下，与语，悦之，以为参军，给车马。勒每东西，置攸车营中。勒

---

① 刘强辑校：《世说新语会评》，凤凰出版社 2007 年版，第 21-22 页。

夜禁火，犯之者死。攸与胡邻毂，胡夜失火烧车。吏按问，胡乃诬攸。攸度不可与争，遂对以弟妇散发温酒为辞。勒赦之。既而胡人深感，自缚诣勒以明攸，而阴遗攸马驴，诸胡莫不叹息宗敬之。石勒过泗水，攸乃斫坏车，以牛马负妻子而逃。又遇贼，掠其牛马，步走，担其儿及其弟子绥。度不能两全，乃谓其妻曰："吾弟早亡，唯有一息，理不可绝，止应自弃我儿耳。幸而得存，我后当有子。"妻泣而从之，乃弃之。其子朝弃而暮及。明日，攸系之于树而去。

这个材料记载了《世说新语》没有提到的"系儿于树上"这一情节。此传还记载了邓攸"以孝致称，清和平简，贞正寡欲"，逃到新郑投奔李矩处为官，为百姓做了很多好事。这样的背景资料让我们看到了邓攸的仁厚，人物形象因此变得立体和丰满，这有助于我们理解邓攸弃子之举。但是，"系儿于树上"这一情节仍会让我们觉得惊骇，需再找一些资料来了解这种行为之渊源。《史记·赵世家》载，赵氏先祖在晋景公三年（前597年）曾遭族诛之祸，赵朔遗腹子赵武在公孙杵臼和程婴的佑护下侥幸免祸。后赵武长大，依靠韩厥等人的支持恢复了赵氏宗位。在《赵世家》中，程婴和公孙杵臼找了一个无辜的婴儿假扮赵武，公孙杵臼和婴儿被杀死。这个历史故事在宋元之际被改编成剧本《赵氏孤儿》，在《赵氏孤儿》中，"杀婴"这一情节有所改变，程婴以自己的孩子冒充赵武，被敌人杀死。由此可见，"弃子"成为一种模式化情节，承载了一个文学母题，邓攸之弃子正是这一母题的表现。《赵氏孤儿》被王国维誉为"剧中虽有恶人交构其间，而其蹈汤赴火者，仍出于其主人翁之意志，即列于世界大悲剧中，亦无愧色也"（《宋元戏曲考》）。舍子救人之所以感动世世代代的中国人，是由于对"道"和"义"所含价值观与美学观的探求与欣赏，而这一情怀可以追溯到孟子所说的"舍生取义"。只是在《晋书·邓攸传》和《赵氏孤儿》中，主人公舍弃的不是自己的性命，而是自己孩子的性命，这是引起争议的原因。尤其是邓攸面对已经追上来的孩子，竟然将其绑在树上，这实在让人难以接受。有趣的是，"弃己子，全弟子"在《世说新语》中只是作为背景信息，邓攸娶妾，后发现此妾是自己的外甥女，这似乎是这个故事的重点。《世说新语》讲这样一个故事的目的是什么呢？如前述诸人的评价，是上天的惩罚吗？这是一个值得思考的有趣的问题。可见，基于充分的背景资料，可以帮助我们更好地理解《世说新语》中的故事及其内在意蕴。

再看《德行》第十一所载"管宁割席"的故事：

> 管宁、华歆共园中锄菜，见地有片金，管挥锄与瓦石不异，华捉而掷去之。又尝同席读书，有乘轩冕过门者，宁读如故，歆废书出看。宁割席分坐，曰："子非吾友也！"

华歆只是捡金，又不是偷金，而且顾虑到管宁对自己的看法，又把它扔掉了；在一起读书的时候，华歆可能只是出于好奇出去观望，管宁就觉得自己不能再和他坐在同一张席上，更不能再做朋友了。只是读这个故事，我们是否会觉得管宁有些太清高、太刻薄了？我们先来看后人对这个故事的评价[1]：

> 捉掷未害其真，强生优劣，其优劣不在此。（刘辰翁）
>
> 挥锄不必，捉掷亦诈，果内志于怀，故无所不可。吾未见其孰优孰劣也。（李贽）
>
> 金未捉，心未动也。捉金，勉一掷之耳。后附阿瞒，破壁牵后，见金已不见人，岂复能掷哉？（王乾开）
>
> 既捉而掷之，便是华歆一生小样子。（凌濛初）

王乾开提到"后附阿瞒，破壁牵后"，这是怎么回事呢？《魏略》有载：宁少恬静，常笑邴原、华子鱼有仕宦意。及歆司徒，上书让宁。宁闻之，笑曰："子鱼本欲作老吏，故荣之耳！"由此我们能看到管宁素来就是恬静之人，对华歆仕宦之意本就不以为然。再看有关"后附阿瞒，破壁牵后"的资料：华歆为豫章太守时，在孙策崛起于江东之际降于孙策麾下，但一直到孙权时皆未获重用。赤壁之战后，孙权企图制造刘备与曹操之间的矛盾以坐享渔翁之利，于是派遣华歆为使北上晋见曹操。华歆却被曹操看中，变成了曹

---

① 刘强辑校：《世说新语会评》，凤凰出版社 2007 年版，第 9 页。

原　典

操的幕臣。汉献帝与妻子伏皇后欲借岳父伏完之力诛杀曹操，但计划败露。华歆率兵入宫，在墙壁夹层中找到伏皇后，揪住其头髻将她拖出来并交于曹操处死。这即是"后附阿瞒，破壁牵后"。基于这样的背景资料，我们会对"管宁割席"的故事有更深的理解和更多的感触。成年后的华歆追名逐利、附炎趋势，为了名利不顾原则、心狠手辣。回过头来看《世说新语》中年少时的华歆"捉而掷金"和"废书观轩冕"，这种品性似乎自小就有——如凌濛初所说，可谓"一生小样子"。而管宁似乎早就看清了这一点，认识到自己与华歆不是一路人，因此而"割席"断交。

总之，《世说新语》中的故事短小精悍，往往需要背景资料为基础，才能更好地理解故事的渊源，才能了解《世说新语》对各种素材进行了怎样的组合、变形、添饰，从而领悟作者的写作意图，更好地把握文章主旨。

通过上面的分析，我们应该已感受到《世说新语》之"奇"——记载了"非常之人""非常之事""非常之语"。[1] 简言之，《世说新语》是文学独立的产物，将庄重与诙谐、说理与抒情、史实与怪诞、经济与清远、深思与戏谑巧妙融合，不仅突破性地用文字为人们提供精神和心灵层面的美感，而且成为一个大宝库，为后世文学提供了众多典故、写作主题、写作素材和写作技法。这些都值得我们在读《世说新语》时细细体会。

图书信息

沈海波评注:《世说新语（插图本）》，中华书局 2007 年版 [2]

刘强辑校:《世说新语会评》，凤凰出版社 2007 年版

---

[1] 刘强辑校:《世说新语会评》，凤凰出版社 2007 年版，自序第 1—2 页。

[2] 此书没有白话译文，如需白话译文可参考《世说新语（插图本）》，凤凰出版社 2012 年版。

后 记

　　我在青少年时期是文学作品的爱好者，从 15 岁到 28 岁（硕士研究生毕业）曾密集地阅读高品质的中外名著，此后完全中断了与文学的联系。感谢命运的安排，五年前我开始以文学文本解读为核心的语文教学研究。那时对这个领域的了解可谓"一穷二白"，正是因为坚持系统的阅读，本人才能在这一领域略有收获，先后出版了《正本清源教语文——文本的内容分析策略》《返璞归真教语文——文本的艺术分析》《追根溯源教语文——文本的背景分析》。能有这样的积累，有赖于阅读大量的相关书籍——我是专业阅读的受益者。我希望通过这本书分享我的阅读经验，促进教师通过专业阅读提高文本解读水平，和学生一起更好地领略文学之美。

　　2011 年出版我的第一本书，这是我的第九本书。朝九晚五、全年无休，在键盘上滴滴答答敲击着安静而又充实的岁月。一世爱一人，一生谋一事，这应该是幸福的人生吧。我的学生曾转给我她同学发给她的一条消息："赵老师那本书，特别棒，搞得我都想去教语文了。"这只是一个孤立的个案，却带给我巨大的满足感。哪怕只能改变一个老师、一个学生，让语文教学变得更好一点，辛苦的写作都是值得的啊！

　　感谢本书的策划编辑任红瑚女士，迄今为止我所有的著作都是与任女士合作的结晶；感谢本书的文字编辑张思扬女士，她的专业和认真为这本书提供了质量保障；感谢我的学生宴秋洁，参与讨论这本书的框架并帮我收集资料；感谢我的学生杨思航和张宁，对书稿进行了认真的文字校对；感谢北京师范大学教育学部资助本书的写作；感谢教师教育研究所给我的研究和写作提供充分的空间与自由。